Wörterbuch der Szenesprachen

Herausgegeben

von Trendbüro

Impressum

Herausgeber: Prof. Peter Wippermann/Trendbüro
Redaktionsleitung Trendbüro: Dirk Nitschke
Redaktionsleitung Dudenverlag: Dr. Matthias Wermke
Redaktion: Corinna Mühlhausen, Christopher Müller, Prof. Dr. Birgit Richard,
Dirk Staudinger, Philipp Weber-Diefenbach
Konzeption und Art-Direktion: Régine Thienhaus/Büro Hamburg
Satz und Gestaltung: Alex Frank, Dominik Hennecke
Umschlagfotografie: Felix Wirth,
mit freundlicher Unterstützung von Annette Hartwig und Robby Friedrichs
Reinzeichnung: Karin von Böhlen/Büro Hamburg
Redaktionsassistenz: Catharina Ohlhauser, Sven Wollner
Lektorat: Dr. Matthias Wermke/Dudenverlag, Uta Kleimann
Herstellungsleitung: Monika Schoch/Dudenverlag
Litho: Peter Beyer; Weissenberger GmbH & Co Reprotechnik KG
Druck und Einband: Progressdruck GmbH
gesetzt aus ITC Officina Sans, OCR Buero

Wir bedanken uns bei Alexander Geringer und Edda Venusia Jones (I.Q. Verlagsge-
sellschaft mbH, Berlin), Jonn Rübcke (one shot, Hamburg) sowie Mario Kyriasoglou
(www.atmag.de) für die freundliche Unterstützung. Herzlichen Dank an Dr. Matthias
Wermke, Hans Gareis und Monika Schoch für die gute Zusammenarbeit.

Die Deutsche Bibliothek - CIP Einheitsaufnahme. Ein Titeldatensatz für diese Publika-
tion ist bei der Deutschen Bibliothek erhältlich.
Das Wort DUDEN ist für den Verlag Bibliographisches Institut & F. A. Brockhaus AG als
Marke geschützt.

© Bibliographisches Institut & F. A. Brockhaus AG, Mannheim 2000

Printed in Germany
ISBN: 3-411-70951-0

DUDEN

Wörterbuch der Szenesprachen

Herausgegeben von Trendbüro

DUDENVERLAG
Mannheim · Leipzig · Wien · Zürich

Inhalt

Kicks und Funsports

Musik u Popkult

Computerslang und Cyberspace

Liebe, S Partners

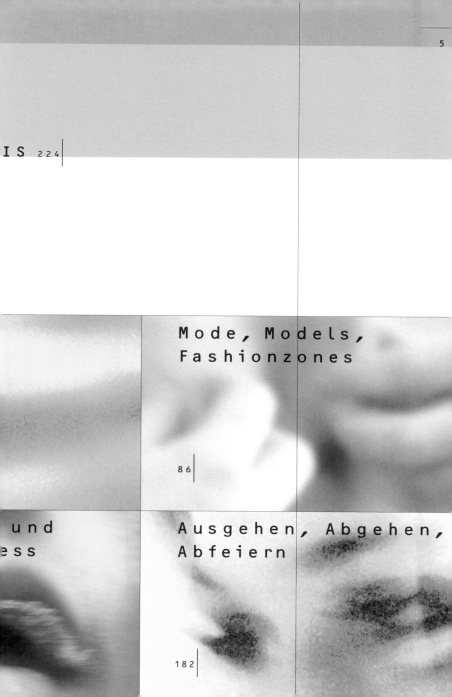

Vorwort

ZU DIESEM BUCH

Die Grenzen unserer Sprache sollen die Grenzen unserer Welt sein? Wie sieht dann die Sprache einer global und medial geprägten Gesellschaft aus, in der Grenzen verwischen, verblassen und sich auflösen? Und wie sieht die Sprache einer Generation aus, die sich nicht mehr durch nationale Identität oder ideologische Ideen, sondern durch global verbindliche Stile, Szenen, Moden und Marken definiert? Die technologische Entwicklung und die gesellschaftlichen Veränderungen geben die Grammatik des Neuen, das Vokabular des Innovativen vor. Dabei hat vor allem eine Sprache das Sagen: Englisch. Bei den Usern und Nerds, die vor den Screens sitzen und in den Räumen des Cyberspace chatten; bei den Surfern, Skatern, Inlinern und Snowboardern, die beim Funsport den Kick suchen; bei den Fly-Girls und B-Boys der Hip-Hop-Kultur, die sich durch Writing, Scratchen, Rappen und Raven definiert. Schon fordern Sprachexperten, englische Begriffe in den deutschen Wortschatz aufzunehmen und den Sprachunterricht in den Schulen radikal zu modernisieren.

Sprachen vermischen sich. Samplen, Mixen und Crossover – in ihren Begriffen spiegelt sich die Befindlichkeit aktueller Jugendkultur. Zu Beginn des neuen Jahrtausends lässt sich „Jugend" nicht mehr homogen definieren oder in Schubladen packen. Welche Mode jemand trägt, welche Musik er hört oder welche Wörter er benutzt, ist weniger personen- als situationsabhängig. Flexibilität, Individualität und Simultanität werden groß geschrieben; smart zu sein heißt, anpassungsfähig, flexibel, kreativ, offen und schnell agieren zu können. Entsprechend reagiert die Sprache. Wer vor dem Computer sitzt, ist ein User. Wer auf der Party ein User ist, konsumiert Drogen. Wer beim Sport switcht, wechselt die Fußstellung auf dem Board. Wer in der Liebe switcht, wechselt den Freund oder die Freundin im Bett. Was jemand meint, wenn er beamen, scannen oder cruisen sagt, hängt ganz vom Kontext ab. Sprache zerlegt die Jugendkultur in ihre Szenenrituale. In den Neunzigerjahren waren Hip-Hop und Techno die wesentlichen Stichwortgeber im Musik- und Modebereich. Funsport und Streetsport bereicherten den Wortschatz durch kreative Wortkombinationen. Internet und Cyberspace verkürzten und beschleunigten die Sprache.

Sprache macht Tempo. Die Einteilung in Old School und New School greift auf, wie schnell sich angesagte Moden und Stile verändern. Old School meint, die Anfänge einer Entwicklung erlebt und den Spirit erfasst zu haben, der eine Mode, einen Stil oder eine Szene ausmacht. Wer zur New School gehört, widmet sich dagegen dem Innovativen und Neuen. Sprache schafft Identität. Trotz der viel genutzten Anglizismen, die nationale Eigenheiten negieren und globale Orientierung vorgeben, ist Sprache immer noch Identitätsstifter. „Eindeutschungen" werden täglich vorgenommen; aus Lifestyle wird „Leifsteil", und auch in Deutsch ist rappen angesagt. Wenn in der multikulturellen Gesellschaft die Sprachen fusionieren, sich Deutsch mit Englisch oder Türkisch mit Deutsch (vgl. N.G.P.) vermischt, transportiert Sprache dennoch die Identifikation mit nationaler Herkunft und Heimat. Sprache entspannt. Dem realen Leben, das durch Großstadtdschungel und Überlebenskampf gekennzeichnet ist, hat die viel zitierte Partygeneration den Rückzug ins Private entgegengesetzt. Sich in der Lounge zurückzulehnen, einen Downer zu konsumieren, bei relaxtem Ambient zu chillen und sich den Vibes hinzugeben spiegelt die Gemütsverfassung einer Generation wider, die sich dem Chaos widersetzt und es nicht eilig hat. Wer in dieser Gesellschaft nicht mellow, smooth oder peacig drauf ist, gilt als uncooler Stresser oder Problemiker.

Zum ersten Mal widmet sich nun ein DUDEN, herausgegeben von Trendbüro in Zusammenarbeit mit der Dudenredaktion, gezielt den Wörtern, die Sport, Musik, Mode, Computer, Partnerschaft und Partykultur aktuell prägen. Das Besondere an diesem Buch ist, dass es, während Sie es in den Händen halten, weitergeschrieben und ergänzt wird. Die Autoren des Buches sind alle, deren Wortschatz den gesellschaftlichen Veränderungen und technologischen Anforderungen folgt. Schließlich gilt: In keiner Epoche waren die Menschen einem so schnellen Wandel unterworfen wie in den vergangenen 15 Jahren. Jenseits der Rechtschreib-

reform wandelt sich auch die Sprache; sie liefert die
Metaphern, Verben und Substantive, um zu begreifen und
zu benennen, was Denken und Bewusstsein der Menschen bestimmt. Das Bewusstsein, sagt der Sprachwissenschaftler
L. S. Wygotski, spiegelt sich im Wort wie die Sonne in
einem Wassertropfen. In diesem Sinne ist Sprache ein be-
wegter Fluss – und dies ist der Grund, warum wir nicht
jedes Wort festhalten und berücksichtigen konnten. Was
dieser DUDEN aber beschreibt, ist die Strömung, die uns
alle mitreißt und nach vorne treibt.

Dirk Nitschke   Prof. Peter Wippermann
Redaktionsleitung   Herausgeber
Trendbüro   Trendbüro

Hamburg, im März 2000

Zum Gebrauch

Im Register am Ende dieses Buches finden Sie fast 1.000 Wörter, die in diesem Duden beschrieben sind. ↑ WÖRTER, die so gekennzeichnet sind, haben eine eigene Definition. BEGRIFFE
ohne Pfeilverweis sind in anderen Definitionen verarbeitet oder erklärt.

BACKFLIP | BEACHEN | COPING | DIZZ

So schnell kanns

dem Sprung. Auf d

Auf dem Surfbrett

board. Auf Inline

N | GOOFY | SWITCHEN | WIPE-OUT

hen. Immer auf
Snowboard.
Auf dem Skate-
Auf dem Trip.

Kicks und Funsports

Aggressive

[engl. für: aggressiv, angriffslustig]
Aggressive bezeichnet eine Stilform im
Funsport. Die Praktiker dieses Stils sind
immer auf der Suche nach dem innovativen Trick. Ehrgeizig experimentieren sie
mit artistischen ⌃ J U M P S und nehmen
bis zur Formvollendung jede Schramme
in Kauf. Der Fahrstil der Vertreter der
N E W S C H O O L wird von den Anhängern
der ⌃ O L D S C H O O L oft als hektisch
kritisiert und der Bezug zum „spirit" der
Skate- und Surfkultur vermisst.

Air

[engl. für: Luft] Airs verbinden sich mit
einer Flugfigur. Die bekanntesten Sprünge
sind der 180er (one-eighty), 360er (three-
sixty), 540er (five-forty) und 720er (seven-
twenty), wobei die Anzahl der Drehungen
um die eigene Achse entscheidet. Da die
Airs komplizierter und ausgefeilter werden,
ist das Erkennen der Figuren in der Luft
immer schwieriger. Die einfachen S P I N S
sind dagegen leicht zählbar. Während im
Inline- und Snowboardbereich die 1080-
Grad-Drehung schon erreicht ist, durch-
brach die Skateboardlegende Tony Hawk
erst bei den ⌃ X - G A M E S 1999 in San
Francisco die magische 900-Grad-Grenze.

Air-Pedal

[zu engl. a i r = Luft und engl. p e d a l =
Pedal] Ein Trick, den die BMX-Fahrer in der

Fliegen ist schöner. Bei Airs und Jumps gehen Skater, Inliner und Snowboarder in die Luft.

↑HALFPIPE oder auf der Rampe zeigen. Der Biker tritt nach dem Absprung weiter ins Pedal und erzeugt den Eindruck, als würde er durch die Luft fahren.

Alley-Oop

Im Basketball gilt der Alley-Oop als eine spektakuläre Art und Weise, zu einem Korberfolg zu kommen. Ein Spieler spielt einen Pass über Ringniveau, den ein anderer Spieler im Sprung aufnimmt und dann per ↑DUNK verwandelt. In der nordamerikanischen Profiliga NBA wird dieser Spielzug von den Kommentatoren mit einem jauligen „Alley-oop"-Schrei begleitet. Im ↑FUNSPORT beschreibt der Alley-Oop ein Manöver, bei dem man den Körper in

die eine Richtung dreht, aber genau in die Gegenrichtung fliegt, fährt oder ↑GRINDET.

Backflip

[engl. für: Rückwärtssalto] Gemeinsam mit dem FRONTFLIP gehört der Backflip zu den gängigsten Formen des ↑FLIPS, des Rundflugs oder Saltos. Diesen Rückwärtssalto kann man über eine Schanze und in der ↑HALFPIPE ausführen. Hier werden Backflips auch CRIPPLER genannt.

Backside

[engl. für: Fersenkante] Bei einer Backside-Fahrt oder einem Backside-Trick dreht sich der Skater, Boarder oder Surfer so, dass er seine Fersen dem Kurveninneren zuwendet. Sein Rücken steht zum Hang, zur Welle oder zur WALL, also zur Wand der ↑HALFPIPE.

Bail

[zu engl. to bail out = abspringen, aussteigen; Synonym für: kontrollierter Sturz] Beim Bail ist schnelles Reaktionsvermögen gefragt, denn der Fahrer lässt sich absichtlich fallen, um einen schlimmeren Sturz zu vermeiden. Verläuft ein Sturz hingegen unkontrolliert und mit ganzer Härte, ist vom SLAM die Rede.

Kicks und Funsports

Bank

Das Möbelstück der Skate- und Snowboardparks hat Schrägen aller Art, über die der Fahrer ⬆ GRINDEN oder springen kann. Meistens werden sie zwischen Hindernissen zur Auf- oder Abfahrt benutzt. Die TRANSITIONS haben im Gegensatz dazu Rundungen mit unterschiedlichem Grad.

Base-Jumping

[zu engl. base = Fundament, Sockel und engl. to jump = springen] Nach dem Bungee-Jumping, dem angeseilten Sturz vom Hochhaus, macht ein Extremsport von sich reden, der den Fallschirmsprung mit einem zusätzlichen Kick koppelt. Der Begriff B.A.S.E. setzt sich aus den Anfangsbuchstaben der englischen Wörter „building" (engl. für: Gebäude), „antenna tower" (engl. für: Funkturm), „span" (engl. für: Brückenspannweite) und „earth" (engl. für: Erde) zusammen. Base-Jumper stürzen sich von diesen oder ähnlichen Objekten in die Tiefe und öffnen, was ein exaktes Timing erfordert, ihren Fallschirm im Flug zwischen Leben und Tod.

Beachbreak

[zu engl. beach = Strand und engl. to break = brechen] Im Surferjargon bezeichnet Beachbreak die Welle, die über den Sandbänken in Strandnähe bricht. Als Klassiker sind den Surfern die Strände mit atemberaubend gewaltigen Brechern, die Waimea Bay auf Hawaii, das kalifornische Mavericks in der Half Moon Bay und Mundaka in Spanien, lieb und teuer. Der Profi unterscheidet zwischen den POINT-BREAKS, bei denen die Wellen lang laufen, indem sie sich an einem Landvorsprung brechen, und RIFFBREAKS. Diese Art von Wellen sind am schwierigsten zu surfen. Ein ⬆ WIPE-OUT kann aufgrund der kantigen Felsen und Höhlen unter der Wasseroberfläche äußerst unangenehme Folgen haben.

beachen

[zu engl. beach = Strand] Volleyball am Strand hat sich seit den Olympischen Spielen 1996 in Atlanta als Sportart etabliert und bringt kalifornisches Klima an die Küste. Fast jede Nation organisiert heute nationale Meisterschaften. Für die mehr oder weniger breiten Massen der Strandurlauber sind an beinahe jedem Strand Netze zum Beachen zu finden.

Bearing

[engl. für: Kugellager] Ohne die Kugellager von Inlineskates und Skateboards läuft gar nichts. Die Bearings entscheiden über den Erfolg eines ⬆ JUMPS und haben wichtige Funktionen. Sie gewährleisten die geringste Reibung zwischen fest stehendem Rollenkern und Achse, erzielen maximale Laufgenauigkeit und müssen den Belastungen beim ⬆ A G G R E S S I V E - Skaten standhalten. Da sich die Akteure gern den sportlichen Overkill geben, sind ihnen die neuesten technischen Entwicklungen gerade gut genug.

Big Wave

[engl. für: Riesenwelle] Schon vor Jahrzehnten wurden beim Big-Wave-Surfen acht Meter hohe Wellen geritten, die ohne Hilfe technischer Mittel bewältigt werden konnten. Die Innovationsfreude der Produktentwickler und die Lust der Sportler auf das „Höher, schneller, weiter" brachten die so genannten T O W – I N -Boards mit sich, mit denen auch die gewaltigsten, monströsesten und Furcht erregendsten Wellen dieses Planeten zu surfen sind. Mithilfe von Jet-Ski und Schleppseil lassen sich die Big-Wave-Surfer in hohe Wellen schleppen, bevor diese den Kamm erreichen und brechen.

boarden

[zu engl. b o a r d = Brett] Seit den Neunzigern hat man das Brett nicht mehr vorm Kopf, sondern unter den Füßen. Die Funsportarten Skating, Surfen und Snow-

boarden teilen sich die Idee des Boards, auf dem die Fahrer im Wasser, im Schnee oder auf der Straße dahingleiten. Um dabei den eigenen ⬆ F L O W zu erleben, ist nicht die exakt ausgeführte Bewegung, sondern das gute Körpergefühl entscheidend. Sprünge, Tricks und Bewegungen werden von einem Sport in den anderen übernommen und mit neuen Figuren gemixt. Das Snowboarden hatte sich schließlich aus dem Surfen entwickelt, als der amerikanische Wellenreiter Sherman Poppen Mitte der Sechzigerjahre den S N U R F E R erfand, ein Plastikboard, dessen Benennung sich aus „snow" und „surfer" zusammensetzt und das das Surfen auf Schnee ermöglichen sollte. Als sich mit der Entwicklung des Sportgeräts seine Einsatzmöglichkeiten verbesserten und die Vereinigten Staaten vom Snowboardvirus erfasst wurden, dauerte es nicht mehr lange, und auch Europa war infiziert. Echte Snowboarder sind heute für jeden Fall gerüstet. Mit den F R E E S T Y L E B O A R D S werden

Bretter, die die Welt bedeuten. Snowboarder erleben beim Freestylen den Flow.

Kicks und Funsports

↑ H A L F P I P E S und Snowparks gemeistert. F R E E R I D E B O A R D S sind für Pulverschneehänge, Off-Pisten und Waldabfahrten konzipiert, und R A C E B O A R D S versorgen die Speed-Freaks auf harten und eisigen Strecken. Die Kollektion der Surfer ist genauso stattlich und für unterschiedliche Wellenbedingungen konstruiert. S H O R T B O A R D S sind kurze Bretter, die durch ihre Wendigkeit bei kleineren Wellen eingesetzt werden. G U N B O A R D S sind schmale, schnelle Bretter, oft auch als E L E P H A N T − G U N oder R H I N O − C H A S E R bekannt und bei großen Wellen oder hohem Tempo genutzt. L O N G − B O A R D S sind die wieder entdeckten Klassiker, die lange als zweitklassig galten und bestenfalls als gut genug für die Surfer der ↑ O L D S C H O O L. Ein Meilenstein in den Annalen der Salzwasserdemokratie ist das B O D Y B O A R D, das der Ingenieur Tom Morey 1971 erfand und das zunächst S.N.A.K.E. genannt wurde, da Seite, Nabel, Arme, Knie und Ellbogen auf die Schwingungen der Welle reagieren mussten. Das kurze Schaumstoffbrett, das im Liegen gefahren wird, wurde später in B O O G I E B O A R D umgetauft. Anfangs eher als Spielzeug für Surfeinsteiger und Kids gedacht, wurde es später auch in hohen Wellen eingesetzt und dank des weichen Materials geschätzt. Bei der neuesten Erfindung des Wellenreitbretts sind die Füße durch Schlaufen fest mit dem Brett verbunden. Die Praxis auf den so genannten T O W − I N -Boards nennt sich S T R A P S U R F E N.

Boardercross

[zu engl. b o a r d = Brett und engl. t o c r o s s = kreuzen] Boardercross ist die jüngste Disziplin beim Snowboarden und hat den Namen von der an Motocross erinnernden Kursgestaltung. Im Gegensatz zu den traditionellen Torrennen des Skisports treten hier bis zu sechs Fahrer, Alpiner und Freestyler, auf einer Strecke mit Sprüngen, Wellen, Buckeln, Schlägen, Steilwandkurven, Speedetappen und Spiralen gegeneinander an. Boardercross gilt

Auf der Piste der Skateboarder entscheidet der Run, auf der Piste der Surfer die Welle.

als die spektakulärste und – für radikale Snowboarder – als die einzig wahre Wettkampfdisziplin.

B o t t o m – T u r n

[zu engl. b o t t o m = Grund und engl. t u r n = Drehung] Bei diesem Manöver des Wellenreitens nimmt der Surfer eine Drehung am Fuß der Welle vor, um dann wieder zurück zum sich brechenden und schnellen Teil der Welle zu gelangen. Was für den einen Surfer das Paradestück seiner Kür, ist für den anderen erst der Aufschlag.

C a b

Dieser Skateboardtrick ist nach seinem Erfinder Steve Caballero benannt. Der Skater dreht sich um 360 Grad, ohne das Board zu packen. Beim H A L F C A B dreht er sich um die Hälfte, also um 180 Grad. Bei den Experten gilt dieses Kunststück als schwerster Trick, da die Füße nicht am Board bleiben. Gemeinsam mit Tony Hawk gab Caballero in den frühen Achtzigerjahren Leistungen vor, die für die Skateboardszene Maßstäbe setzten.

C a n a d i a n – B a c o n – A i r

Ein Snowboard-Trick, der zu der größenwahnsinnigen Gattung der I N S A N E M O V E S gehört, also den Sprüngen, die nicht analysierbar sind, weil sie in die Hose gingen. Beim Canadian-Bacon-Air greift die hintere Hand hinter das hintere Bein und dann über die Bindung an die vordere Boardkante. Dabei sollte das Bein gestreckt bleiben. Ist aber das vordere Bein gestreckt und die Hand greift an die hintere Boardkante, heißt der Sprung schlicht C H I C K E N – S A L A D – A I R.

C a n y o n i n g

Auch wenn der Grand Canyon weit und seine Landschaft unvergleichlich ist, Canyoning ist auch in heimischen Biotopen ein mitreißender Sport. Hier geht es im Wildwasser bergab, schwimmend, kletternd oder rutschend. Der Sportler taucht in unbekanntes Gewässer, seilt sich in Schluchten ab, klettert über Stock und Stein, springt in tiefe Gumpen, durch tosende Wasserfälle oder überbrückt steile Ufer. Der Sport gilt als einzigartiges Naturerlebnis, das inzwischen von vielen Reiseveranstaltern angeboten wird. Den spektakulärsten Ort für Canyoning bietet die Schwarze Schlucht der aragonischen Sierra de Guara, einer bizarren Felslandschaft aus Bassins, Treppen und Korridoren, eingefasst von steil aufragenden Wänden. Wer zu derartigem Extremsport keine Affinität hat, bleibt daheim und praktiziert die bodenständige Variante „Gumpenspringen".

Kicks und Funsports

Coach

[engl. für: Trainer] Der wirklich coole Ausdruck für Trainer hat den ⬆ F U N S P O R T erreicht. Wer einen anderen coacht, muss nicht pädagogisch geschult oder erfahrener sein, sondern nur besser.

Contest

[engl. für: Wettbewerb] Im Funsportbereich nehmen die Aktivisten nicht an einem Wettbewerb teil, sondern an Contests, größeren Veranstaltungen, die weniger vom Wettkampfcharakter als vom Faktor Spaß geprägt sind. Schließlich gibt es eine Leistung, die nicht gemessen, aber doch beachtet wird: Wer ist am lässigsten? Und wer am coolsten? Beim S T R A I G H T - J U M P - C O N T E S T springen die Snowboarder über extra angelegte Schanzen und zeigen atemberaubende Sprungfiguren, die vom ⬆ J U D G E bewertet werden. Nach den stattlichen Höhen mit langer Flugzeit, der H A N G - T I M E , nennt man diese Leistungsschau auch B I G - A I R - C O N T E S T .

Coping

[engl. für: Abschlusskante] Der obere Rand einer ⬆ H A L F P I P E ist für deren Befahrbarkeit von grundlegender Bedeutung. Das Metallrohr, das an der Oberkante der vertikalen Ebene verläuft, schließt den obe-

Grinds und Handplants machen auf dem Coping den Crack.

ren Teil der Rampe ab. Für den Skater ist dies ein wichtiger Orientierungspunkt, der ihm zu erkennen gibt, dass er sich oberhalb der Halfpipe befindet. Ist das Coping zu stark oder zu dünn, ist die Halfpipe nicht befahrbar. Auf dem Coping werden auch verschiedene Tricks ausgeführt, wie ⬆ G R I N D E N (engl. für: schleifen), B L U N T (engl. für: schlittern) oder der ⬆ H A N D P L A N T , eine Art Handstand. Je länger das Coping in den Trick integriert ist, umso größer der Schwierigkeitsgrad.

**Der akrobatische Dirt-Jump
ist BMX-Disziplin.**

allem Skater nutzen die Rollen wie ein Verkehrsmittel. Ständig unterwegs, um zu ↑CHECKEN, was geht, cruisen sie durch die Stadt. Das ziellose Umherfahren wird von dem einen oder anderen Stopp unterbrochen, wenn coole ↑RUNS zum Hindernisrennen einladen oder andere Skater den Weg kreuzen.

Cut – back

[zu engl. to cut back = einschränken, verringern, zurückblenden] Der Cutback-Turn ist die Drehung beim Surfen, die darüber entscheidet, ob die Welle weiter gesurft werden kann. Das Manöver bringt den Surfer zurück zum sich brechenden und damit schnellsten Teil der Welle, bevor er in der SOUP, im Weißwasser der umgebrochenen Welle, landet.

Crack

[engl. für: Prachtkerl] Wer die coolsten ↑JUMPS beherrscht, einen abgefahrenen ↑RUN macht oder die stärksten Breaks nimmt, gehört zu den Cracks. Cracks lassen sich nicht in Zahlen oder Zeiten messen, sondern nur an dem Respekt der anderen.

cruisen

[zu engl. to cruise = herumfahren; vgl. „Ausgehen, Abgehen, Abfeiern"] Vor

Dirt – Jump

[zu engl. dirt = Schmutz und engl. jump = Sprung] Der Dirt-Jump gilt als gefährlichste BMX-Disziplin. Die Fahrer springen über hintereinander angeordnete etwa fünf Meter lange Rampen aus Sand und Erde und zeigen dabei ihre spektakulären Tricks. Sprunghöhen um die fünf Meter sind bei Dirt-Jumps nicht ungewöhnlich. In Europa ermitteln die verschiedenen Pro-Teams auf der „European King of Dirt"-Tour ihre Champions. Bewer-

Kicks und Funsports

tet werden neben den Tricks auch die Höhe der ↑ J U M P S, der Stil des Sprungs und die Art der Landung.

Dizzyturn

[zu engl. d i z z y = schwindelig und engl. t u r n = Wendung] Dizzyturn ist die Slalomdisziplin im Skateboarding und Inlineskating. Der Fahrer versucht, möglichst geschickt und schnell Markierungen oder Hindernissen auszuweichen.

downhill

[engl. für: bergab] Beim Snowboarden, Mountainbiking, Inlineskaten oder Skateboarding heißt downhill immer, dass der kürzeste Weg bergab gesucht wird. Hier geht es um Geschwindigkeit und Stehvermögen, weniger um Tricks und Sprünge, die in der ↑ H A L F P I P E oder beim ↑ F R E E S T Y L E N angesagt sind. Voraussetzung für ein Downhill sind Berge, Hügel und Straßen, die bei einer Talfahrt auf Touren bringen. Je mehr Herausforderung eine Downhill-Strecke bietet, desto attraktiver der ↑ R U N.

Drop-in

[zu engl. t o d r o p i n = hineinfallen (lassen)] Bei einem Drop-in im Skatebereich steht man zunächst aufrecht auf dem T A B L E, der Standfläche der ↑ H A L F -

P I P E, um dann mit Schwung in die P I P E zu droppen, also hineinzubrettern. Beim Surfen bedeutet Drop-in, eine Welle anzustarten, die schon von einem anderen Surfer gefahren wird.

Duckdive

[zu engl. d u c k = Ente und engl. t o d i v e = tauchen] Den Duckdive sollte der Surfer beherrschen, um hinter die Brandungszone auf das offene Meer zu kommen. Dabei drückt man mithilfe beider Arme und eines Knies das Brett unter eine Welle. Die Körperhaltung, die man beim Hindurchtauchen der Welle annimmt, ähnelt der einer Ente – wenig elegant, aber wassertauglich.

Dude

[engl. für: Kerl] Die Freundschaft unter kalifornischen oder australischen Surfern wird im Surferjargon mit Dude besiegelt. Das gemeinsame Über-die-Wellen-Reiten macht Freunde.

Dunk

[zu engl. t o d u n k = tunken] Dunking ist die spektakulärste Form des Korblegens beim Basketball. Der Spieler springt in die Luft und stopft den Ball mit einer oder beiden Händen von oben durch den Ring. Durch die Höhe des Korbs ist die Bewegung nur besonders großen oder sprungstarken Spielern vorbehalten. Als Meister des Fachs, der förmlich in der Luft stehen blieb, gilt Michael Jordan, der damit seinem Namen Michael „Air" Jordan Ehre machte.

Elimination

[engl. für: das Ausscheiden] Auch beim ↑ FUNSPORT kann man „losen". Im Jargon der Aktivisten wird das Ausscheiden eines Fahrers aus dem Wettbewerb oder seine Nichtqualifizierung für die nächste Runde Elimination genannt. Sie ist entweder durch einen Fahrfehler oder einen Sturz verursacht.

Extension

[engl. für: Ausbau, Anbau] In einigen ↑ HALFPIPES sorgt die Verlängerung der ↑ VERT für besonders hohe attraktive ↑ AIRS, da der Fahrer Extraschwung holen kann. Die Höhe der ↑ JUMPS kann in einem ↑ CONTEST entscheidend sein, für die Szene ist sie der Kick.

fakie

[zu engl. to fake = fälschen; Synonym für: rückwärts (fahren)] Wer beim Snowboarden oder Skaten fakie fährt, fährt andersrum. Das Rückwärtsfahren ist eine der Grunddisziplinen im Freestylebereich.

Beim Fakie werden alle Manöver umgekehrt ausgeführt. Steht man normalerweise mit dem linken Fuß vorn auf dem Brett, wird hier der hintere Fuß um den führenden linken gedreht, sodass der rechte Fuß vorn steht.

Fingerboard

[zu engl. finger = Finger und engl. board = Brett] Das Skateboard im Setzkastenformat ist für alle geeignet, denen die notwendige Feinmotorik und Übung fehlt, die aber über eine gute Fingerfertigkeit verfügen. Die Pioniere des Sports sind technisch versiert und praktizieren – wie die Kollegen auf zwei Beinen – anspruchsvolle Tricks auf zwei Fingern. Das Umfeld ist durchaus professionell: Originalgetreue Miniatur- ↑ OBSTACLES und sogar ein ↑ CONTEST mit Miniparcours stehen dem Fingerboarder zur Verfügung, der sich vielleicht den Zeigefinger, aber längst nicht das Genick brechen kann.

Flair

[zu engl. flair = Talent] Dieser besonders spektakuläre und gefährliche BMX-Trick ist in der Regel nur bei den ↑ PROS zu sehen. Der Fahrer springt in der ↑ HALFPIPE einen Rückwärtssalto mit halber Schraube, landet und versucht, sich dabei nicht alle Knochen zu brechen.

Kicks und Funsports

Flat Top

[zu engl. f l a t = flach und engl. t o p = Oberseite] Beim Inlineskating sitzen die Rollen, wie der Name sagt, hintereinander in einer „line". Um die Auflagefläche und damit die Geschwindigkeit zu beeinflussen, werden unterschiedliche Rollenprofile eingesetzt. Für den ↑ A G G R E S - S I V E -Skater bieten die Flat-Top-Rollen die besten Voraussetzungen für den ↑ R U N. Sie sind der Kompromiss zwischen Auflage, Stabilität und Rollwiderstand.

Flip

[engl. für: Salto] Flips zeigen den klassischen Vorwärts- oder Rückwärtssalto, den

FRONTFLIP oder ↑ B A C K F L I P. Beim Skateboarden bezeichnet der Flip auch die Drehung des Bretts. Die S P I N S dagegen sind Sprünge, bei denen der Fahrer die Drehung um die eigene Achse ausführt. Einige Flips kombinieren Figuren in der Luft; verbunden mit einem Spin, ergibt sich zum Beispiel der ↑ R O D E O – F L I P.

Flow

[engl. für: Fluss; vgl. „Musik und Popkultur"] Meint Flow in der Musik das entspannte Dahintreiben eines ↑ S O U N D S, wird damit im Sport der saubere Lauf oder das Dahintreiben eines Fahrers bis zur Selbstvergessenheit bezeichnet. Ein Skater, Surfer oder Boarder legt einen ↑ R U N mit Flow hin, wenn er harmonisch und ästhetisch fährt. Kommt es zu Unterbrechungen oder einem Sturz, kann von Flow nicht mehr die Rede sein.

Footbag

[zu engl. f o o t = Fuß und engl. b a g = Tasche] Footbag, nach einem Hersteller auch HACKYSACK genannt, ist ein weicher, mit Sand oder Reis gefüllter Lederball von etwa sechs bis sieben Zentimetern Durchmesser. Ähnlich wie ein Fußball jongliert wird, der den Boden nicht berühren darf, wird der Footbag mit Füßen, Knien, Schultern und Kopf balanciert. Da der Foot-

Immer auf der Rolle. Flips und Spins sind bei Skatern Standard.

bag nicht springt, sind ungewöhnliche, fast artistische Kunststücke möglich. Bei Wettbewerben wie der „European Footbag Championship" treten die Spieler im ↑ F R E E S T Y L E N und im Footbagtennis über ein Netz gegeneinander an.

Freeskiing

[zu engl. f r e e = frei und engl. t o s k i = Ski fahren] Das Skifahren im freien Gelände, auf der Off-Piste, hat Tradition. Der Rausch des Fahrens unter anspruchsvollen Bedingungen im natürlichen Gelände ist die aufregende Alternative zu überfüllten und gewalzten Pisten, die dem Freerider weder den Abenteuer- noch den Adrenalinkick verschaffen. Er verzichtet gern auf Après-Ski und den Flirt an der Skibar, benutzt Bergbahnen oder Lifte nur als Aufstiegshilfe und legt den Rest der Tour zu einsamen, unberührten Hängen zu Fuß oder mit Fellen zurück. Da das Skifahren im extremen Gelände immer populärer und die Skigebiete immer überfüllter werden, suchen immer mehr Skifans die W E L L E X, den Berg ohne Piste.

Freestyle

[zu engl. f r e e = frei und engl. s t y l e = Stil; vgl. „Musik und Popkultur"] Im ↑ F U N S P O R T ist Freestylen beim Inlineskaten, Skateboarden und Snowboarden angesagt. Die Freestylemanöver beim Snowboarden sind stark vom Skateboardfahren beeinflusst und stehen für ein Bedürfnis, das sich beim Springen zumindest ansatzweise verwirklichen lässt – die Überwindung der Schwerkraft. Freestyle wird in jeder Saison um neue Komponenten und Tricks erweitert, wobei sich die Grenzen des Machbaren nach oben verschieben. Freestyler treten in Rudeln auf, in denen man sich Tricks zeigt, voneinander abguckt, kopiert, um seinen eigenen, unverwechselbaren Stil zu entwickeln. Beim Wellenreiten sind die Leitfiguren des Freestyles vom Skateboarden inspiriert. Mancher Sprung über die Wellen erinnert an Manöver in der ↑ H A L F P I P E.

frontside

[engl. für: Frontseite] Wenn man während eines Manövers mit dem Gesicht zum Hang, zur Welle oder zur Wand steht, fährt man frontside. Bei Frontsidetricks dreht sich der Fahrer so, dass seine Fersen dem Kurveninneren zugewendet sind, bei Frontside-↑ A I R S springt er vorwärts und packt das Board mit der hinteren Hand.

Funsport

[zu engl. f u n = Spaß und S p o r t] Funund S T R E E T S P O R T haben der Vereinsmeierei von Sportclubs und den festen

Kicks und Funsports

Reglements der traditionsreichen Sportarten Fußball, Tennis oder Handball einiges entgegengesetzt. Beim Snowboarden, Inlineskaten oder Skateboarden zählt zuallererst der Spaß an der Sache und das Erlebnis, das man mit Freunden teilt. Funsport findet ohne Leistungsdruck, Trainingsplan oder Wettbewerbe statt. Punkte werden nur bei den ↑ C O N T E S T S gezählt, der Respekt der anderen zählt mehr. Auch der Boom der Straßensportarten ↑ S T R E E T B A L L und ↑ S T R E E T – S O C C E R zeigt, dass nicht die Sportstätte, sondern die Sportstadt im Mittelpunkt steht. Sport wird zum unangepassten Lebensstil und kombiniert sich mit Musik und Mode zu einem angesagten Lebensgefühl der Lässigkeit. Das Leben findet auf der Straße statt, was seine Vorbilder in den sozialen Randzonen der amerikanischen Gesellschaft hat und sich mit der Kultur des ↑ H I P – H O P ergänzt.

Gap – Jumping

[zu engl. g a p = Kluft und engl. t o j u m p = springen] Die Gap-Jumper beweisen Mut zur Lücke, denn sie überwinden ihre Angst und jedes Loch, das sich zum Überspringen eignet. Gaps finden die Skater und Boarder überall, wo eine Ebene zu verlassen und eine andere zu erreichen ist, in der Natur, in der Stadt oder auf dem Übungsplatz. Vorbild aller Gap-Jumper ist die Legende Evel Knevel, der mit seinem Motorrad über Flüsse, Canyons oder auch in Reihe geparkte Autos flog. In Frankreich hat sich eine Gruppe von Gap-Jumpern gefunden, die ohne jedes Hilfsmittel von einem Hausdach auf das nächste, über Autos und über Mauern springen. Sie nennen sich „Yamakasi" und springen, als ob sie Spiralfedern unter den Füßen hätten. Das Wort „Yamakasi" stammt aus dem zairischen Dialekt „Jingala" und bedeutet: starker Mensch mit starkem Geist und starkem Körper. Jede Mauer, jedes Geländer und jedes Gebäude wird zum Schauplatz der spektakulären Stunts, jedes Objekt zum Prüfstein für die eigene Willenskraft.

goofy

[engl. für: dämlich] Hier trennen sich bei den Skatern und Snowboardern die Welten. Bei den Goofyfooters steht der rechte Fuß vorn auf dem Brett, während die Regularfooters den linken Fuß nach vorne stellen. Als die gängige Position beim Surfsport wird R E G U L A R auch N A T U R A L F O O T genannt.

Go – Ped

Das praktische Gefährt, das aussieht wie ein motorisierter Tretroller, mixt Fahrrad, Skateboard und Scooter und kann eine

Die Grundausbildung des Skaters: Grinden über Mauern, Bordsteinkanten und Treppengeländer.

Höchstgeschwindigkeit von 40 Stundenkilometern erreichen. Der Fahrer steht, ähnlich wie beim ↑ K I C K B O A R D, auf einem Trittbrett und steuert durch den Stadtverkehr. Ursprünglich als Fahrzeug für Individualisten oder als Transportmittel auf Großbaustellen gedacht, gelangte das Go-Ped, das schon Mitte der Achtziger erfunden wurde, in die Hände der Funsportler. Die Skater fahren das praktische Gerät in der Freizeit; selbst Businessmenschen düsen damit durch die Straßen New Yorks.

Grab

[zu engl. t o g r a b = greifen, packen] Das Greifen des Boards in der Luft, also während eines Sprungs, kennzeichnet die Qualität des ↑ J U M P S. Je länger der Jumper grabbt, umso mehr Stil wird ihm bescheinigt. Einige Sprungbezeichnungen ergeben sich aus der spezifischen Handstellung. Beim „Tail-Grab" greift der Skater das Boardende mit der vorderen oder hinteren Hand. Beim „Nose-Grab" greift er mit der Hand an die N O S E, welche die Schaufel oder Vorderseite des Boards darstellt.

grinden

[zu engl. t o g r i n d = schleifen] Das Rutschen gehört bei Skateboardern und Inlineskatern zu den bekanntesten Manövern und findet auf dem Mittelstück der Schienen oder auf der Sohlenkante statt. Skateboarder grinden mit der Unterseite ihres D E C K S über Treppengeländer, Mauern oder Bordsteinkanten. Inlineskater nutzen dafür das Mittelstück der Schuhschiene oder spezielle Grindplates.

Griptape

[zu engl. g r i p = Griff und engl. t a p e = (Klebe-)Band] Das Griptape sorgt für die

Haftung der Füße auf dem Brett. Während die untere Seite des D E C K S mit modernen Grafiken versehen ist, ist das Griptape oft klassisch grau. Beim Surfen verbessert das aufgetragene ⬆ W A X die Haftung. So genannte P A D S, dünne Schaumstoffmatten, die auf die Standfläche geklebt werden, wirken dem Abrutschen vom Board zusätzlich entgegen.

Halfpipe

[zu engl. h a l f = halb und engl. p i p e = Röhre] In der Halfpipe, die auf Wettbewerben, in Parks und Hallen zum Einsatz kommt, demonstrieren Inlineskater wie Skateboarder oder BMX-Fahrer ihr Können. Man springt, dreht und überschlägt sich und erreicht dabei Flughöhen von bis zu fünf Metern. Die Halfpipe besteht aus zwei Ebenen, die durch eine gekrümmte Bahn miteinander verbunden sind. Im Querschnitt sieht das Gestell der Halfpipe wie ein breites „U" mit flacher Basis aus. Das mit Platten beschichtete Metallgestell ist etwa zehn Meter breit und hat einen Krümmungsradius von drei Metern. Die Skater fahren von der Vertikalen in die Halfpipe ein, überqueren die Horizontale, die so genannte T R A N S I T I O N, und fahren über die gegenüberliegende Krümmung wieder die Vertikale hinauf. Mit dem entsprechenden Schwung führen sie dabei ihre artistischen ⬆ J U M P S aus. Die Q U A R T E R P I P E bildet die Hälfte einer Halfpipe. Sie wird in verschiedenen Größen konstruiert und dient zum Üben des Schwungholens, dem P U M P E N. B O W L S und P O O L S gehören zu den klassischen Herausforderungen der ⬆ O L D S C H O O L. Pools sind häufig mit einer Rundung im Boden versehen, die Bowl sieht aus wie eine in den Boden eingelassene halbierte Hohlkugel. Als es in den Siebzigerjahren noch verboten war, auf öffentlichen Plätzen, Wegen und Anlagen zu skaten, suchten sich die Skater ein eigenes Terrain, um darauf ihr artistisches Können zu üben. In den trockengelegten Swimmingpools und Springbrunnen der Nachbarschaft oder in den Abwasserrohren der Vorstädte fanden sich die geeigneten Übungsbahnen.

Half- oder Quarterpipe steigern beim Skaten die Absprungchancen.

Handplant

[zu engl. h a n d = Hand und engl. t o p l a n t (o n e s e l f) = sich aufstellen] Einer der ersten spektakulären Tricks, die in der ⌐HALFPIPE gezeigt wurden, ist der Handplant. Im Gegensatz zu den SPINS und ⌐FLIPS, die teilweise kaum zu unterscheiden sind, bildet er eine ganz andere Figur. Der RIDER steht kopfüber auf einer Hand oben auf der LIP, also auf der oberen Kante der Halfpipe, um anschließend wieder in diese hineinzudroppen.

Hang-five
[zu engl. to hang = hängen und engl. five = fünf] Diese Figur lässt den Surfer so weit vorn auf dem Brett stehen, dass seine fünf Zehen über die Brettnase schauen. Beim HANG-TEN wagen sich zehn Zehen nach vorn, was aber nur bei LONG-BOARDS möglich ist.

Hang-loose
[zu engl. to hang around = (ab)hängen und engl. loose = locker, frei] Der coole Gruß in der Surfergemeinde spreizt den Daumen und den kleinen Finger, während sich die anderen Finger diskret zurückziehen. Locker bleiben als Devise auf dem Brett – und im Leben sowieso.

Horse
[engl. für: Pferd] Horse ist eine Spielform des Basketballs, die die Kids auf der Straße erfunden haben. In der Regel wird Horse mit zwei Spielern auf einen Korb gespielt. Ein Spieler gibt den Wurf von einer frei gewählten Position vor, den der andere, bei Korberfolg, nachwerfen muss. Viele Kids spielen von fest vorgegebenen Positionen aus. Hier geben die Anfangsbuchstaben von H.O.R.S.E. die jeweiligen Abwurfpositionen an, die einen Halbkreis vor dem Korb bilden. Nach jedem Korberfolg rückt der Spieler eine Position weiter. Sieger ist derjenige, der jede Position mit einem Korbtreffer bewältigt hat. 1999 hat sich das Sportlabel Nike des ⌐STREET-BALLS in einer Werbekampagne angenommen. Hier improvisierten die Kids mit Garagentoren und Müllcontainern.

indoor
[zu engl. indoors = innen] Indoor und OUTDOOR haben sich als Ortskennzeichnung für sportliche Aktivitäten etabliert. Indoor bezeichnet alles, was in Räumen und Hallen stattfindet. Outdoor meint alle ⌐EVENTS und Touren, die unter freiem Himmel starten.

Indy
Das Präfix „Indy-" taucht immer dann vor einer Sprungbezeichnung auf, wenn der Fahrer während eines Sprungs mit der hinteren Hand zwischen den Füßen an die Zehen-

kante reicht. Diese Stellung wird in komplexere Sprünge wie den Frontside-360-Indygrab oder den Indyalley-Oop integriert.

inlinen

[zu engl. i n l i n e = in einer Reihe] Das Inlineskating oder B L A D E N, also das Rollschuhfahren auf in einer Reihe angeordneten Rollen, ist in seinen Ursprüngen bis in das Jahr 1760 zurückzuführen, als ein belgischer Instrumentenbauer einfach ein Paar Schlittschuhe umfunktionierte, an die er jeweils zwei Metallrädchen schraubte. Seitdem bastelten viele Schlittschuhfahrer in Europa an dessen Weiterentwicklung, um auch im Sommer ihrer Leidenschaft nachgehen zu können. Die meisten Konstruktionen scheiterten allerdings an einer nicht unerheblichen Funktion: der Bremse. Als schließlich 1970 das Patent für die Inlines in Deutschland angemeldet wurde, hatte die Industrie längst die Rollerskates, Rollschuhe mit je zwei Rollen pro Achse, entdeckt, die im damaligen Discofieber boomten. In den Acht-

zigern kam schließlich in den USA der Durchbruch, als Eishockeyspieler außerhalb der Saison auf Straßenschlittschuhen trainierten. Der Hersteller Rollerblade produzierte den ersten Inlineskate-Schuh, einen Schalenschuh aus Plastik mit vier aufgereihten Rollen und einem Stopper an der Ferse. An den Strandpromenaden Kaliforniens wurde Inlineskating zum Lifestylesport, der schließlich auch in Europa ins Rollen kam. In Deutschland schnürten bislang zehn Millionen Fans jeden Alters das rasante Schuhwerk, das als verkehrsberechtigtes Fortbewegungsmittel anerkannt werden will.

Invert

[zu engl. t o i n v e r t = umkehren] Mit genug Übung können sich manche Skater auf den Kopf stellen. Ein Sprung wird dann zum Invert, wenn der Kopf mindestens einmal nach unten über dem Boden schwebt. Einer der bekanntesten Inverts ist der ↑ H A N D P L A N T, bei dem sich eine Hand auf die ↑ C O P I N G stützt.

Skater im Flugverkehr. Der Corkscrew 900 mit gutem Start und sauberer Landung.

Judge

[engl. für: Richter] Die Punktrichter bei Funsportwettbewerben bewerten die ausgeführten Übungen nach den drei Kriterien EXECUTION, also technischer Schwierigkeitsgrad und Ausführung, INTENSITY, also Höhe und Aggressivität der Sprünge, und COMPOSITION, was die Art des Laufs, die Kreativität und Kontinuität betrifft. Die Wertungen der Kampfrichter werden addiert und bilden als Gesamtpunktzahl das Ergebnis für den Läufer.

Jump

[engl. für: Sprung] Im Skatebereich wie beim Snowboarden spornen Absprungschanzen zu Höchstleistungen an, wobei sich die ⬆ FUNSPORTS gegenseitig inspirieren und zum Teil die gleichen Sprünge praktizieren. Der McTWIST, eine 540-Grad-Drehung mit einer Überkopfschraube, findet in beiden Disziplinen statt. Grundsätzlich werden Jumps in die Kategorien Flugvariation und Flughöhe unterteilt. METHOD-AIR gilt als der Klassiker der Sprungkunst. Das Board wird seitlich hinter den Körper gebracht, bevor mit der vorderen Hand an die Fersenkante gegriffen wird. Neben der Körperbeherrschung beeindrucken Jumps auch durch die kreativen Namen, die den POWERSLIDE, den KAMIKAZE-JOE oder den DUCKWALK definieren.

Kickboard

[zu engl. to kick = treten und engl. board = Brett] Das Kickboard kombiniert Skateboard und Tretroller. Die schmale Stehfläche hat zwei Vorderräder und ein Hinterrad, wird mit einer gefederten Lenkstange gesteuert und durch eine Hinterradbremse gestoppt. Amerikanische Skaterkids sollen das Kickboard erfunden haben, als sie im Rondell eines Parkhauses nach unten bretterten und dabei die Kontrolle über ihr Board verloren. Um den Spaß nicht aufgeben zu müssen, montierten sie eine Stange zum Festhalten ans Brett, und die Idee des Kickboards nahm ihren kommerziellen Lauf.

Kicks und Funsports

Kicker

[zu engl. k i c k = Schwung, Spaß] Im Snow-
boardjargon ist die Absprungschanze der
Kicker, mit dem man hoch hinauskommt.
Kleine Rampen in der Natur oder mit Schnee
aufgeworfen, eignen sich für den springen-
den Punkt, an dem man zum S P I N oder
zum ↑ F L I P ansetzt.

Kite-Surfen

[zu engl. k i t e = Drachen und t o s u r f
= Wellen reiten] Überall, wo Wasser, Wind
und Wellen zusammenkommen, ist diese
Form des Drachenfliegens populär. Seinen
Ursprung hat Kite-Surfen in Hood River,
USA, wo das erste System für Drachensur-
fer entwickelt wurde, als sich ein Wasser-
skifahrer an einem Drachen über den Co-
lumbia River ziehen ließ. Ein paar Jahre
später kam Laird Hamilton auf die Idee, ein
Surfbrett an einen Drachen zu leinen. Inzwischen hat sich eine echte Fangemeinde
um Kite-Surfing gebildet, bei dem locker bis
zu zwölf Höhenmeter bewältigt werden.
Entscheidend beim Kite-Surfen ist die Wind-
böe. Nur solange eine Brise geht, kann der
Surfer durch die Wellen kreuzen, springen
oder mit dem Wind fahren. Einige Enthusi-
asten verzichten mittlerweile auf das nas-
se Element und lassen sich vom angeleinten
Drachen in einem Buggy über Strände,
Parkplätze und Wüstenpisten ziehen.

Lay-up

[zu engl. t o l a y = legen und engl.
u p = hinauf] Dieser Korbleger gilt als der
einfachste Wurf im Basketball. Beim Lay-
up wirft der Spieler nach einer tausendfach
geübten Schrittfolge aus ca. 50 cm Entfernung auf den Korb.

Leash

[engl. für: Leine] Durch einen Klettverschluss verbindet die flexible Leine das
Surfbrett mit dem Fußgelenk des Surfers,
sodass es bei einem Sturz in der Nähe
bleibt. 1971 eingeführt, wurde die Leash
von den Pionieren des Surfsports erst einmal abgelehnt. Die Puristen wollten sich
beim Sport nicht an die Leine legen lassen und fanden die Leash am Brett uncool.
Die Aussicht, das gute Stück bei einem
Sturz zu verlieren, macht allerdings auch
keinen coolen Eindruck, weshalb sich die
Idee des angeleinten Surfbretts schließlich
durchsetzte. Die Leash gehört für Surfer
und Snowboarder zum Standard und steigert deren Sicherheit deutlich.

Line-up

[zu engl. t o l i n e u p = aufstellen,
antreten lassen; vgl. „Musik und Popkultur"] Was im Musikbereich die Aufstel-
lung der ↑ D J s ist, ist bei einem
↑ C O N T E S T die Liste der Teilnehmer.

Bei den Surfern ist das Line-up allerdings auch Gelegenheit zum Luftholen, wenn sich die Surfer nach vier bis fünf ⬆ D U C K D I V E S hinter die Brechungslinie der Wellen gekämpft haben und auf die nächste, perfekte Welle warten.

In fünf Minuten zum Strand. Locals haben die Piste vor der Haustür.

L o c a l

[engl. für: Einheimischer] Einige Surfspots haben sich dank chronischer Überfüllung fast schon zu Kampfrevieren entwickelt. Die übliche Hackordnung unterscheidet zwischen den Gastsurfern und den Locals, den einheimischen Surfern mit dem Recht der Hausherren. An einigen Stränden grenzt man sich bewusst und für alle gut lesbar ab: „Locals only!" steht auf kleinen Schildern, die den Fremdling willkommen heißen. Bei dem gilt diese Arroganz auch als „localism".

m a u l e n

[Synonym für: hinfallen] Wer sich hinlegt, also beim Snowboarden in den Schnee oder beim Skaten auf den Asphalt schlägt, bietet erstens keinen schönen Anblick und ist zweitens bemüht, Coolness zu bewahren. „Ich hab' mich gemault!" tut zwar auch weh, klingt aber viel besser.

M i n i r a m p

[engl. für: kleine Rampe] Die kleine Schwester der ⬆ H A L F P I P E ist die Miniramp, die keine Vertikale besitzt und bei der das flache Stück wesentlich kürzer als das der Halfpipe ist. Die Miniramp ist als Übungspiste besonders für Anfänger geeignet, da sie nicht so hoch gebaut ist und das ⬆ D R O P - I N erleichtert. Als Varianten der Miniramp gelten die S P I N E – und die H I P R A M P, Verbindungsstücke, die zwischen zwei Rampen gebaut werden.

M o u n t a i n b o a r d i n g

[zu engl. m o u n t a i n = Berg und engl. b o a r d = Brett] Beim Mountainboarding, dem jüngsten Mitglied in der ⬆ F U N – S P O R T -Family, wurden etablierte Sportarten, Snowboarding und Mountainbiking, gemixt und ein Skateboard mit einem Snowboard gekreuzt. Im erdigen und grasigen Gelände steht der Mountainboarder auf einem Brett mit vier stabilen Rädern,

Kicks und Funsports

das wie ein Snowboard gelenkt wird. In Australien wurde das „Outback-Mountainboard" entworfen, das sich über zwei vordere Räder und ein hinteres fortbewegt und über eine Bremse verfügt. Das GRASS-BOARD dagegen ist die deutsche Variante des Mountainboards und wurde in der bayrischen Oberpfalz in Deutschland entwickelt. Es besitzt nur zwei Räder, wobei das vordere Rad für die Steuerung des Boards beweglich ist.

No Foot

[engl. für: ohne Fuß] Ein BMX- ↑ JUMP, bei dem der Fahrer die Füße von den Pedalen streckt und, fast losgelöst von seinem Bike, durch die Luft segelt. Der einzige Kontakt zwischen Fahrer und Rad sind die Hände, die er weiter am Lenker hält.

No-Look-Pass

[zu engl. n o = kein, engl. l o o k = Blick und engl. p a s s = Pass] Bei diesem Pass im Basketball wird ein Ball ohne Blickkontakt zugespielt, d. h., der werfende Spieler schaut in eine dem anzuspielenden Spieler entgegengesetzte Richtung. Dieser Spielzug ist besonders im Angriff effektiv, da er bei perfekter Ausführung dem Mitspieler die entscheidenden Sekunden zum Korbwurf verschafft. Aufgrund der entgegengesetzten ↑ MOVES von Kopf und

Körper gilt der No-Look-Pass als besonders spektakulärer und ästhetischer Zug.

Nosebone

[zu engl. n o s e = Nase und engl. b o n e = Knochen, Bein] Bei einem Nosebone- ↑ AIR greift der Springer während des Flugs mit einer Hand an die NOSE, also an die Spitze des Boards, und hält dabei ein Bein gestreckt. Bei jedem Trick oder Manöver stellt das BONING, also das Strecken des Beins, eine zusätzliche Herausforderung dar.

Obstacle

[engl. für: Hindernis] Beim Skating mit Inlines oder auf dem Skateboard ist jedes verfügbare Objekt, über das man fahren oder springen kann, ein herausforderndes Hindernis. RAILS, die Handläufe an Treppengeländern, CURBS, d. h. Straßen- und Steinkanten, sowie Parkbänke, Mülltonnen oder sogar Autos bilden für den Skater unfreiwillig den Parcours. Beim ↑ CRUISEN durch die Stadt sucht er ständig nach neuen „obstacle courses", die er in einer rasanten Abfolge ohne Unterbrechung bezwingen kann.

offroad

[engl. für: abseits der Straße] Das Inlineskaten hat sich im Straßenbild weitgehend etabliert. Die neuen Skatinggenerationen suchen bereits andere Wege. Offroad fährt der Skater auf Wald- und Forstwegen, auf Wiesen und im extremen Gelände. Die zu überwindenden Hindernisse bilden naturgegebene Schlaglöcher, Rollsplitt- und Schotterpisten, die mit besonders großen, zum Teil luftgefüllten Gummirollen zu bewältigen sind. Beim SPEEDSKATING ist ein besserer Straßenbelag erforderlich. Hier geht der Fahrer auf Tempo und erreicht beim Sprint, auch über Marathondistanzen, eine Geschwindigkeit von bis zu 40 Stundenkilometern. Zur Ausrüstung gehören neben guter Kondition und ausgefeilter Fahrtechnik speziell entwickelte Speedskates mit fünf spitzen Rollen unter jedem Schuh.

Old School

[engl. für: alte Schule; vgl. „Computerslang und Cyberspace", „Mode, Models, Fashionzones", „Musik und Popkultur"] „Zurück zu den Anfängen" bedeutet im ↑ FUNSPORT, den „spirit" einer Sportart zu fühlen, zu leben und zu praktizieren und weniger die ständige Leistungssteigerung im messbaren Bereich zu suchen. Da viele Sportarten auf eine lange Tradition und Geschichte zurückblicken können, teilt sich die Sportgemeinde in die Traditionalisten und die Innovativen, die

als NEW SCHOOL an Experimenten, Grenzerfahrungen und aggressiven Spielarten ihres Sports interessiert sind.

Ollie

Um ein echter Freestyler zu werden, muss man diesen Sprung beherrschen, denn er gilt als die Grundvoraussetzung für alle weiteren Tricks. Von dem Spitznamen seines Erfinders abgeleitet, geht es beim Ollie darum, das Skateboard nur mit den Füßen in die Luft zu hieven und über das Brettende, den TAIL, abzuspringen. Springt der Freestyler über den vorderen Teil des Brettes, die NOSE, ab, ist vom NOLLIE die Rede. Bei beiden Sprungformen lernt

Der Überflieger stellt sich jedem Hindernis und macht beim Skaten den Ollie.

man, den Körperschwerpunkt bei der Landung wieder über dem Board zu zentrieren. Dank ihres Charakters gelten Ollie und Nollie auch als CREDIT-CARD-AIR.

One and one

Diese Spielform beim Basketball, bei der nur zwei Akteure teilnehmen, ist ein beliebtes Training für Zweikampfstärke und Treffsicherheit. Die Streetballer spielen dabei gegeneinander auf einen Korb.

Pipeline

[engl. für: Rohrleitung] Die Pipeline ist beim Surfen der Inbegriff der perfekten Welle. Beim Überschlag einer Riesenwelle entsteht ein Tunnel, auch BARREL oder GREEN ROOM genannt, der vom Surfer durchquert werden kann. Die berühmteste Pipeline, da ist sich die Surfergemeinde einig, bricht vor der Küste Hawaiis mit riesigen TUBES und über flachem Wasser.

Point-Guard

[zu engl. point = Punkt und engl. guard = Posten] Der PLAYMAKER beim ⬆STREETBALL ist mit dem Mittelfeldregisseur im Fußball zu vergleichen. Er verfügt über eine ausgezeichnete Spielübersicht, ist flink, dribbelstark und bedient seine Spieler so geschickt, dass diese nur noch den Korb erzielen müssen.

Practice

[engl. für: Praxis] Der coolere Ausdruck für Erfahrung oder Praxis wird dann hervorgekramt, wenn ein ⬆COACH seinen Schützling motivieren will: „Du brauchst nur noch ein bisschen Practice!" klingt motivierender als „Das wird doch nichts!".

Pro

[Abkürzung von engl. professional = Profi] Der professionelle ⬆CRACK, der sein Geld ausschließlich mit seinem Sport verdient, kassiert bei Wettkampferfolgen Verträge mit Bekleidungs- und Ausrüsterfirmen. Im Funsportbereich allerdings können nur wenige Sportler wirklich davon leben.

Pumpen bläst die Bizeps auf.

pumpen

[Synonym für: Hanteltraining betreiben; vgl. „Ausgehen, Abgehen, Abfeiern"] Wie der Begriff MUCKIBUDE für Fitnesscenter geht der etwas andere Ausdruck für Kraft- oder Hanteltraining ironisch mit dem Thema Kraftsport um. Weil die aufgepumpten Bizeps der Bodybuilder in den Neunzigern nicht mehr das körperliche Ideal darstellten, wird das Klischee wieder gerne zitiert. In der ↑HALFPIPE wird das Schwungholen als pumpen bezeichnet.

Rebound

[engl. für: Abprall] Die Verteidigungsaktion beim Basketball soll den Ball nach einem missglückten Wurf sichern. Rebounds sind zwar nicht so spektakulär wie ↑DUNKS, können aber unter Umständen spielentscheidend sein. Reboundspezialisten wie Dennis Rodman werden in der NBA so verehrt wie die Stars unter den Angriffsspielern.

Rodeo-Flip

Im Snowboarding kombiniert der Rodeo-Flip eine ↑ROTATION und einen ↑INVERT. Hier rotiert der Springer um 540 Grad mit dem Kopf nach unten und landet dann ↑FAKIE. Bevor man diesen Trick steht, sollte man den Rückwärtssalto und den 540er perfekt beherrschen.

Rookie

[engl. für: Anfänger, Frischling, Neuling] Der Begriff stammt aus dem amerikanischen Profibasketball, hat sich aber auch in bestimmten Trendsportarten etabliert. Während seines ersten Jahres in der NBA gilt jeder Spieler als Rookie. Die frisch aus den Colleges kommenden Liganeulinge werden nach einem speziellen System auf die verschiedenen Clubs verteilt und müssen sich bewähren. Im ↑HIP-HOP schleicht sich der Begriff wie bei „KC Da Rookee" in Namen ein.

Rotation

[engl. für: Drehung] Drehungen oder SPINS werden erst bei Sprüngen ab 360 Grad gezählt. Um die Geschwindigkeit der Rotation zu erhöhen, macht sich der Springer wie ein Eiskunstläufer groß und klein, wobei das Vordrehen von Kopf und Oberkörper die Rotation einleitet.

Run

[engl. für: Lauf] Der gute Run ist ein Glück für jeden Skater, der in der Stadt unterwegs ist. Die Mischung aus Geraden und ↑OBSTACLES macht eine Strecke interessant, wobei keine Mülltonne, Parkbank oder Bordsteinkante abgefahren genug ist, um nicht auch noch mitgenommen zu werden.

Kicks und Funsports

Set

[engl. für: Reihe; vgl. „Musik und Pop-kultur"] Bei einem Set rollt eine Serie von etwa drei bis sieben Wellen auf einen Strand zu. Bei einem DOUBLE SET ist der Zeitabstand dazwischen sehr gering, und der Surfer, der gerade einen ⬆ WIPE-OUT erlebt hat, muss einen langen Atem haben, wenn er es nicht frühzeitig hinter die brechenden Wellen schafft.

shredden

[zu engl. to shred = raspeln] In der Umgangssprache der Skater und Snow-boarder bezeichnet Shredden als Synonym für ⬆ GRINDEN oder SLIDING das Abfahren eines Geländes oder einer Piste. Mit dem Skateboard lässt sich eine Straße ganz seicht entlangshredden, mit dem Snowboard eine Piste aggressiv abshred-den. Ein Fahrer, der dabei den Überblick und die Haltung verliert, ist ein „Shredhead".

Skatejam

[zu engl. to skate = Rollschuh laufen und engl. to jam = improvisieren] Beim Skatejam treffen sich die Kids zum gemein-samen Skaten. Ähnlich wie beim ⬆ JAM-MEN in der Musikszene entstehen Skate-jams spontan und zufällig. Hier zeigt man sich die Tricks und ⬆ JUMPS, die Respekt verschaffen.

Skiboarding

[zu engl. to ski = Ski fahren und engl. board = Brett] Skiboards oder SNOW-BLADES sind etwa 70 bis 120 cm lange Ski, die eine Kreuzung zwischen Ski und Snowboard darstellen und Techniken des Inlineskatens auf Schnee zulassen. Mitt-lerweile haben sich Skiboarder auch in der ⬆ HALFPIPE, dem angesagten Terrain der Snowboarder, breit gemacht, um hier die waghalsigsten Manöver zu springen. Bei Wettbewerben teilen sich Ski- und Snowboarder die gleiche Strecke, beim SLOPESTYLE kommt die Hindernis-bahn zum Einsatz.

Skimboarding

[zu engl. skim = Schaum und engl. board = Brett] Bei der vor allem in den USA verbreiteten Variante des Wellenrei-tens wird auf dem flachen auslaufenden Teil der Welle mit einer runden Holzschei-be gesurft. Im Gegensatz zum „normalen" Surfen eignet sich Skimboarding auch für Anfänger und als reines Strandvergnügen. Während die Sportart in Europa weitge-hend unbekannt ist, werden in den USA professionelle Turniere veranstaltet.

Small Forward

[zu engl. small = klein und engl. for-ward = Stürmer] Der Flügelspieler beim

Basketball beginnt seine Aktion in der Regel mit dem Gesicht zum Korb. Der POWER-FORWARD ist größer als der Small Forward und wendet dem Korb den Rücken zu.

Snakeboard

[zu engl. s n a k e = Schlange und engl. b o a r d = Brett] Das spezielle Skateboard hat eine Art Gelenk im Mittelteil, das extreme Slalombewegungen erlaubt. Ähnlich wie ein Snowboard hat auch das Snakeboard Bindungen hinten am TAIL und vorne an der NOSE, sodass einige Skateboardtricks nicht möglich sind. Auch beim Snakeboarden finden Wettbewerbe in unterschiedlichen Disziplinen statt.

Am Ball bleiben beim Streetball.

Spot

[engl. für: Stelle, Platz] Der coole Spot ist bei den Surfern der Küstenabschnitt, an dem die besten Wellen brechen. Für die Snowboarder ist es das abgelegene Gelände, das sich für ↑ DOWNHILLS und ↑ JUMPS eignet. Für die urbanen Skater bestimmt der ↑ RUN den Spot – je abwechslungsreicher, desto lieber.

stoked

[zu engl. t o s t o k e = (an)heizen; vgl. „Ausgehen, Abgehen, Abfeiern"] Der Begriff ist eine anerkennende Bewertung für geniale Tricks und abgefahrene Sprünge in der Funsportszene. Schon haben die Medien zugegriffen und aus dem Szenephänomen eine Sendung gebastelt. Das Deutsche Sport Fernsehen (DSF) präsentiert spektakuläre Leistungen in einer Sendung mit dem Titel: „Stoke".

Streetball

[engl. für: Straßenbasketball] Bei der Straßenversion von Basketball spielen drei gegen drei auf einen Korb – und ohne Schiedsrichter. In den USA ist Streetball sehr verbreitet; in Hinterhöfen und auf öffentlichen Basketballplätzen treten sogar semiprofessionelle Teams gegeneinander an. In Deutschland wurde Streetball erst 1993 mit der Vermarktung durch Adidas

Kicks und Funsports

populär. Die „Streetball-Challenge" genannten Turniere ließen Streetball boomen,
wobei die Begeisterung der Kids stark mit
den Stars der NBA gekoppelt ist.

Stadt wird Sportplatz. Streetsoccer und Streetgolf gehen auf die Straße.

Streetgolf

[engl. für: Straßengolf] Streetgolfer kennen Golfplätze nur in den nächtlichen
Sperrstunden, in denen sie sich Übungs-
bälle klemmen. Die Golfdesperados, die
sich bewusst von der etablierten bis bla-
sierten Sportart abgrenzen, haben ihre
Übungsareale anderswo abgesteckt. In be-
tonierten Vorstädten und auf Schrotthal-
den, wo sich kein gepflegtes Grün, sondern
Asphalt, Abfall und Autotorsos ausbreiten, schlagen die Streetgolfer auf allem
ab, was im Weg liegt. Vom Blechdach aus
werden Autoreifen oder Schilder anvisiert,
jeder Lochrückstand mit einem Geldbetrag
gelöhnt oder ein Bier ausgegeben.

Streetluge

[zu engl. s t r e e t = Straße und engl.
t o   l u g e = rodeln] Bei der Highspeed-
Version des Skateboardens nehmen es die
experimentierfreudigen Boarder mit Berg
und Tal auf. Die beeindruckendsten Ge-
birgsstraßen geht es nicht nur stehend,
sondern auch auf dem Rücken liegend run-
ter. Unter den ersten Streetlugefahrern
waren Flugzeugingenieure, die spezielle
LUGES bauten, überdimensionale Skateboards, die schmaler als die Schultern der
Fahrer sind. Die Bretter erreichen Spitzen-
geschwindigkeiten bis zu 150 km/h, was
neben einer ausgereiften Ausrüstung Spe-
zialschuhe zum Bremsen und vor allem Mut
erfordert.

Streetsoccer

[engl. für: Straßenfußball] In Anlehnung
an den Erfolg von ↑ S T R E E T B A L L
wurde versucht, auch den Fußball auf die
Straße zu holen und in einem cooleren
Umfeld zu inszenieren. Nach dem Vorbild

des italienischen Calcetto wird Street-soccer von zwei Mannschaften mit je drei Spielern plus einem Ersatzmann gespielt. Die Spielzeit beträgt etwa vier bis zehn Minuten; das zu bespielende Tor ist nur 2 Meter breit und 1,20 Meter hoch, was einen Torwart überflüssig macht.

Swell

[zu engl. t o s w e l l = anschwellen] Beim Swell handelt es sich um die Entstehung einer Welle, also ihrem Aufbau, bevor sie schließlich bricht. Swell wird auch die Dünung einer Welle genannt.

switchen

[engl. für: wechseln; vgl. „Liebe, Sex und Partnerstress"] Verändert ein Fahrer seine Fußstellung von ↑ GOOFY auf REGULAR, switcht er von einer Position zur anderen und dreht dabei das Board um 180 Grad. Der „Switchstance" ist der Sprung, bei dem der Fahrer wieder auf dem Board landet und in der jeweils anderen Haltung weiterfährt.

Tantrum

[engl. für: Wutanfall] Die hysterischen fünf Minuten, in denen ein Fahrer seinem

Kicks und Funsports

Ärger über einen verpatzten oder verunglückten Sprung freien Lauf lässt, kommen als Tantrum immer noch cooler als ein „Mir-platzt-der-Kragen".

Triple Golf
Die vereinfachte Variante des klassischen Altherren- oder High-Society-Sports stellt die Zahl drei in den Mittelpunkt. Drei Disziplinen mit jeweils drei Schlägen in einem Drei-Punkte-System werden von maximal drei Mitspielern bewältigt. Die Ausrüstung besteht aus drei verschiedenen Schlägern – für das D R I V E N, für das P I T C H E N und für das P U T T E N. Anders als beim ↑ S T R E E T G O L F ist hier die Golfanlage Voraussetzung.

Vert
[Abkürzung von engl. v e r t i c a l = senkrecht] „In the vert" ist der Skater, Inliner oder Biker beim Fahren in der ↑ H A L F – P I P E. Die Seitenwände dieser halbierten Röhre sind so steil gebaut, dass das Fahrer bei der Wende am Scheitelpunkt tatsächlich senkrecht in der Luft steht.

Wakeboarding
[zu engl. w a k e = Kielwasser und engl. b o a r d = Brett] Der ↑ F U N S P O R T, der Elemente von Wasserski, Wellenreiten, Skateboarding und Snowboarding verbindet, wurde von dem kalifornischen Wellenreiter Tony Finn inspiriert. 1985 erfand Finn eine Kombination aus Wasserski und Surfboarding, die er S K U R F E R nannte. Von einem Boot gezogen, konnte der Skurfer snowboardähnliche Wendungen vollziehen. Mit dem so genannten Hyperlite-Modell, das leichter und flacher war, wurde Wakeboarding populärer Funsport. Wakeboardprofis erfinden fast täglich neue Figuren, die spektakuläre Manöver des Streetstyle-Skatens und ↑ F R E E S T Y L E -Snowboardings zitieren. Sie springen Kopfüber-Tricks, vollführen ↑ G R I N D S über Hindernisse wie Bojen oder Kais und springen über Hafenmauern und Felsen. Für den

Wellenreiten an der Leine. Beim Body-Over oder Dock-Start machen Wakeboarder gute Figuren.

Wasserskisport stellt Wakeboarding eine ähnliche Revolution dar wie das Snowboard für die Skiszene. Wie munter die Wakeboarder sind, zeigt der erste Szeneslang: B O N K ist der Kick gegen ein Hindernis, B O D Y – O V E R der Sprung über die Leine des Bootes, der D O C K – S T A R T ein sitzender oder stehender Start vom Steg und der S U R F A C E – T R I C K ein Kunststück über der Wasseroberfläche.

Wallride

[zu engl. w a l l = Wand und engl. t o r i d e = reiten] Beim Wallriding springt der Skater gegen eine Wand, die er in seine Tricks einbezieht. Bei einer Variante skatet er mit einem Fuß an der Mauer entlang.

Wax

[engl. für: Wachs] Wax ist der coolere Ausdruck für Wachs, das der Surfer auf das D E C K seines Surfbretts aufträgt, um ein Abrutschen zu verhindern. Typischer Anfängerfehler: Das Wachsen der falschen Surfbrettseite.

Wipe–out

[zu engl. t o w i p e o u t = auswischen; Synonym für: Sturz] Beim Wipe-out wird der Surfer vom Brett geholt, weil er durch einen taktischen Fehler oder durch die Kraft der Welle die Balance verliert.

X – Games

[Abkürzung von engl. e x t r e m e g a m e s = extreme Spiele] Die X-Games sind ein Medienspektakel, das bei den Fun- und Extremsportlern die Bedeutung der Olympischen Spiele genießt. Die Veranstaltung wird zweimal im Jahr in den USA ausgetragen, wobei die Winterspiele Snowboarder und Skiboarder ansprechen, die Sommerspiele dagegen Skateboarder, Inlineskater und BMX-Fahrer. Veranstalter ist ein amerikanischer Fernsehsender, der an den vier ⬆ E V E N T-Tagen 17 Stunden Action, zum Teil mit spektakulären Kamerastunts, zeigt. Neben der sportlichen Leistung zählt der Quotenerfolg. Die Spiele werden in 180 Länder und in 20 Sprachen übertragen und erreichen über 220 Millionen Haushalte.

CHICKBAND | DISSEN | FADER | LINE-

New School. Old S
Das Crossover der
Mixes geht auf di
Vibes und Sounds
Lounges der Nach

RETRO | SCRATCHEN | SKILLS | VJ

ool. No School.

Styles und

Ohren. Chills,

achen die besten

Musik und Popkultur

Acid

[engl. für: Säure] Eigentlich steht Acid für LSD, gelegentlich auch Speed oder Ecstasy. Ein Mythos besagt, dass der Lüftung des Warehouse Clubs in Chicago, der als die Geburtsstätte der Musikrichtung ↑ HOUSE gilt, in den Achtzigerjahren LSD beigemischt wurde. In Zusammenhang mit Musik meint Acid, „Acid Jazz" wie „Acid House", die Verwendung psychedelischer Effekte und ↑ SOUNDS. Interessanterweise wird bei ↑ TRIP–HOP eine andere Bezeichnung für LSD, „Trip", ähnlich verwendet.

Act

[engl. für: Akt, Nummer] Der Begriff stammt aus dem Showbusiness und wird als cooles Synonym für „Interpret", „Künstler" oder „Band" benutzt. In Kombination mit der Musikrichtung oder dem Stellenwert im Markt spricht man von ↑ HIP–HOP-Acts, Rock-Acts oder dem „Megaact", wenn sich die Produktion gut verkauft. In der Umgangssprache steht das Wort auch für Schwierigkeiten, Stress und Nerverei: „Die Fahrt hierher war voll der Act!"

Alternative

[zu engl. alternative = alternativ] Dieser gemäßigt aggressive Rocksound hat Undergroundappeal und Punkwurzeln. Als Abgrenzung gegenüber dem kommerziellen ↑ MAINSTREAM ist die Bezeichnung in Zeiten, in denen Nirvana besser verkauft als Bruce Springsteen, fast bedeutungslos geworden. Das Etikett taugt allerdings für junge neue Bands, die sich verkaufsfördernd als Außenseiter darstellen möchten.

Ambient

[zu engl. ambience = Ambiente, Atmosphäre] Der flächig angelegte Hintergrundsound ist nicht mit der Musik zu verwechseln, die in Hotelbars oder Supermärkten den Klangteppich liefert. Ambient ist die „stille" Variante moderner elektronischer Musik und wird in unterschiedlichen Szenen als Erholungsprogramm zur vorherrschenden Partymusik geschätzt. In der Regel besteht Ambient aus eingehenden Klangflächen und zurückhaltenden ↑ BEATS. Die Übergänge sind fließend, ruhige ↑ TRIP–HOP–↑ TRACKS werden Ambient ebenso zugeordnet wie

Gute Liveacts liefern einen satten Sound, gute Rock-Acts liefern satten Umsatz.

sphärische Klangkompositionen. In der Ausgehkultur findet Ambientsound in den ↑ LOUNGES und ↑ CHILL-OUT-Areas die architektonische Entsprechung.

A w a r d

[engl. für: Auszeichnung, Preis] Das beliebte Preis-Ausschreiben macht im kommerziellen Musikbetrieb auch nicht vor dem coolsten Rapper Halt, der gegen das System wettern wollte und jetzt ein Teil davon ist. Der Oscar-Verleihung nicht unähnlich, bewerten verschiedene Jurys die ↑ ACTS der Saison in unterschiedlichen Kategorien. Die offizielle Preisvergabe gerät zum Medienereignis. And the Winner ist meistens, wer damit die höchste Einschaltquote erzielt.

B a c k l i n e

[zu engl. b a c k = Hintergrund und engl. l i n e = Linie] Backline ist das Instrumentarium einer Band, das für einen Liveauftritt benötigt wird. Gitarren, die dazugehörigen Verstärker, das Drumset, die Keyboards und alles, was im Studio oder auf der Bühne den ↑ SOUND liefert, ist die Backline.

B a c k s t a g e

[zu engl. b a c k = hinter und engl. s t a g e = Bühne] Die Backstage ist die unerreichbare Zone hinter der Bühne. Seit den Sechzigerjahren taugt sie für die Legendenbildung um Drogenexzesse und Sexorgien der Livebands. Mit der boomenden Partykultur ist der Begriff zu neuen Ehren gekommen. Backstage treffen ↑ COMBOS ihre Produzenten, ↑ DJs ihre neue Flamme – und niemand weiß, was dort wirklich gespielt wird.

B a c k s t o c k

[zu engl. b a c k = zurückliegend und engl. s t o c k = Bestand] Die Liste der Veröffentlichungen eines Künstlers oder einer Band berücksichtigt jedes Werk, egal, ob es noch erhältlich ist oder nicht. Für das Ansehen der Sammler ist der Besitz von möglichst seltenem Material aus dem Backstock entscheidend. Die echten Fans unterscheiden zwischen Originalpressung und Wiederveröffentlichung oder zwischen Import und Lizenzpressung. Und die allerechtesten Fans diskutieren sogar über den Druckfehler-auf-dem-Cover-der-zweiten-Japanauflage-des-dritten-Albums.

B a s s

Der Bass bestimmt den ↑ BEAT in der elektronischen Musik und wird als Wort in Verbindung mit allen Instrumenten gebracht, die tiefe Töne erzeugen. Durch die digitalen Produktionsverhältnisse sind zahllose Bass-Variationen möglich und differenzierbar geworden; der rollende, wummernde oder knackige Bass gibt nicht nur die Güte des ↑ T R A C K S, sondern auch die der ↑ P . A . wieder. Mit Blick auf die Komposition und auf die Gesamtanlage des Basses spricht man von der B A S S L I N E. Der S U B B A S S, ursprünglich die Bezeichnung für tiefe Orgelregister, ist akustisch nicht mehr wahrzunehmen. Er liegt im niedrigsten Frequenzbereich und ist, bei ausreichender Beschallung, als trommelndes Bauchgefühl erfahrbar.

Battle

[engl. für: Schlacht] Ein Wettstreit der friedlichen Art. Die Auseinandersetzung zwischen Breakdancern oder ↑ D J s klärt die Fronten: Wer tanzt, wer mixt schneller, präziser, kreativer, spektakulärer? Die Idee der DJ-Battle, die Aggressionen und überschüssige Energie abbauen soll, erinnert an Rockgitarristen, die sich mit ihren Livesoli zu überbieten suchten. Machten hier Fingerfertigkeit und Kompositionen das Rennen, sind es bei der DJ-Battle die Kunst des ↑ S C R A T C H E N S oder die Scheiben, die der DJ an den Start bringt. DJs, die weniger Wert auf Soundakrobatik legen, wechseln sich friedfertig an den ↑ T U R N T A B L E S ab und nennen das „Ping-Pong".

B – Boy

[Abkürzung von engl. b r e a k d a n c e r; vgl. „Liebe, Sex und Partnerstress"] Die Bezeichnung B-Boy verweist auf die Zugehörigkeit zur ↑ H I P – H O P-Kultur und stammt aus der Straßenkultur der Breakdancer oder B R E A K E R. Waren die ursprünglichen „Breakcrews" rivalisierende Gangs aus den Ghettos der Großstädte, fanden deren Ausdrucksformen ↑ R A P, ↑ B R E A K D A N C E und Graffiti zu einer kreativen Koexistenz zusammen, die sich zur Hip-Hop-Bewegung formierte. Viele der heute weltweit zitierten Elemente des Hip-Hop sind im Musik- wie im Modebereich auf diese Wurzeln zurückzuführen.

Beat

[engl. für: Schlag] Der Beat bestimmt den Takt eines Musikstücks. In der elektronischen Musik ist er ein Rhythmuselement, in der Analyse taucht Beat als Genre auf. B P M steht für „beats per minute", was die Schläge pro Minute zählt. Bei ↑ H O U S E und ↑ T E C H N O sind die BPMs für das Mixen entscheidend, weil die Geschwindigkeit beim so genannten B E A T – M A T C H I N G synchronisiert werden muss.

Big Beat

[engl. für: großer Schlag] Die Stilrichtung der elektronischen Musik ist die „Party-

Die Pose der Boygroup. Erhältlich als Button, Poster, T-Shirt, Tasse oder Puzzle.

variante" des ⬆ T R I P – H O P. In der Entstehungsgeschichte dem ⬆ H I P – H O P zuzuordnen, ist Big Beat, wenn auch ähnlich arrangiert, am massiveren ⬆ S O U N D und an den schnelleren ⬆ B E A T S zu erkennen.

Bootleg

[zu engl. t o   b o o t l e g = schwarz herstellen, schmuggeln] Mit der Vereinfachung von Aufnahme- und Reproduktionstechniken begann die Vervielfältigung und Schwarzpressung im großen Stil. Bootlegs machten die Runde, indem nicht im Handel erhältliche Livemitschnitte als Musikkassette unter das Volk gebracht und einfache Raubkopien zu Dumpingpreisen auf Flohmärkten und Plattenbörsen verkauft wurden. Der illegale Vertrieb seltener Platten geht dabei weit unter Ladenpreis an

der Musikindustrie vorbei. Ursprünglich haben Piraten und Schmuggler den Begriff geprägt, als die geheime Ware noch im Stiefelschaft (engl. „bootleg") verschwand.

Boygroup

[zu engl. b o y = Junge und engl. g r o u p = Gruppe] Sie sind eine Erfindung der Achtzigerjahre und machen auf der Bühne wie auf Titelfotos gute Figuren. Boygroups zielen auf eine maßgebliche Käuferschicht von Popmusik: auf pubertierende Mädchen, die ihr Taschengeld in Platten und Kalender ihrer Stars investieren, Wände mit deren Postern bepflastern und Stunden vor riesigen Konzerthallen ausharren, um sich einen der schwindelanfälligen Plätze zu sichern. Als New Kids On The Block, Take That, Backstreet Boys, Caught in the Act oder East 17 kompensieren Boygroups das Warten auf die erste große Liebe. Dabei sind Boygroups oft berechnete Produkte aus den Laboren von Managern, Musikern und Agenturen. Vor allem in England werden die Gruppen markt- und marketinggerecht konzipiert. Über landesweite ⬆ C A S T I N G S werden fotogene Jungs gesucht, in Gesangs- und Tanzschulen getrimmt, mit maßgeschneiderten Songs versorgt und mit der ersten Veröffentlichung auf Tour geschickt. Jede Bandauflösung gerät für die Erziehungsberech-

Musik und Popkultur

tigten zur pädagogischen Herausforderung, denn der Verlust der Idole zieht hysterische Zusammenbrüche und Verzweiflungstaten der weiblichen Fans nach sich. Ein Pendant zu den Boybands sind die Girlgroups, die als Identifikationsfiguren und sogar als Barbiepuppen taugen.

Break

[engl. für: Pause, Unterbrechung] Break steht im musikalischen Kontext für Bruch, Wechsel oder Pause. Dabei geht es um den gebrochenen Rhythmus, den Genres wie ↑ HIP-HOP, ↑ TRIP-HOP, ↑ BIG BEAT oder ↑ JUNGLE aufweisen. Bei einer Komposition beschreibt der Break den Einschnitt innerhalb des Taktes. In der Entstehung von BREAKBEAT und Hip-Hop war damit der Moment gemeint, in dem das Schlagzeug einsetzte. Der musikalisch spannendste Moment für die ↑ B-BOYS wurde von den ↑ DJs künstlich verlängert, indem zwei identische Schallplatten an der gleichen Stelle abwechselnd zum Einsatz kamen.

Breakdance

1980 erschien in der Tageszeitung „New York Post" das erste Bild von Breakdancern, die wegen illegalen Tanzens auf einem Washingtoner U-Bahn-Gelände verhaftet worden waren. Seitdem erlebte „B-Boying" eine Karriere, die den Weg von der Straße auf die Showbühne – und zurück – vollzog. Akrobatische Sprünge, roboterhafte Bewegungen und kunstvolle Kopfstände sind die Markenzeichen des Breakdance, der sich mit den BREAKBEAT-Experimenten der ↑ DJs entwickelte und sich als Ausdrucksform des ↑ HIP-HOP etablierte. Traditionelle Tanzstile wurden mit eigenen Bewegungen, die z. T. von Comicfiguren inspiriert waren, kombiniert; mit dem Boom des Breakdance entwickelten sich zahlreiche Figuren, die als Showeinlage in Fußgängerzonen oder auf der Bühne immer ihr Publikum fanden. POP-LOCKING ist eine trickfilmartige Tanzform, die an Charlie Chaplin erinnert; ELECTRIC BOOGIE lässt den Tanzenden wie einen humanoiden Roboter

Die Ausdrucksformen beim B-Boying und Breakdance: Pop-Locking, Headspin und Powermove.

erscheinen, und beim H E A D S P I N, auch Helikopter genannt, dreht sich der Breaker im Kopfstand mit gestreckten oder angezogenen Beinen. P O W E R M O V E, O N E – H A N D – N I N E T Y und F O O T W O R K gehören zum Standard der beweglichen Asphalt-Artisten, die Ende der Neunziger ihr R E V I V A L erlebten.

Brett

Das Brett ist eine „richtig fette Scheibe", was im B R E A K B E A T als ein wohlwollendes Qualitätsurteil gilt. Der „brettharte" ⌃ S O U N D bedeutet bei ⌃ T E C H N O und ⌃ T R A N C E eher „stumpf" und „schnell". Ob die Wertung „Der ⌃ D J brettert aber richtig!" den Sound positiv oder negativ beurteilt, hängt von der Mentalität des Absenders ab.

Bridge

[engl. für: Brücke] Der musikalische Fachbegriff ist bei der traditionellen Songstruktur die Überleitung von der Strophe zum Refrain. Im Bereich elektronischer

⌃ S O U N D S ist der Übergang von einem zum nächsten Part gemeint.

Brit – Pop

[Abkürzung von engl. b r i t i s h p o p] Der britische Gitarrenpop hat sich sein Biotop bei allen elektronischen und synthetischen Einflüssen der Musikszene bewahrt. Der ⌃ S O U N D der Brit-Pop-Bands Blur, Oasis oder Pulp basiert auf der lebhaften ⌃ I N D E P E N D E N T-Szene der Insel und symbolisiert das R E V I V A L musikalischer Vorbilder aus den Sechzigern. Nicht umsonst erinnerte die öffentlich diskutierte Rivalität zwischen Oasis und Blur an die Auseinandersetzungen zwischen den Rolling Stones und den Beatles, was die Schlagzeilen der englischen Boulevardpresse gern kommentieren.

Charts

[engl. für: Hitliste] Was die Hitparade für die Schlagerfreunde, sind den Fans von ⌃ T E C H N O und ⌃ H O U S E die Charts. Die wöchentlich erstellte Liste der meist-

verkauften Platten hat sich – wie die Musikkultur insgesamt – allerdings weit verzweigt. Mehr und mehr Szenen lesen die Charts ihrer favorisierten Genres und folgen dem ↑ H Y P E der beliebtesten ↑ T R A C K S . Zur Orientierung veröffentlichen Plattenläden, ↑ C L U B S und ↑ D J s ihre Favoriten in Listen, die nicht Verkaufszahlen, sondern den persönlichen Geschmack widerspiegeln. Als Barometer für Trends haben diese Charts die quantitativ gemessenen Erfolgsindikatoren der Musikindustrie abgelöst.

Chickband

[zu engl. c h i c k = Küken und engl. b a n d = Gruppe] Die weibliche Variante der ↑ B O Y G R O U P ist keine neue Erfindung des Popgeschäfts. Bands wie All Saints oder die Spice Girls haben das Erbe von Bananarama angetreten und repräsentieren einen zeitgemäßen Frauentyp. Neben der Musik haben Marketing und Management eine zentrale Rolle übernommen und gut aussehende Mädchen zu gut klingenden Songs gruppiert. Ähnlich wie bei den Boygroups ist die Haltbarkeit dieser Konstellationen beschränkt.

Club

Nicht der Verein für Taubenzüchter oder Kegelbrüder, nicht das exklusive Areal einer

Willkommen im Club. Location, Sounds und DJs sind die Erfolgsfaktoren der Nacht.

selbst ernannten Elite, sondern eine regelmäßig stattfindende Tanzveranstaltung ist mit Club gemeint. Was dieser Club mit den anderen gemeinsam hat, ist die intime Dazugehörigkeit der Leute, die sich hier immer wieder treffen und einander kennen. Anders als die Diskothek in den Achtzigern sieht sich der Club in der Tradition der Tanzclubs der Sechzigerjahre, wobei die Musik des ↑ D J s nicht mehr die aktuellen Verkaufsschlager präsentiert, sondern seinen individuellen Geschmack. Ein

Novum der „Clubkultur", die in das soziologische Vokabular eingezogen ist, ist die Tatsache, dass es keine Bindung an eine dauerhaft eingerichtete ↑ L O C A T I O N gibt. Die so genannten Clubnächte finden manchmal nur einmal im Monat und an wechselnden Orten statt.

Combo

Die deutschsprachigen ↑ H I P - H O P - ↑ A C T S haben den Begriff Combo, der an ein Tanzorchester oder Jazzensemble

erinnert, für sich entdeckt. Pflegen die amerikanischen Hip-Hop-Crews ihr Image als rebellische, aggressive Kids aus den Tiefen des Ghettos, pflegt die Combo nur den Anspruch zeitgenössischer Unterhaltung ohne rebellische Pose.

Compilation

[engl. für: Zusammenstellung] Die Compilation stellt unter einem Thema oder einem Konzept verschiedene Künstler oder Titel auf einem Tonträger zusammen. Mit den Hinweisen „Various Artists" oder „Discofever" deklarierten die Compilations der Siebzigerjahre eine bunte Mischung von aktuell angesagten „Chartpralinen". Die wachsende Zahl der Compilations heute wirbt mit Zusammenstellungen von ↑ D J s oder ↑ C L U B S, die für eine spezielle Musikszene konzipiert sind.

covern

[Synonym für: neu aufnehmen, interpretieren] Covern meint die Neuauflage oder Neuaufnahme eines Songs, indem eine Komposition von einer anderen Band komplett nachgespielt oder neu interpretiert, also einem aktuellen Musikstil angepasst wird. Coverversionen gelten als berechenbarer Charterfolg, wenn das Lied bekannt ist oder erfolgreich war. Einer der am häufigsten gecoverten Titel in der Popgeschichte ist der Bestseller „Yesterday" von den Beatles. Andere Interpreten verarbeiteten Songs von Michael Jackson in einer Punkversion oder unterlegten Lieder der Augsburger Puppenkiste mit einem ↑ T E C H N O -Rhythmus.

Crossover

[engl. für: Übergang, Kreuzung] Ähnlich wie das Phänomen des Stilmixes in der Mode bezeichnet Crossover den ↑ M I X verschiedener musikalischer Stilrichtungen, wobei die Ursprünge der einzelnen Elemente erkennbar bleiben. In den Fünfzigerjahren war Crossover in den USA eine Handelsbezeichnung für die Verbindung von Pop und Countrymusik; heute vereint Crossover die unterschiedlichsten Musikstile und lässt, wie bei ↑ H I P – H O P, ↑ A M B I E N T und ↑ T E C H N O, zahlreiche Stilzitate zu.

Crowd

[engl. für: Masse, Menge] Die Masse macht's. Das Publikum bei einem Konzert oder ↑ R A V E ist die Crowd, die vor der Bühne oder auf der Tanzfläche zu einer homogenen Einheit verschmilzt und sich dem Gemeinschaftserlebnis hingibt. Bei Tanzveranstaltungen besteht die Kunst des ↑ D J s darin, die Crowd nach seinem Willen zu pushen und den Energielevel der

Mengenlehre: Nur wenn die Crowd gut drauf ist, stimmen die Vibes.

Menge immer wieder anzuheben. Auf Konzerten gilt das C R O W D S U R F I N G als beliebte Aktion der Bühnenkünstler, die sich dabei vom Publikum auf Händen tragen lassen.

Cut

[engl. für: Schnitt] Was in der Literatur von W. S. Burroughs' „Naked Lunch" oder im Film bei Robert Altman's „Short Cuts" geprägt wurde, ist auch in der Musik als Genre bekannt. Ist dort das zusammenhanglose Geflecht von Handlungsebenen gemeint, sind es hier kurze Musiksequenzen, ↑ S A M P L E S, die scheinbar wahllos aneinander gereiht sind. Beim Cutting als ↑ D J -Technik gehen die ↑ T R A C K S nicht fließend ineinander über, sondern werden abrupt gewechselt, ohne dass eine wahrnehmbare Pause entsteht.

Deck

Alle Mann ans Deck? Reicht, wenn es einer tut. In diesem Fall sind die ↑ T U R N - T A B L E S gemeint, an denen der versierte ↑ D J seine Kunst unter Beweis stellt und die Masse zum Toben bringt.

deep

[engl. für: tief] Das Qualitätsurteil über einen Housetrack meint ein sich aufbauendes, abstraktes Musikstück, das sich erst langsam entwickelt, sich steigert und die tanzende ↑ C R O W D in immer größere Ekstase versetzt. Der deepe Housetrack hat Tiefgang. Die spezielle Musikrichtung heißt „Deep House".

Deko

[Abkürzung von: Dekoration] Wie im Verkäuferinnenjargon meint Deko in der Popkultur auch nichts anderes. Die Dekoration hat allerdings Ausmaße erreicht, die weit über Lichtorgel und Discokugel hinausgehen. Besonders bei Großveranstaltungen wird parallel zum erwarteten Umsatz richtig aufgefahren. Aufwendige Diaprojektionen auf bewegten, flexiblen Leinwänden oder quirlige Lichtelektronik gestalten die Räume, in denen Videos mit leistungsstarken Beamern an die Wand geworfen und live von einem ↑ V J gemixt werden. Lasershows und Installationen szene-

bekannter Künstler geben dem optischen Kick vor allem auf großen ↑ E V E N T S den Rest.

Delivery

[engl. für: Vortragsweise] Die Delivery steht in der B R E A K B E A T -Gemeinde für die Güte des ↑ D J - ↑ S E T S oder die Akzeptanz der Band beim Publikum. Die Frage des Abends für Künstler und Publikum lautet: „Wie war die Delivery?"

Demotape

[Abkürzung von: Demonstrationstape] Der Traum von der großen Karriere startet meistens in kleinen, selbst eingerichteten Tonstudios, wo die ↑ C O M B O S und Bands ihre Songs auf Demotapes einspielen, bevor sie diese unter die Leute bringen. Die kopierten Demos gehen als Kassette oder CD an Plattenfirmen, Manager und ↑ C L U B S, die das Sprungbrett stellen. Oft werden Demos auch nur innerhalb der Szene getauscht und gehandelt. Da es einen höheren Undergroundstatus als reguläre Veröffentlichungen hat, wird das Demo unter Umständen der späteren Produktion vorgezogen. Ähnlich wie ↑ D U B - P L A T E S oder W H I T E L A B E L S sind Demos ein Medium der Insider, das die Entwicklung von Newcomern oder den „spirit" einer Szene authentisch transportiert.

dissen

[zu engl. d i s r e s p e c t = Missachtung]

In den Brennpunkten amerikanischer Großstädte, in denen ⬆ R A P und ⬆ H I P H O P Ausdruck für Identifikation und Abgrenzung wurden, nutzten rivalisierende Gangs Dissen als kulturelle Überlebensstrategie. Hergeleitet von „disrespect" ist die Ablehnung und Abwertung anderer gemeint, inzwischen auch die Wortgefechte zwischen Rappern oder das Kräftemessen von Graffiti-Sprayern und ⬆ D J s. Wer disst, ist anderer Meinung, wer gedisst wird, ein Außenseiter.

DJ

[Abkürzung von engl. d i s c j o c k e y]

Gegenüber der Pop- und Musikkultur in den Siebziger- oder Achtzigerjahren hat der DJ mit der ⬆ T E C H N O- und ⬆ H I P H O P-Kultur der Neunziger an Reputation gewonnen. Der heutige „Plattenaufleger" sitzt nicht vereinsamt in einem Rundfunksender oder im Rotlicht provinzieller Diskotheken, sondern im Mittelpunkt des Partygeschehens, das er maßgeblich mitbestimmt. Mit dem Boom der elektronischen Musik, mit den zahlreichen Mixmöglichkeiten und der Entwicklung des technischen E Q U I P M E N T S wuchs die Zahl der DJs und der Anspruch an ihre Arbeit. Auf großen ⬆ E V E N T S wie der ⬆ L O V E – P A R A D E rückte der DJ in das Licht der Öffentlichkeit und avancierte zum Helden der tanzwütigen Szene. DJs wie Westbam oder Sven Väth kassierten für ihre ⬆ S E T S stattliche Gagen und besetzten mit eigenen Kompositionen die ⬆ C H A R T S. Als D - J A N E verkörperte Marusha die weibliche Intuition an den ⬆ T U R N T A B L E S. Die Bandbreite, die Technik und das Selbstverständnis der Akteure ist Außenstehenden kaum bekannt, und die Mixpraktiken der sich ständig verändernden Musikrichtungen sind schwer zu unterscheiden. Was den DJ für das Publikum auszeichnet, ist neben seiner Technik die Auswahl und Zusammen-

Scratchen, mixen, sampeln. An den Turntables macht der DJ den Sound.

stellung des Materials, das durch die unaufhörliche Versifizierung wachsenden Stellenwert bekommt. Obwohl der Beruf DJ inzwischen auf der Hitliste der 14- bis 19-Jährigen steht, sind Professionalität und Anspruch der DJs noch nicht bei den Arbeitsämtern angekommen.

Drum'n'Bass

Der hektische Drum-'n'-Bass-↑ S O U N D bedient sich beim ↑ H I P – H O P, dessen Rhythmus um einiges schneller „gepitcht" und mit kräftigen Bassfiguren angereichert wird. 1994 beim Nottinghill Carneval in London als innovative Musikrichtung gefeiert, avancierte Drum'n'Bass in den Folgejahren zu einer der angesehensten Sparten der modernen Musik.

Dub

[zu engl. t o   d u b = synchronisieren] Die Wurzeln des Dubsounds, der sich an Echo- und Halleffekten erkennen lässt, liegen in Jamaika. Der Entstehungsgeschichte soll ein Versehen zugrunde liegen, als bei der Produktion eines Reggaetracks ein paar ↑ V O C A L S verloren gingen und stattdessen ein Instrumental produziert wurde, das mit „Dubpoetry" angereichert wurde. Die Dubszene in London hat, nicht zuletzt aus historischen Gründen, wesentlich zur Entwicklung dieser Musik beigetragen.

Dubplate

[vgl. D u b] Auf den zahlreichen Netzseiten der Reggaevertriebe wird ihnen gehuldigt, in Chatgroups um sie gefleht – die Dubplates. Die Vinylscheiben, die aus Kostengründen nicht galvanisiert, d. h. metallbeschichtet werden und deshalb nur begrenzt abgespielt werden können, haben tiefere Rillen und bieten einen fetteren ↑ S O U N D. Dubplates dienen als Probeexemplare, um bestimmte ↑ T R A C K S auf den Dancefloors zu testen.

Easy Listening

[zu engl. e a s y = leicht und engl. t o l i s t e n = zuhören] Der in den Fünfzigerjahren als Hörfunkformat entstandene Begriff galt im Senderdschungel der USA als musikalisches Biotop. Vielfach als Fahrstuhl- oder Supermarktmusik missverstanden, meint Easy Listening den Genuss leichten Hörens und seichter Musik, wobei die Kompositionen, wohltemperierte, dahinfließende Songs, Zerstreuung und Entspannung bieten. Parallel zum boomenden Markt elektronischer Musik fand die Rückbesinnung auf die leichten Songs der Sechziger und Siebziger statt, die in Clublounges und auf ↑ R E T R O -Partys den passenden Klang beisteuern. Als Gegentrend zum Massenphänomen ↑ T E C H N O wurde Easy Listening in den Neunzigern immer mit Ironie und Lust am Camp-geschmack konsumiert, kam aber, während es in England große Nachfrage genoss, hierzulande nie über die Nische schräger Cocktailpartys hinaus.

Electro

Der futuristische und elektronische Musik-stil wird mit der Düsseldorfer Formation Kraftwerk in Verbindung gebracht; die deutschen Musiker gelten international als die Vorreiter und Inspiration zahl-reicher ↑ A C T S, die analoge Klänge mit elektronischen kombinierten. Die ersten Electro-Hits kamen von Afrika Bambaataa & Soul Sonic Force, die Kraftwerk-Samples für „Planet Rock" (1982) verwerteten, und Herbie Hancock, der ein Jahr später mit „Rockit" das Können von Musikrobotern veranschaulichte. Im lebhaften Austausch mit ↑ H I P – H O P spielt das in beiden Szenen maßgebliche E Q U I P M E N T eine wichtige Rolle. Vor allem in den US-ameri-kanischen Industriestädten Detroit und Chicago, die wesentlich zur Entwicklung von ↑ T E C H N O beigetragen haben, wurde mit Robotsound experimentiert.

Europop

Ursprünglich wurden wohlhabende, pseudo-aristokratische Europäer, die in Amerika oder England Fuß fassten, als Europops tituliert. Als Musikrichtung beschreibt das Etikett ultrakommerzielle Chartmusik, die aus den Boxen in Rimini wie in der Ski-Bar von St. Moritz dröhnt. Stereotype Musik, die auf die Masse zielt und den Geschmack Europas zu vereinen versucht. Dass aus Europop auch E U R O T R A S H werden kann, liegt in der Tücke des gefälligen ↑ M A I N S T R E A M S. Schließlich müs-sen die gesungenen Textfragmente europa-weit zu verstehen und die Melodien euro-kompatibel einfach sein. Es kann guter Geschmack sein, der verbindet – oder schlechter.

Exotica

Das Subgenre der instrumentalen Unter-haltungsmusik der Fünzigerjahre ist mit ↑ E A S Y L I S T E N I N G verwandt. Mit dem aufkommenden Fernweh der Nach-kriegsjahre widmeten sich die Orchester-leiter damals den folkloristischen Ele-menten anderer Völker und ferner Länder, die sie in ihren Kompositionen verarbeite-ten. Zur Entdeckung Hawaiis durch ameri-kanische Pauschaltouristen lieferten sie den verkitschten ↑ S O U N D für rosa gefärbte Sonnenuntergänge und bunte Blü-tenkränze. Die Werke stilisierter Reiselust werden heute als schräg empfunden, ver-breiten aber unter Trash- und Campaspek-ten gute ↑ V I B E S in jeder angesagten

⌃LOUNGE. Prominente Vertreter der exotischen Musik sind die Interpreten Les Baxter und Martin Denny.

Fader

[zu engl. to fade in/out = ein-/ausblenden] Der Schieberegler am Mischpult oder am Keyboard regelt die Lautstärke oder den Klang eines Musikstücks. Bei ⌃DJ-⌃MIXES kommt der Fader besonders häufig zum Einsatz – und entsprechend schnell zum Verschleiß.

Fanzine

[Abkürzung von: Fanmagazin] Die kleinen Hefte berichten regelmäßig über Veranstaltungen und Veröffentlichungen für spezielle Szenen und ergänzen damit die einschlägigen Stadtmagazine. Da die verantwortlichen Redakteure selbst aktive Szenegänger sind, wissen sie, worüber sie schreiben. Fanzines sind handlich und liegen als Mitnahmeartikel, jeden Monat neu, in trendigen Läden und Boutiquen aus.

Filter

Die Musikproduktion am Rechner hat so manches aufgegriffen, was schon von elektronischen Instrumenten bekannt war. Wiesen schon verschiedene Keyboards und Gitarren Filter als ⌃FEATURE auf, reichen die Möglichkeiten bei den soundgenerierenden Programmen weiter. Sie können fast alles ausschneiden, was ein ⌃TRACK an Soundelementen und Klangfarbe zu bieten hat.

Float

[engl. für: Festwagen] Nicht zu verwechseln mit den Umzugswagen des Kölner Karnevals, werden die Wagen der ⌃LOVE-PARADE gern auf Englisch ins Rollen gebracht. Den ollen Kamellen der Funkenmariechen haben die Floattänzer hoch auf den gelben, roten oder blauen Wagen allerdings Wegwerfartikel wie bunt bedruckte Kondome entgegenzusetzen, mit denen sie wahllos auf die Menge zielen.

Folge dem Float! Auf den gestylten Wagen der Love-Parade spielt die Musik.

Floor

[Abkürzung von engl. d a n c e f l o o r = Tanzfläche] Bei großen ↑ E V E N T S wird das ↑ L I N E – U P einer Party auf ↑ F L Y E R N angekündigt. Die kleinen Handzettel präsentieren das Programm der verschiedenen Tanzflächen, indem sie in First und Second Floor unterscheiden. Der First Floor gilt als die so genannte M A I N – A R E A, also die Tanzfläche, die im Mittelpunkt steht und die fetteste ↑ P. A. und die glamourösesten ↑ A C T S bietet. Der F L O O R B U R N E R oder F L O O R – F I L L E R ist das, was auf den Dudelsendern der bundesweiten Hörfunklandschaft als Megahit bezeichnet wird, der ↑ K I L – L E R, der die Tanzfläche aufheizt und zum Brennen bringt.

Flow

[engl. für: Fluss; vgl. „Kicks und Funsports"] Der Fluss ist entscheidend. Das gleichmäßige, ausgewogene Dahintreiben von Musik oder Atmosphäre, das bei zeitgenössischen ↑ T R A C K S als Qualitätsmerkmal gilt. Der Energiefluss, der in der körperlichen Bewegung ein Glücksgefühl auslöst, das zwischen Selbstvergessenheit und Konzentration pendelt. Bei Rappern ist der Flow das flüssige Sprechen im Takt, bei Tänzern entsteht Flow durch die tranceähnliche Hingabe an die gleitende Musik.

Flyer

[engl. für: Handzettel] Die kleinen Handzettel, mit denen eine Party angekündigt wird, sind aus der Not heraus entstanden. Entweder war nicht genügend Geld für eine aufwendige Promotion eines ↑ E V E N T S vorhanden, oder die Veranstaltung wurde illegal, also ohne Anmeldung und Konzession, organisiert und musste subtil beworben werden. Mit der wachsenden Zahl illegaler ↑ C L U B S, vor allem nach der Maueröffnung in Berlin, und bei wachsender Aufmerksamkeit der Ordnungshüter druckten einige Flyer anstatt einer Veranstaltungsadresse nur noch eine Hotline ab, über die kurzfristig die ↑ L O C A T I O N zu erfahren war. Mittlerweile werden Flyer auch von kommerziellen Veranstaltern eingesetzt und als Markenzeichen kreativ gestaltet und aufwendig produziert. Das Veranstaltungsmagazin „Flyer – Up-Dates", das in zahlreichen Großstädten erscheint und auf dem Cover jeder Ausgabe ein Markenlabel verulkt, hat die Kultur des klassischen Flyers aufgegriffen und sich mit aktuellen Szenenews bundesweit einen Namen gemacht.

Freestyle

[zu engl. f r e e = frei und engl. s t y l e = Stil; vgl. „Kicks und Funsports"] Freestyle ist die hohe Schule des ↑ R A P, bei der die ↑ M C s ohne vorbereitete ↑ L Y R I C S frei über die ↑ B E A T S improvisieren. In so genannten Freestyle-↑ B A T T L E S duellieren sich die antretenden Rapper in Schlagfertigkeit und Wortgewandtheit, die sie durch spontanes Reimen und kreative ↑ S K I L L S beweisen. Im Graffiti-Bereich steht Freestyle für das freie Sprühen ohne Skizze.

Gabba

Die Stilrichtung Gabba wird als Fortsetzung der Genres ↑ I N D U S T R I A L und „Noise" interpretiert, die auf die P U N K - Bewegung folgten. Auch der Begriff ↑ H A R D C O R E hat sich als Bezeichnung des extremen Technogenres bewährt. Als Musik beruht Gabba auf der Steigerung der Elemente Geschwindigkeit und Lärm; die Soundqualität nimmt bei Gabba nur eine zweitrangige Rolle ein. Die Rezipienten wissen den musikalischen Grenzgang entweder zu schätzen oder empfinden ihn als Tortur. Den Ursprung hat der hartgesottene ↑ T E C H N O-Auswuchs in den Niederlanden, wo Gabba besonders populär ist und als Bezeichnung für den „Kumpel" benutzt wird.

Gangsta – Rap

[zu engl. g a n g s t e r = Gauner und engl. t o   r a p = quatschen] Wer in einer amerikanischen Jugendbande Mitglied ist, genießt auch in der europäischen Gangkultur hohes Ansehen. Allein in Los Angeles existieren zahllose Gangs, die seit Jahrzehnten blutige Kriege gegeneinander führen. Drogenhandel, Schutzgelderpressung und Überfälle stehen auf der Tagesordnung; bei den gefürchtetsten Gangs der Stadt kann schon das Überqueren einer Straße, die ein Territorium begrenzt, tödlich sein. Gangsta-Rap ist vom harten Gangalltag geprägt und verarbeitet das brutale Leben auf der Straße in ebenso harten ↑ L Y R I C S. Während die Kids dazu begeistert tanzen, toben Jugendschützer und Kontrollinstanzen.

Gathering

[engl. für: Versammlung] Was im anglo-amerikanischen Raum ein Treffen oder eine Versammlung meint, wird auch allgemein als größere Massenveranstaltung verstanden. In Europa konnten sich die so genannten „Rainbow Gatherings", groß angelegte Hippietreffen bei friedlichem Miteinander und freier Liebe, etablieren. Heute bezeichnet der Begriff Gathering vor allem populäre ↑ R A V E S und gibt diesen auch den Namen. Das in England stattfindende „Tribal Gathering" gilt als eins der größten ↑ T E C H N O -Festivals Europas.

Ghettoblaster

Nüchtern betrachtet, ist der Ghettoblaster ein Stereo-Radio-Kassetten-Recorder, kulturell gesehen ein Erbe aus den Ghettos der USA. Wird „ghetto" in amerikanischen Lexika wohlwollend als „Wohnviertel ethnischer Minderheiten" definiert und das Wort „blast" mit „Windstoß" oder „Ladung" übersetzt, liegt die Bedeutung der Ghettoblaster für die Bewohner dieser Wohnbezirke auf der Hand. Mit dem mächtigen Gerät wurde Musik auf die Straße gebracht und „on the stoop", auf den Stufen der Hauseingänge, für Rap- und Breakdanceaufführungen genutzt. Die mobilen Kids aus deutschen Landen erkannten die coole Pose des Ghettoblasters und nahmen den batteriebetriebenen Soundlieferanten auf die Schulter. Eine neue Bezeichnung hat den Ghettoblaster in den USA abgelöst: die ↑ BOOMBOX.

Gig

[engl. für: Auftritt, Konzert] Im amerikanischen Slang bedeutet Gig so viel wie Job oder Auftrag und wird in diesem Sinn auch im ↑ HIP–HOP verwendet: „Ich bin nächste Woche für einen Gig in London gebucht." Unter Musikern heißt Gig „Auftritt" oder „Show", jedes Konzert oder jedes ↑ DJ–↑ SET ist ein Gig und sollte nie als Gag missverstanden werden.

Goa

Die indische Provinz Goa, im Südwesten des Landes gelegen und für makellose Strände bekannt, war Pate für die Namensgebung dieses Musikstils. Der Treffpunkt von internationalen Freaks, die dort ihren philosophischen ↑ MIX aus individueller Freiheit, fernöstlicher Kultur und psychedelischen Drogen zelebrieren, schaffte mit der Hippiekultur den Durchbruch zum Aussteigerparadies. Schon 1969 feierten die Jünger zum Jahreswechsel westlicher Zeitrechnung legendäre Strandpartys; mit der europäischen ↑ TECHNO- und ↑ RAVE-Kultur erlebte der Ort sein REVIVAL für deutsche Partytouristen.

Beim Gig kommen Bands und DJs auf die Bühne. Live und in Farbe.

Die eingeflogenen ↑ D J s schafften in Goa eine Plattform für neue Musik, den „Goa Sound", der sich zwischen „Goa Techno" und „Goa Trance" bewegt. Nach Europa reimportiert, begannen die Anhänger des Hippie-Asien-Techno-Kultes O P E N - A I R S zu organisieren, die auf saftigen Wiesen, ausgedienten Rollfeldern oder in sandigen Kiesgruben das Feeling der Indientraveller beschworen. Den populären „Goa Raves" folgten die Partyjünger in Massen, über die sich Zweitligavereine freuen würden. Ein Relikt aus der Zeit der eurasischen Achse sind die exotischen Künstlernamen der DJs, die sie als Oshojünger ausweisen.

Gothic

[zu engl. g o t h i c = gotisch; Synonym für: schaurig] Der „gothische" Musikstil hat sich in den Achtzigern aus „New Wave" und „Dark Wave" entwickelt und hat bis heute eine treue und zahlreiche Anhängerschaft. Mit seinen melancholisch-düsteren Melodien steht der ↑ S O U N D auf der dunklen, depressiven Seite des Klangspektrums; optisch fallen Gothics oder ↑ G R U F T I S durch weiß geschminkte Gesichter und eine vampirähnliche Inszenierung auf. Bei aller Harmlosigkeit von Morbidität und Düsternis sind Musik und Rituale der Gothics oft mit satanischen Inhalten durchsetzt. Ein Thema, das die Medien immer wieder aufgreifen, um Lesern oder Zuschauern das Gruseln zu lehren.

Groovebox

[zu engl. g r o o v e = Tonspur und engl. b o x = Kiste] Ohne Rhythmusmaschine geht in der elektronischen Musik nichts. Mit ihr lässt sich ein Schlagzeugset plus ↑ B A S S plus Synthesizermelodie programmieren. Die marktführenden Produkte der Firma Roland haben dem Lieblingsspielzeug der Takttüftler den stilistisch passenden Namen verpasst: Groovebox. Im Gegensatz dazu überzeugt die B E A T - B O X oder H U M A N - B E A T - B O X mit einem natürlichen Instrumentarium. Hier versteht sich der Musiker auf die Imitation, allein mit der Stimme die unterschiedlichsten Rhythmuselemente originalgetreu und für die Zuhörer verblüffend echt zu kopieren.

Groupie

[engl. für: weiblicher Fan; vgl. „Liebe, Sex und Partnerstress"] Ein Wort und Phänomen der Sechzigerjahre, das wieder da ist und nie ganz weg war. In der Regel sind Groupies weibliche Fans, die ihre Begeisterung für die Musiker einer Band mit ganzem Körpereinsatz zeigen. Waren früher die Rolling Stones die groupieumlagerten

Helden, wurden später die ↑ B O Y – G R O U P S zum gejagten Ziel weiblicher Anhimmeltechnik. Abgesehen vom sexuellen Wunsch, dem Star nah und so nah wie möglich zu sein, ist Groupie auch ein Schimpfwort für Stresser, die sich an die Musiker oder Crew eines ↑ A C T S hängen, um sich Bedeutung zu verschaffen.

Hardcore

[zu engl. h a r d = hart und engl. c o r e = Kern; vgl. „Ausgehen, Abgehen, Abfeiern"] „Das ist Hardcore!" – Die Genrebezeichnung wird als Adjektiv und Substantiv verwendet und drückt immer einen extremen Sachverhalt aus. Die Hardcore-Versionen eines Musikstils sind die kompromisslosesten Spielarten des Genres, ohne Rücksicht auf den Massengeschmack oder Verkaufschancen. Der Hardcore-Fan lehnt jede andere Szene und jeden anderen ↑ S O U N D radikal ab. Als musikalisches Genre entstand Hardcore Anfang der Achtzigerjahre in Washington und New York als eigenständige amerikanische Variante des P U N K. Neben den schnelleren, härteren Songs unterschied sich Hardcore durch die politische Haltung und die extreme Ablehnung von Drogen und Alkohol. In dieser Nische hieß „straight edge" zu sein: „Don't drink, don't smoke and don't take drugs."

Headz

[zu engl. h e a d = Kopf] Diese elektronische Musik gibt sich als „Kopfmusik" aus, denn sie beinhaltet weder Tanztracks noch Bauchtitel. Nah verwandt mit ↑ T R I P – H O P gilt Headz als die intelligentere Variante dieses Stils, weil sie abstrakter und kühler ist und vom Hörer mehr Aufmerksamkeit verlangt.

Hip–Hop

Wie ↑ T E C H N O ist Hip-Hop mehr als ein musikalisches Genre, eine Haltung und eine Bewegung, die als Jugendkultur für das Ende des Jahrtausends prägend war. Aus den USA importiert, entstand Hip-Hop in den Sechziger- und Siebzigerjahren in den großstädtischen Brennpunkten des Kontinents, geprägt von sozialen Unruhen und Rassismus, Gewaltbereitschaft und Intoleranz sowie der erstarkenden Identität der Minderheiten. Die Mischung der Ausdrucksmittel, ↑ W R I T I N G, ↑ R A P und „B-Boying", wurde in den Ghettos zur Lebensform und Überlebensstrategie. In Europa nahm Hip-Hop Einfluss auf die Sprache, die Mode, den Sport und das Selbstverständnis urbaner Jugendkultur. Die Geburtsstätte des musikalischen Hip-Hop ist die South Bronx im New York der Siebziger. Der als Gründer des Stils anerkannte ↑ D J Kool Herc, ein Immigrant aus

Jamaika namens Clive Campbell, schuf seinen BREAKBEAT auf selbst gebasteltem EQUIPMENT und präsentierte seine Kunst auf lokalen Blockpartys. Die bis dahin nie gehörte Aneinanderreihung von Percussion- und Drumsequenzen eines Musikstücks durch zwei Plattenspieler beeindruckte das Publikum sehr und ließ Herc die lokalen ↑ BATTLES mühelos gewinnen. Einen ersten Megahit landete 1979 die Sugar Hill Gang, die mit Grandmaster Flash als Mitbegründer des Hip-Hop gilt, mit „Rappers Delight". Mit der Ende der Achtzigerjahre aufkommenden NEW SCHOOL, die mehr Elemente anderer Musikstile integrierte, wurde Hip-Hop zum Exportschlager; Run DMC und die Beastie Boys, die ersten weißen Musiker im Hip-Hop-Karussell, stürmten die deutschen Hitparaden. Während Hip-Hop in Europa begeistert aufgenommen und adaptiert wurde, verschärften sich in den USA die Diskussionen über die Inhalte des entstehenden ↑ GANGSTA-RAP und die Rivalität konkurrierender Hip-Hopper. Durch die Kommerzialisierung des Stils entfernte sich Hip-Hop von seinen Wurzeln und etikettierte auch zahlreiche Mogelpackungen. Andererseits wurde Hip-Hop vielschichtiger und inspirierte vor allem die deutsche Musikszene zu kreativen Experimenten.

Homeboy

[zu engl. h o m e = Zuhause und engl. b o y = Junge] Der Homeboy gehört, wie das Homegirl, zur Gemeinschaft der ↑ HIP-HOP-Aktivisten. Kurz und knapp wird diese Spezies, ganz freundschaftlich, auch als ↑ HOMIE bezeichnet.

Hood

[Abkürzung von engl. n e i g h b o u r- h o o d = Nachbarschaft; vgl. „Ausgehen, Abgehen, Abfeiern"] Die „boys in the hood" waren im schwarzen Ghetto die Jungs aus der Nachbarschaft, die sich auf der Straße trafen, um in der Gang ihren ↑ HIP-HOP-Aktionen nachzugehen. Die Gemein-

Hip-Hop, Homeboys, Hoods. Die Jugendkultur der Neunziger macht Mode und Musik.

schaft der engen Freunde wurde auch als „brotherhood" zelebriert. ⬆ H O O D Y bezeichnet den beliebten Kapuzenpulli, der den „Hoodies" den Namen gibt.

Hookline

[zu engl. h o o k = Haken und engl. l i n e = Zeile, Vers] Die Hookline ist die sich wiederholende Phrase, die oft im Chorus oder Refrain eines Musikstücks auftaucht. Als eines der wichtigsten Elemente des Songs bindet sie die Aufmerksamkeit der Zuhörer und motiviert im besten Fall zum Mitsingen. Eine einprägsame, melodische „hook" macht den berüchtigten Ohrwurm, den man nicht mehr los wird – und das macht den Erfolg.

House

[engl. für: Haus; Synonym für: Clubmusik] Die Entstehungsgeschichte der umfassenden Viervierteltakt-Gattung benennt die Discobewegung der Siebziger als Quelle und Chicago als Geburtsort. In dem 1977 eröffneten Gay-Club „Warehouse" spielte der New Yorker ⬆ D J Frankie Knuckles einen ⬆ M I X aus Disco-Klassikern und tanzbaren Euroimporten, darunter auch Produktionen des italienischen Komponisten Giorgio Moroder. Der Erfolg des ⬆ S O U N D S belebte in den lokalen Plattenläden die Nachfrage – „The sound they play down the house" wurde zum Kult und zur neuen Tanzmusik, die heute noch elementar für jede Hitschmiede ist. Mit der wachsenden Zahl von Musikproduzenten, nicht zuletzt durch den Preisverfall des elektronischen E Q U I P M E N T S, kreierten viele US-amerikanische Städte in den Achtzigerjahren ihren eigenen House-Sound, was als Bewegung auch Europa erreichte. In Hamburg, München, Frankfurt und Köln wird individuell unterscheidbare House-Musik produziert; entsprechend viele House-Richtungen sind stilistisch zu definieren: „Acid House", das in England zu einer umfassenden Jugendkultur heranwuchs und nach dem Charterfolg „Pump Up The Volume" schnell wieder verschwand; „Deep House", das die souligen Vocaltracks, die vor allem in New York gemacht wurden, bezeichnet; „Progressive House" als Variante mit dramatischen ⬆ B R E A K S und sich übertreffenden Trommelwirbeln. Weitere Spielarten desselben Ursprungs sind „Industrial House", „Disco-House", „Minimal House", „Dada-House", „Ethno-House" und „Latin House".

Illbient

[zu engl. i l l = krank und engl. a m b i e n c e = Ambiente] Als Variation des ⬆ A M B I E N T – ⬆ S O U N D S hat Illbient „kranke" Elemente, die sich durch besonders düstere Klänge auszeichnen und mit Stilmerkmalen des ↑ T R I P – H O P vermischt sind.

Independent

[engl. für: unabhängig] In Zusammenhang mit britischen Gruppen bezeichnet Independent intelligenten, vordergründig nicht kommerziellen Gitarrenpop. Die meisten Künstler dieser Richtung veröffentlichten ihre Produktionen auf weitgehend unabhängigen ↑ L A B E L S, jenseits der großen Musik- und Entertainmentkonzerne. Viele Vertreter des Independent-Pop haben ihre ideologisch besetzte Nische inzwischen verlassen, um zu den internationalen Major-Firmen abzuwandern.

Industrial

[engl. für: industriell] „Industrial music for industrial people". Die Vertreter von Industrial versuchten nachzuvollziehen, wie sich die Industrielandschaft auf die Menschen auswirkt, wobei Bands wie Psychic TV, Cabaret Voltaire, Test Department oder Einstürzende Neubauten eine ungewöhnliche Instrumentierung zum Einsatz brachten. Stahlschlagwerk, Bohrmaschinen und Presslufthammer erzeugten auf Materialien wie Stein, Metall und Kunststoffen den lärmenden Rhythmus der Industriegesellschaft. Thematische Schwerpunkte waren Krankheit, Krieg und Tod. Industrial versteht sich heute auch als ↑ C R O S S O V E R aus Musik und Kunst, wobei die Liveauftritte durch Diashows, Filme, Videos und ↑ P E R F O R M A N C E S ergänzt werden.

jammen

Jedes Zusammenspiel von Musikern, egal welcher Stilrichtung, gilt als Jamsession, die improvisiert oder geprobt sein kann. Jede Studiosession, also die geplante Aufnahme im Tonstudio, aber auch das spontane Spielen lebt vom gemeinsamen jammen. ↑ H I P – H O P-Jams werden inzwischen auch kommerziell veranstaltet, wie etwa der „Punica Summer Jam", bei dem die bekanntesten deutschen Hip-Hop-↑ A C T S mit Funsportlern auftreten.

Jungle

[engl. für: Dschungel] Anfang der Neunziger standen die schnellen B R E A K – B E A T-Produktionen für die urbane Kultur der englischen Gangs. Als Abgrenzung zum kommerzialisierten ↑ H A R D C O R E verband Jungle Ragga-Elemente mit einem hyperaktiven ↑ S O U N D; aus der Integration kultureller Einflüsse und musikalischer Entwicklungen entstand schließlich ↑ D R U M ' N ' B A S S, was die Stilmischung als Merkmal hat. Heute bezeichnet Jungle vor allem die ursprünglichen, etwas „bösen" ⬆ T R A C K S, die in den Plattenläden in einer eigenen Rubrik zu finden sind.

Killer

[engl. für: Mörder; vgl. „Ausgehen, Abgehen, Abfeiern"] Im Partykontext ist der Killer der überdimensionale, unfassbare ⬆ T R A C K, der das Wochenende rettet. Die Bezeichnung F I L L E R ist das nicht erwähnenswerte Gegenstück. Dem US-amerikanischen Ursprung entsprechend, wird Killer von der Szene als Kompliment benutzt. Im deutschen Sprachraum ist die positive Redewendung vielleicht mit „mördergeil" vergleichbar, in der praktizierten Eindeutschung ist ein Track „echt Mörder!".

knarzig

Das breite Spektrum der elektronisch produzierten Musik hat neben unzähligen Klängen und Klangfarben genauso viele Adjektive geschaffen. Einen knarzigen ⬆ S O U N D liefert der ⬆ T R A C K von Mr. Oizo, zu dem Flat Eric, eine coole Stoffpuppe und Held in einigen Werbespots der Jeansmarke Levi's, beharrlich abhottet.

Kolchose

Die Kolchose ist tot. Es lebe die Kolchose! Nicht etwa als landwirtschaftliche Produktionsgenossenschaft, sondern als ⬆ H I P - H O P-Kollektiv feiert die Kolchose Auferstehung. Der Zusammenschluss deutscher Hip-Hop-Crews wurde in Stuttgart ins Leben gerufen, um sich gegenseitig in der Arbeit zu supporten. Als Synonym für die festen und freundlichen Bande unter den Bands ist Kolchose auch als gemütlicher Kontrast zu den oft rivalisierenden und aggressiven US-Vorbildern zu sehen. Was die Kolchose für die Bands Freundeskreis, Afrob und Massive Töne, ist die „Mongo Clique" für Fünf Sterne Deluxe und Absolute Beginner.

Label

[engl. für: Schild, Etikett; Synonym für: Plattenfirma; vgl. „Mode, Models, Fashionzones"] Ähnlich wie das Markenlabel den Absender hochwertiger Mode kennzeichnet, markiert das Label den Absender im Musikbereich. Ursprünglich nur der Aufkleber auf der Vinylscheibe, rund um das kleine Loch in der Mitte, bezeichnet Label heute die Produktionsfirma bzw. den Plattenverlag eines ⬆ A C T S. Das „Major Label", kurz „Major", meint den Mutterkonzern eines Produktionsapparates; das „Underground-Label" bezeichnet die unabhängige kleine Produktionsfirma, die sich mit ihren Independent-Produktionen in den Wind des Marktes stellt.

Line-up

[zu engl. to line up = aufstellen, antreten lassen; vgl. „Kicks und Funsports"] Wer tritt in den Ring? Wer ist am ⬆ S T A R T? Was im Sport die Mannschaftsaufstellung ist, stellt auf dem Party-⬆ E V E N T die Liste der ⬆ D J s dar. Wer bei einer Veranstaltung an die ⬆ D E C K S geht, wird im Vorfeld im Programm oder auf ⬆ F L Y E R N veröffentlicht.

Location

[engl. für: Lage, Ort] Bunker, Lagerhallen, Türme oder Tresorräume tragen als ungewöhnliche Locations ebenso zur Atmosphäre einer Party bei wie die Musik oder die Leute. Nach dem Mauerfall entstanden vor allem im wieder vereinigten Berlin zahllose, oft illegale ⬆ C L U B S, die sich baufällige Hinterhöfe und leer stehende Häuser als Locations einrichteten. Einige Clubveranstaltungen sehen ihren Reiz in ständig wechselnden Locations, wobei auch Züge, Schiffe und Flugzeuge, je nach Budget, zum Einsatz kommen. Je ungewöhnlicher und einzigartiger ein Ort ist, desto besser die Stimmung und bleibender die Erinnerung. Für das aufwendige ⬆ S H O O T I N G von Modefotos oder Filmaufnahmen machen sich spezialisierte Locationscouts auf die Suche nach dem besten und passendsten Ort.

Loop

[engl. für: Schleife, Schlaufe] Im technischen Kontext ist der Loop ein musikalischer Ausschnitt, der wiederholt wird. Durch entsprechend gerüstete ⬆ M I X E R kann der ⬆ D J einen Loop von beispielsweise zwei Takten auswählen und beliebig oft einspielen, womit sein ⬆ M I X eine eigenkompositorische Komponente erhält. Auch in der Graffiti-Kultur werden Loops praktiziert, die hier das zusammengerollte Ende eines Buchstabens bezeichnen.

Lounge

[engl. für: Wohnzimmer, Foyer] Mit der mobilen Gesellschaft, die einen Teil ihrer Zeit in Flughäfen und Hotels verbringt, hat sich der Begriff Lounge wieder belebt. In den Wartehallen von Flughäfen und in den Foyers von Hotels laden die Lounges zum entspannten und stressfreien Abhängen ein. Die Lounge im ⬆ C L U B hat eine ähnliche Funktion. Die Mischung aus Plüsch und Kitsch, kombiniert mit modernem, nüchternem Design, trimmt eine Bar auf Clublounge, wobei die richtigen Cocktails und die passende Musik das entspannte Get-together begleiten. Der L O U N G E   L I Z A R D ist der Soziotypus dieser Clubkultur. Ein Mensch, der sich elegant in das Umfeld integriert und die Kunst zwangloser Konversation beherrscht.

Umzug in Berlin. Eine Generation feiert. Die Love-Parade als Symbol der Techno-Rave-Kultur.

Love-Parade

Seit 1989 zieht jedes Jahr eine Karawane von jungen, schrillen oder halb nackten Technomaden in einem Zug von über einer Million Teilnehmern und 50 ↑ FLOATS durch das sommerliche Berlin. Der durch Lebensreife und Erfahrung promovierte Szene-↑ DJ Dr. Motte gilt als der Gründer der Love-Parade, die als Demonstrationszug gegen Gewalt, für mehr Toleranz und viel Liebe unter dem Motto „Friede, Freude, Eierkuchen" auf dem Kurfürstendamm startete und etwa 150 ↑ TECHNO-

Jünger mobilisierte. Schon 1992 konnte sich die Veranstaltung auf 15.000 Teilnehmer steigern und zählte 1997 schließlich eine Million Partysanen, die sich mit den Aussagen „We are one family" oder „Let the sunshine in your heart" identifizieren konnten. Inzwischen reisen die Love-Parade-Touristen jedes Jahr aus ganz Europa, aus Japan und den USA in die Hauptstadt, um Berlin in einen gigantischen Dancefloor zu verwandeln; die Love-Parade avancierte zu einer professionell organisierten und kommerziell

genutzten Veranstaltung, um junge, konsumfreundliche Zielgruppen zu erreichen. Mit dem wachsenden Medieninteresse verlagerte sich auch die Berichterstattung über das jährliche ↑ E V E N T. Die Ruhestörung der heimischen Tierwelt, die Urinbesprengung des Tiergartens und das Auftürmen von Müllbergen rückten in den Fokus der Aufmerksamkeit; die Kernthemen Gewaltlosigkeit und Toleranz verschwanden, zum Bedauern der Organisatoren, aus den Schlagzeilen. Heute nutzen Fernsehen, Zeitungen und Zeitschriften das karnevaleske

Ritual vor allem, um Jugendkultur und Popindustrie soziologisch zu reflektieren oder ironisch zu kommentieren. Auch in anderen deutschen und europäischen Metropolen finden inzwischen Umzüge wie der „G-Move" oder der „Union Move" statt, die in Hamburg oder München die Bewegungsfreiheit feiern.

Low – Fi
[Abkürzung von engl. l o w   f i d e l i t y] Das Qualitätsmerkmal „Hi-Fi" (für „high fidelity") war in der Unterhaltungselektronik der Siebziger als Kaufargument für die erste große Stereoanlage populär. Die Bezeichnung Low-Fi zitiert das Kürzel und bezieht sich auf die Klangfarbe elektronischer Musik. Die Soundtüftler bekennen sich damit zu Minimalismus und ↑ U N D E R S T A T E M E N T. Die Kompositionen und ↑ T R A C K S setzen sich bewusst über die machbaren Produktionsmöglichkeiten hinweg, sind in der Klangfülle beschnitten und im Ausdruck dumpf.

Lyrics
[engl. für: Liedtext] Die langen Texte oder gesungenen ↑ V O C A L S eines ↑ R A P - Songs haben im ↑ H I P – H O P besondere Bedeutung. Die kreativen Spielereien mit Reim und Versmaß prägen die Melodie des ↑ S P R E C H G E S A N G S und kennzeichnen die ↑ S K I L L S der Interpreten.

Mainstream

[engl. für: Hauptrichtung; vgl. „Mode, Models, Fashionzones"] Wie sich ein Trend aus einer Szene zu einem Massenphänomen entwickelt, machten die ↑ T E C H N O - Bewegung und hier, symbolisch, die Entwicklung der ↑ L O V E – P A R A D E deutlich. Ist eine Musik mainstreamig, trifft sie den Geschmack der Masse, was etwas über den kommerziellen Erfolg, aber nichts über die Qualität aussagt. Bei den Vertretern von Underground und Szene gilt Mainstream als ein Schimpfwort, mit dem man sich entschieden von der Masse distanzieren will.

MC

[Abkürzung von engl. m a s t e r   o f   c e r e m o n y = Zeremonienmeister; auch für engl. m o v e   o f   t h e   c r o w d] Der Zeremonienmeister auf der Bühne dirigiert die Massen. Die Stimmungen des Publikums aufzugreifen und mit allen Mitteln des Rappens und „DJings" kreativ zu verarbeiten gilt in ↑ H I P – H O P -Kreisen als anspruchsvolle und anerkennenswerte Leistung. Die Meister ihre Fachs verwenden MC vor ihrem Namen.

Metal

[engl. für: Metall] Seit Beginn der Siebziger liefert die populäre Musikrichtung eine Anzahl von Subgenres, die zum Teil völlig unterschiedlichen Ansätzen folgen. Die endlose Liste reicht vom satanistischen „Black Metal", dem langsamen „Doom-Metal", über „Power-", „Death-" und „Progressive Metal" bis zum traditionellen „True Metal" oder christlichen „White Metal". Allen Richtungen gemein ist die Verwendung von meist verzerrten Gitarrensounds. Als erste Heavy-Metal-Band gilt Black Sabbath mit ihren frühen Veröffentlichungen. Nach einer Hochphase in den Achtzigerjahren entwickelte sich Metal abseits des Medieninteresses, hatte aber immer eine große und treue Anhängerschaft. Bei den Fans anderer Musikrichtungen galten die harten Gitarrenklänge oft als Prollsound, dessen Image von haarigen Unfrisuren, den sprichwörtlichen Matten, mitgetragen wurde. Inzwischen öffnete sich Metal anderen Einflüssen und beeinflusste selbst andere Stile.

Mic

[Abkürzung von engl. m i c r o p h o n e = Mikrofon] Das wichtigste Utensil der Hip-Hopper ist das Mikrofon. Der „Mic Check" ist Teil des Soundchecks bei einem ↑ H I P – H O P – ↑ G I G und kontrolliert auf der Bühne Funktionen und Klang. „Mic Control" steht für die Fähigkeit des Rappers, das Mikrofon zu beherrschen.

Mix

[engl. für: Mischung] Der Mix bestimmt die Arbeit des ↑ D J s. Die Kombination und der Wechsel der verschiedenen ↑ T R A C K S, die mit vielen tausend Watt unter die ↑ C R O W D gebracht werden, muss kontrolliert und sauber abgestimmt sein. Nicht ohne Grund sind die Gagen für die Artisten des ↑ V I N Y L S beträchtlich, denn was einfach aussieht, setzt ein langes Training, das Entdecken korrellierender ↑ B E A T S und ↑ S O U N D S und eigenen Stil voraus. Der REMIX ist grundsätzlich schon abgemischt. Als Komposition ist er in der Grundstruktur auf einen bereits existierenden Mix aufgebaut und interpretiert diesen neu. Viele DJs haben sich aufgrund ihrer Remix-Fähigkeiten einen Namen gemacht. Deutlich wird die Bedeutung des Remixes auf Maxi-CDs, die nicht mehr verschiedene Tracks eines Künstlers, sondern verschiedene Interpretationen eines Tracks aufweisen.

Coole Ausdrucksweisen. Die Skills des DJs zeigen sich an den Turntables und am Mixer.

Mixer

[engl. für: Mischpult] Das Herzstück des Tonstudios, ein Mittelpunkt bei Liveacts und im Zentrum des ↑ D J – E Q U I P - M E N T S: der Mixer. Weist der eine unzählige Spuren, Klangfarben, Eingänge und entsprechend viele Regler auf, reduziert sich der andere auf die wesentlichen ↑ F E A T U R E S. Die ↑ F A D E R übernehmen als Schieberegler das handliche Balancieren der Lautstärke, während der CROSSFADER den stufenlosen Übergang von einem ↑ T U R N T A B L E zum anderen ermöglicht.

moshen

Die früher auch HEADBANGEN genannte Form der Körperertüchtigung trainiert die Nackenmuskulatur der ↑ M E T A L - Fans. Voraussetzung sind laute und harte

Gitarrenklänge und möglichst lange Haare, die propellerartig zur Musik gewirbelt werden. Der „Headbanger's Ball" auf MTV hat den Ausdruck etabliert. Heute wird moshen auch allgemein für abgehen und abtanzen zu Metal oder ↑ HARDCORE benutzt.

N D H
[Abkürzung von: Neue Deutsche Härte] Die Kombination aus harten Gitarrensounds, technoorientierten Rhythmen, pathetischen Texten und düsterem Gesang gilt, nicht zuletzt wegen des gerollten „R", auch als Teutonenrock. Die Wurzeln des musikalischen Trends liegen im Mittelalter-Rock, bei dem sich Elemente altertümlicher Musik mit aktuellen Klängen vermischen, aber auch in der ↑ GOTHIC- und ↑ INDUSTRIAL-Szene. Vorläufer der NDH waren Die Krupps oder Laibach, aktuelle Vertreter sind Rammstein, die ihre Platten millionenfach verkaufen und auch in den USA erfolgreich sind. Als Begriff leitet sich Neue Deutsche Härte von dem Phänomen Neue Deutsche Welle ab, die in den Achtzigerjahren populär war.

N e r k
Der Mann, die Frau, die auf die Nerven gehen. Jeder ↑ DJ kennt den übereifrigen Vertreter seines eigenen Geschmacks, der zum wiederholten Mal ans Pult kommt, um sich seinen Lieblingssong zu wünschen. Gelegentlich wird dabei auch der bis dato gespielte ↑ SOUND kritisiert oder ein praktischer Tipp gegeben, den nie jemand hören wollte. Mit der Bezeichnung Nerk hat das Grauen eines jeden DJs einen Namen.

Old School
[engl. für: alte Schule; vgl. „Computerslang und Cyberspace", „Kicks und Funsports", „Mode, Models, Fashionzones"] Durch die Schnelligkeit, in der neue Stilrichtungen entstehen, hat sich, ähnlich wie im Sport oder in der Mode, das Musikschaffen in NEW SCHOOL und Old

Vertreter der Neuen Deutschen Härte: Rammstein.

School unterteilt. Unter der alten Schule ist die erste Generation zu verstehen, die im Wesentlichen an der Entwicklung eines Stils beteiligt oder für ihn prägend war. Die jüngere Generation der ⬆ H I P - H O P -Kultur wird als New School bezeichnet. Zeitlich ist der Übergang von einer Schule in die nächste in der Mitte der Achtzigerjahre anzusiedeln.

P . A .

[Abkürzung von engl. p o w e r a m p l i - f i c a t i o n , auch von engl. p u b l i c a d d r e s s] P. A. bezeichnet die Anlage, die zu einem Konzert oder einer Party aufgefahren wird oder sich bereits vor Ort befindet; P. A. kann aber auch das E Q U I P M E N T meinen, das sich ins Publikum richtet. Obwohl es nicht der Definition entspricht, werden auch die Lautsprecher zur P. A. gezählt. Jeder einzelne Verstärker der P. A. wird kurz A M P (für „amplifier") genannt.

P i t c h

[engl. für: Tonhöhe] Um beim Mixen die ⬆ T R A C K S auf eine Geschwindigkeit zu bringen und einander anpassen zu können, bedient sich der ⬆ D J des „Pitch-Adjustments" oder „Pitch-Controllers". Weisen DJ-⬆ T U R N T A B L E S diese Funktion auf, werden sie auch als „pitchables"

bezeichnet. Mit dem Hoch- bzw. Runterpitchen verändert sich die Tonhöhe des aufliegenden Tracks.

P o s t r o c k

Als verschiedene britische Bands wie Disco Inferno oder Stereolab moderne Technik und Elemente elektronischer Genres in ihre handgemachte Musik mischten, wurde die neue Musikgattung Postrock getauft. Typische Rockinstrumente wie Gitarre, Bass und Schlagzeug wurden außerhalb des klassischen Rockprofils eingesetzt und entsprechend neu bewertet.

P o w e r p o p

[zu engl. p o w e r = Kraft und P o p] Die Neunzigerjahre standen für ⬆ D J -Kultur, ⬆ H I P - H O P , „Dancefloor" und „Disco". Die „klassischen" Musikstile Rock'n'Roll, ⬆ M E T A L oder P U N K fanden eher in eigenen Szenen statt. Aktuelle ⬆ C R O S S - O V E R -Versuche bringen allerdings den härteren Gitarrensound und den Vollblutmusiker zurück. Sie vermischen Pop- und Rockmotive zu einem stilbildenden neuen Trend: Powerpop.

P r o m o

[Abkürzung von engl. p r o m o t i o n - t a p e] Die Promos sind Tonträger, die in limitierter Auflage an Plattenläden, Radiosender, Magazine und ↑ CLUBS verteilt werden und noch nicht veröffentlichtes Material beinhalten. Die Bemusterung dient dazu, die wichtigsten Multiplikatoren rechtzeitig als Meinungsmacher zu gewinnen und für die Verbreitung einzuspannen. Unverkäufliche Muster werden auch WHITE PROMO oder WHITE LABEL genannt. Diese haben nur ein weißes Etikett, das handschriftlich bekritzelt wird.

Props

[zu engl. to prop = (unter)stützen] Jemanden Props zu geben bedeutet in der Szene, den anderen zu respektieren und zu schätzen; nicht zuletzt deshalb, weil dessen ↑ BREAKDANCE, ↑ LYRICS oder ↑ WRITING anzuerkennende Leistungen sind.

Raggamuffin

Auf Jamaika ist der Raggamuffin jemand von der Straße. Im ↑ HIP-HOP steht der Begriff für einen Musikstil, der Mitte der Achtzigerjahre auf Jamaika entstand. Der von Prince Jammy gespielte ↑ TRACK „Under me sleng teng", mit einem vom Casio-Billig-Keyboard gesampelten Rhythmus, war die Initialzündung für den computerisierten ↑ REGGAE. Der „Sleng Teng Riddim" schlug auf Jamaika derart

ein, dass innerhalb eines halben Jahres 200 verschiedene Versionen des Tracks veröffentlicht wurden und Jammy der Ehrentitel „King Jammy" zuerkannt wurde. Der neue Computersound kombinierte Dancehall mit amerikanischem Hip-Hop, was Raggamuffin auch jenseits der Insel interessant machte. Ragga bezog sich immer auf seine Ursprünge in jamaikanischen Ghettos. Mit seinen zum Teil gewaltverherrlichenden und sexistischen Texten weist er Parallelen zum amerikanischen ↑ GANGSTA-RAP auf.

Rap

[zu engl. to rap = klopfen, quatschen] Anfang der Siebzigerjahre in den schwarzen Ghettos von New York entstanden, ist Rap heute die kommerziell erfolgreichste populäre Musikrichtung weltweit. Sind die Ursprünge des rhythmischen ↑ SPRECH-GESANGS in der schwarzen Kultur sehr weit zurückzuverfolgen, liegt eine seiner Wurzeln im jamaikanischen ↑ TOASTING, bei dem kurze Geschichten schnell und rhythmisch zur Unterhaltung vorgetragen wurden. Ähnlich wie der Sprechgesang jamaikanischer ↑ DJs diente Rap auch dazu, eine Party anzuheizen. Der Rapper trug dann den Ehrentitel ↑ MC, „Master of Ceremony". Als wichtigstes Kriterium für die Qualität eines MCs gelten vor allem die „Dopeness" seiner ↑ RHYMES, die Sicherheit, mit der er seine Reime platziert, und sein ↑ FLOW, der Redefluss. Mit dem Erfolg von „Rapper's Delight" der Sugar Hill Gang vollzog sich Ende der Siebzigerjahre der Schritt vom Underground an die – vornehmlich weiße – Öffentlichkeit. Bald darauf erreichte Rap mit „The Message" von Grandmaster Flash and The Furious Five Europa. Neben dem Party-↑ HIP-HOP, der sich textlich oft auf die körperlichen Vorzüge des MCs oder einer seiner vielen Freundinnen bezieht, beherrschen vor allem ↑ GANGSTA-RAP und die softere Variante G-FUNK das Genre. Im Mittelpunkt steht das Leben als Gangmitglied im Ghetto und die damit verbundene tägliche Gewalt. Die politische Dimension der Rap-Kultur lag in der Funktion, hier Aggressionen und Rivalitäten verbal, ohne Blutvergießen, abgebaut und einen wesentlichen Teil zur Identität der schwarzen Kultur beigetragen zu haben.

Reggae

Reggae entwickelte sich Ende der Sechzigerjahre in den Ghettos von Kingston und verarbeitete Elemente des Calypso und des Jamaican Rhythm'n'Blues. Mit den Erfolgen von Jimmy Cliff und Bob Marley wurde der Roots-Reggae in den Siebzigern weltbe-

kannt; bis heute kann Reggae als Wegweiser und Grundhaltung auch für die aktuelle ↑ DJ-Kultur definiert werden. Die auf der Insel allgegenwärtigen SOUND-SYSTEMS fanden ihre Nachahmer in Europa und den USA; die Produktionstechnik ↑ DUB machte die angesagten ↑ MIXES und REMIXES überhaupt erst möglich. Die Aktionen des DJs, der über Instrumentaltracks seine ↑ LYRICS sang, wurden schließlich von den Rappern adaptiert. Die Kreativität der jamaikanischen Szene im Erfinden und Weiterentwickeln von Stilen und ↑ SOUNDS wird auf den Konkurrenzdruck zurückgeführt, der eine große Produktivität erfordert. Anders als in Europa und den USA ist es für einen Künstler auf Jamaika undenkbar, nur ein Album pro Jahr zu veröffentlichen. Um sich gegen die Wettbewerber zu behaupten und beim Publikum in Erinnerung zu bleiben, werden die innovativen ↑ TRACKS oft wöchentlich auf den Markt gebracht.

Release

[engl. für: Veröffentlichung; vgl. „Computerslang und Cyberspace"] Der Erscheinungstermin einer Musikproduktion, also ihr Einzug in die Plattenläden, wird im marketingorientierten Geschäft der ↑ LABELS knallhart getimed. Der Ter-

Musik und Popkultur

min der Veröffentlichung ist auf die Aktionen der Konkurrenz, Tourneedaten oder Fernsehauftritte abzustimmen, die den Künstler wirksam promoten. Die meisten Releases werden, kein Wunder, in der Vorweihnachtszeit gezählt. Der Begriff „Re-Release" meint die identische Wiederveröffentlichung eines Werkes.

Retro
[zu lat. r e t r o = zurückgerichtet; vgl. „Mode, Models, Fashionzones"] Das Recyceln von Moden und Stilen hat sich in der Jugendkultur etabliert, wobei der Rhythmus der Stilzitate immer schneller wird. Die Retro-Orientierung an früheren musikalischen Stilrichtungen versucht, das Zeit- und Lebensgefühl vorangegangener Generationen zu reanimieren, zu verarbeiten oder auf die Gegenwart zu übertragen. Häufigster Bezugspunkt sind die Sixties und Seventies, die im ↑ E A S Y L I S T E N I N G, beim G L A M R O C K oder N E O – S W I N G Auferstehung feiern. Auch die Eighties sind als musikalische Ära bereits verarbeitet. Wird ein Retro-Stil entsprechend „gehyped" und wieder aktuell, spricht man auch von einem R E V I V A L.

Rewind
[zu engl. t o r e w i n d = zurückspulen] Nicht nur das schnelle Zurückdrehen einer Schallplatte wird als Rewind bezeichnet, auch die Wiederholung eines ↑ T R A C K S, der die Masse begeistert, greift den Ausdruck auf. Die rhetorische Frage des ↑ M C s „Who wants a rewind?" macht die Euphorie der Raver komplett. Der ↑ D J wirft die Platte dann mit einem B A C K S P I N zurück, nimmt die Nadel und setzt sie wieder an den Anfang.

Roots
[engl. für: Wurzeln] Das Authentische ist populär und fragt immer nach den Ursprüngen, den Wurzeln eines Musikstils oder Musikers. Kunstprodukten wie ↑ B O Y – G R O U P S oder ↑ C H I C K B A N D S wird vielfach nur ein kurzfristiges Haltbarkeitsdatum prophezeit. Um sich davon abzugrenzen, machen Musiker in Interviews ihre Roots zum Thema, auch wenn sie nicht danach gefragt wurden.

Sample
[engl. für: Auswahl; vgl. „Mode, Models, Fashionzones"] Der Sampler gehört bei modernen Musikproduktionen zum Inventar. Der Computer digitalisiert analoge Signale und übersetzt diese in Samples, kleine Musikeinheiten, die bearbeitet, verfremdet, gespeichert und wieder ausgegeben werden können. Die ↑ H I P – H O P-Szene baut Samples in eigene Kompo-

Nadelarbeit am Deck. Im Hip-Hop gehört Scratchen zum Repertoire des DJs.

sitionen ein und mixt die Musikstile vergangener Jahrzehnte mit aktuellem ↑ S O U N D.

s c r a t c h e n

[zu engl. t o s c r a t c h = kratzen, ritzen; vgl. „Mode, Models, Fashionzones"] Schon 1973 erfand ↑ D J Kool Herc die Technik, die bis heute Bestandteil der meisten ↑ H I P – H O P -Produktionen ist. Was jedem Hi-Fi-Liebhaber pures Entsetzen verschafft hätte, das Geräusch einer nicht gleichmäßig oder sogar rückwärts durch die Rillen laufenden Nadel, gehört heute zum Repertoire jedes Hip-Hop-DJs. Bei beidseitig geschliffenen Tonabnehmernadeln kann der DJ die Platte vor- und zurückdrehen und dabei das typische Scratch-Geräusch erzeugen. Die ↑ T U R N – T A B L E S werden so zum Instrument, mit dem der DJ den musikalischen Background für die ↑ M C s liefert. Obwohl inzwischen auch der CD-Player eine Art digitales Scratching erlaubt, gilt der Plattenspieler Technics 1210 MK II für die Akrobatik des Scratchens als unschlagbar.

S e t

[engl. für: Satz, Reihe; vgl. „Kicks und Funsports"] Der Satz aufeinander folgender ↑ T R A C K S , die vom ↑ D J zusammengestellt und präsentiert werden, ist

Musik und Popkultur

das Set. Ein festes Set ist immer im Voraus konzipiert, ein offenes Set spontan ausgewählt und improvisiert.

Ska

Der Vorläufer des ↑ R E G G A E entstand Anfang der Sechzigerjahre aus der Verbindung karibischer Rhythmen mit Rock-'n'-Roll-Klängen. Der damals völlig neuartige Rhythmus bestimmt bis heute den Charakter von Reggae und Ragga. Überraschenderweise wurden die jamaikanischen Klänge vor allem in der Skinheadszene populär, wobei sich Ska durch anpassungsfähiges ↑ C R O S S O V E R bis heute aktuell hielt.

Skills

[zu engl. s k i l l = Fähigkeit, Geschick] Die Skills dokumentieren die Fähigkeiten oder die Wortgewandtheit eines Rappers, wobei auch das Können von Breakern und ↑ D J s gemeint sein kann. Die „skillz" mit der z-Endung transportieren, ganz im Sinne der Graffiti-Sprayer, auch typografisch Individualität und Schärfe.

Sound

[engl. für: Klang, Schall, Ton] Der Sound macht die Musik. Jede Anlage hat ihren Sound, jeder ↑ D J und jedes Musikstück, wie jede musikalische Epoche eigene Soundideale entwickelt. Wird technisches E Q U I P M E N T vor einem ↑ G I G getestet, ist vom „Soundcheck" die Rede. Eine Gruppe von DJs oder Partyveranstaltern bildet ein S O U N D S Y S T E M und die musikalische Komposition als S O U N D - S C A P E eine Art Klanglandschaft. Kommen viele Soundsystems zusammen, wird das bedeutende Aufeinandertreffen als S O U N D C L A S H bezeichnet.

Soundtrack

[Synonym für: Musik zum Film] Mit der boomenden Filmindustrie hat der Musikmarkt die Möglichkeit entdeckt, Poptitel oder -künstler im Rahmen erfolgreicher Kinohits zu vermarkten. Anders als der für einen Film komponierte S C O R E ist der Original-Soundtrack eine Zusammenstellung verschiedener Interpreten, die sich bei einem erfolgreichen Film ebenso erfolgreich verkaufen. Die ↑ T R A C K S können Klassiker von U2, Bryan Adams oder Madonna sein oder Material unbekannter Szenebands wie Underworld, die durch den Film „Trainspotting" zu Weltruhm kamen. Der Boom des Soundtracks ist vor allem an den überfüllten Plattenregalen abzulesen.

Sprechgesang

Mit dem Erfolg des ↑ H I P - H O P begann sich Anfang der Neunziger eine eigen-

Hip-Hop made in Germany. Die Fantastischen Vier an der Front des Sprechgesangs.

ständige, deutsch reimende Rapszene zu formieren. Galt die deutsche Sprache bis dahin als nicht besonders lässig und nicht unbedingt rapgeeignet, entstanden in kurzer Zeit zahlreiche Hip-Hop-Formationen, die mit ihrem kreativen Sprechgesang die höchsten Plätze der Verkaufscharts eroberten. Als Hochburgen der Szene gelten Hamburg (Fettes Brot, Absolute Beginner, Fünf Sterne Deluxe) und Stuttgart (Die Fantastischen Vier, Freundeskreis, Massive Töne), wobei die Vertreter des deutschen ↑ RAP keine Ghettoerfahrung besitzen und in ihren Texten eher die Alltagsthemen ihrer Generation verarbeiten. Mit der Girlgroup Tic Tac Toe schaffte schließlich auch eine rappende Mädchentruppe den Sprung in die ↑ CHARTS. „Ich find dich Scheiße" wurde zum Hit und zur Hymne liebesbekümmerter Fans.

Stagediving

[zu engl. s t a g e = Bühne und engl. t o d i v e = tauchen] Eine beliebte Liveshow von Musikern, die die Gunst des dicht gedrängten Publikums vor der Bühne nutzt, ist das so genannte Stagediving. Der Diver springt spektakulär von der Bühne ins Publikum, das ihn mit erhobenen Armen auffängt und weiterreicht. Nach dem Sprung surft der Diver über den Köpfen des Publikums davon. Den Rekord im CROWDSURFING hält Fred Durst, Sänger der US-Band Limp Bizkit, der 1999 beim „Woodstock-Festival", auf Händen getragen, mehrere hundert Meter von der Bühne bis zum Kameraturm zurücklegen konnte.

Techno

Als wohl energetischster Musikstil seit Rock'n'Roll verkörperte Techno das Lebensgefühl und den Lebensstil einer ganzen Generation. Als Schlagwort der Neunziger repräsentierte er den Zeitgeist vor Beginn des neuen Jahrtausends. Der musikalische Gattungsbegriff Techno bahnte sich den Weg aus dem Underground zum ↑ MAINSTREAM, wobei seine Wurzeln weit verzweigt sind. Der Stammbaum weist Künstler wie John Cage, Karlheinz Stockhausen, Pink Floyd und sogar die Beach Boys auf. Als relevante Ideengeber gelten

Musik und Popkultur

die Avantgarde (Can, Kraftwerk, Tangerine Dream) oder die Vertreter des „Synthi-Pop" (Giorgio Moroder, Anne Clark, New Order, Depeche Mode, Yello). Galt Techno lange Zeit als Synonym für elektronische Musik, bezeichnete der Begriff bald eine eigene unvergleichbare Gattung, gekennzeichnet von einem stampfenden Viervierteltakt und einem harten Rhythmus, der in der Schreibweise „Tekkno" zwischenzeitlich seinen Ausdruck fand. Als Stilrichtungen etablierten sich ↑ JUNGLE, ↑ ELECTRO, ↑ TRANCE oder ↑ AMBIENT, die das Produzieren von ↑ SOUNDS am Computer verbindet. Als kulturelles Phänomen entstand Techno also aus den technischen Entwicklungen im Musikbereich, er wurde aber auch als soziologisches Phänomen interpretiert, das auf Umwelt- und Gesellschaftsthemen reagiert. Die Technisierung aller Lebensbereiche und die Individualisierung der Gesellschaft machten Techno zur Strategie, sich, auch in Kombination mit Drogenkonsum und Partykultur, dem Alltag zu verweigern und gegen das vorherrschende System zu rebellieren.

Toasting

[zu engl. t o a s t = Trinkspruch] Schon in den Sechzigerjahren entstand diese jamaikanische Reggaevariante des ↑ RAP, bei der die ↑ DJs über die laufenden Platten sprachen, um das Publikum anzuheizen. Das rhythmische Sprücheklopfen entwickelte schließlich eine eigene Dynamik und wurde fester Bestandteil der Show. Heute entstehen auf Jamaika in der Regel drei Versionen eines neuen ↑ TRACKS. Neben der ↑ VOCAL – und der ↑ DUB-Version wird fast immer auch eine getoastete DJ-Fassung aufgenommen.

Track

[engl. für: Spur] Da die Komponisten und Produzenten heute hauptsächlich vor dem Rechner sitzen und nicht am Klavier, wird jeder eingespielte Song Track genannt. Tracks bezeichnen auch die einzelnen Ebenen der musikverarbeitenden Programme und die Spuren der Tonbandgeräte.

Trance

[franz. für: entrückter Zustand] Die Bewegung zu synthetischen ↑ TECHNO-Rhythmen hat, oft unter Einfluss von traditionellen oder neuen Drogen, dem Tanzen eine neue, übersinnliche Erlebnisdimension eröffnet. Der Zustand, der sich im Einklang mit stundenlang monoton hämmernden ↑ BEATS und einer das Klangspektrum auslotenden SOUNDSCAPE erreichen lässt, ist vergleichbar mit ekstatischer Selbstvergessenheit und meditativer Bewusstseinserweiterung. Als Genrebezeichnung meint Trance die Nähe zu flächig angelegten, fast psychedelischen Melodien und Harmonien, die sich von harten Rhythmen abheben.

T r i b a l

[zu engl. t r i b e = Stamm] „Back to the roots!" Die Verwendung von traditionellen Rhythmen meist afrikanischer oder südamerikanischer Stämme verbindet archaische Trommelklänge und Gesangsrituale mit aktuellen Produktionen. Die brasilianischen ↑ H A R D C O R E -Metaller von Sepultura arbeiteten z. B. mit dem Stamm der Xavante aus dem Amazonas und mit japanischen Trommlern. Die Percussiongruppe Les Tambours Du Bronx, die auf Stahlfässern trommelt, verbindet in stundenlangen Sessions die Energie afrikanischer Rhythmen mit Industrialelementen.

T r i b u t e

[engl. für: Anerkennung] Die ↑ C O M P I - L A T I O N , auf der verschiedene Musiker die Songs eines Künstlers ↑ C O V E R N , ist in Mode gekommen. Ein Tribute-Album ist als Nachruf zu verstehen, wobei der gewürdigte Künstler lediglich ein entscheidendes Werk hinterlassen und nicht zwingend das Zeitliche gesegnet haben muss. Der stilbildende Einfluss international anerkannter ↑ A C T S wie Abba, Depeche

Mode oder Grandmaster Flash wird von anderen Musikern in deren Genre übertragen und als Coverversion eingespielt.

T r i p – H o p

Der von den Medien geprägte Begriff beschreibt die rhythmisch beschleunigte ↑ H I P – H O P -Variante, die als Auffangbecken verschiedener Stilrichtungen dient. Die Grenzen zu „Electronic Listening", „Ambient Dub" oder „Artificial Techno" sind fließend; die leicht bekömmliche, sphärisch-elektronische Musik eignet sich zum Tanzen wie zum Zuhören. Bekannt sind die Produktionen des Labels Nightmares On Wax, die für die Nachtschleife des Bayerischen Rundfunks, „Space Night", den ↑ S O U N D T R A C K zu beeindruckenden Satellitenbildern lieferten.

T u r n t a b l e

[engl. für: Plattenteller] Was als Synonym für Plattenspieler gilt, steht in Kreisen praktizierender ↑ D J s für ein bestimmtes Modell von Technics – den 1210 MK II. Dank Direktantrieb und Quarzsteuerung bietet der weltweit anerkannte Spieler einen durchzugsstarken Antrieb und präzisen ↑ P I T C H , was das Mixen erleichtert und einige Praktiken erst möglich macht. Mit rund 25 Jahren ist diese Technik so alt wie viele ihrer treuen Nutzer.

Musik und Popkultur

Beruf Plattenspieler. Vinyls und Turntables sind die Instrumente des DJs.

Turntablism

Der neue Ast des ↑ H I P – H O P -Stamm-
baums ist auf den Forscherdrang des Hip-
Hop- ↑ D J s zurückzuführen. Ideologisch
besinnen sich die maßgeblichen Akteure
auf die ↑ O L D S C H O O L , Grand Wizard
Theodor, Grandmaster Flash oder Kool Herc,
die die Technics gegen den Strich bürste-
ten und eine neue Musik kreierten, indem
sie Bruchteile von verschiedenen Platten
kombinierten. Die Musiker verstehen ihre
Plattenspieler als Instrumente, deren Regler genauso virtuos zu spielen sind wie
Tasten oder Saiten.

Underground–Garage

Was während der letzten Jahre den Lon-
doner Untergrund eingenommen hat, einer
Vielzahl von Piratensendern ein frisches
Format bescherte und aus den szenigen
Läden Nottinghills auf die Straße schallte,
erreichte auch den Kontinent. Für Experten ist Underground-Garage die erste, wirklich innovative Musikentwicklung seit
B R E A K B E A T und ↑ J U N G L E . Die
Parallelen sind unverkennbar, denn es werden Elemente verschiedener Richtungen
zusammengetragen und neu konzipiert.
Die Mixtur aus ↑ H O U S E , ↑ R A V E ,
↑ R E G G A E und den B A S S L I N E S von
Jungle schafft einen ↑ S O U N D , der
mit ↑ D R U M ' N ' B A S S verwandt, doch
langsamer ist.

unplugged

[zu engl. t o u n p l u g = den Stecker
rausziehen] Wenn Musiker zurück zu ihren
↑ R O O T S und es der „audience" beweisen wollen, greifen sie zur Akustikgitarre
und spielen. Unplugged galt eine Zeit lang
als der „echte" ↑ S O U N D , als Gegenbe-
wegung zum gigantischen E Q U I P M E N T ,

mit dem sich die Livebands gegenseitig zu übertrumpfen suchten. Mit dem Ausstöpseln des elektronischen Sounds setzten selbst die etabliertesten Künstler wieder auf die intime Atmosphäre in kleinen ⬆ C L U B S vor überschaubarem Publikum.

Vibes

[Abkürzung von engl. v i b r a t i o n s = Schwingungen; vgl. „Ausgehen, Abgehen, Abfeiern"] Die von den Beach Boys besungenen „good vibrations" der Surfergemeinde finden auch in der ⬆ H I P - H O P -Kultur ihren Ausdruck. Eine gute Stimmung und harmonische Schwingungen sind heute schlicht Vibes, die in einem Konzert, auf einer Party oder in einem ⬆ C L U B Atmosphäre schaffen. Den positiven Vibes stehen die „bad vibes" gegenüber, die eher einen unangenehmen Eindruck hinterlassen.

Vinyl

Einer der wichtigsten Kunststoffe der Zeit heißt (kurz) PVC – oder (lang) Polyvinylchlorid. Was dahinter steckt, steckt auch in jeder schwarzen Scheibe, die sich auf dem Plattenteller dreht. Wenn der ⬆ H I P - H O P - ⬆ D J heute vom Vinyl spricht, meint er eines seiner wichtigsten Instrumente, denn nur das zerbrechliche Relikt aus den guten alten Zeiten gepfleg-

ten Lauschens erlaubt ihm die Kunst des ⬆ S C R A T C H E N S . Obwohl die Schallplatte nicht an die Perfektion digitaler Tonträger im Miniaturformat heranreicht, konnte sie bis heute nicht vom Markt verdrängt werden. Unter Sammlern wird auch ihr Format geschätzt, das den Covergestaltern eine Leinwand war.

VJ

[Abkürzung von engl. v i d e o j o c k e y] Mit der Verbreitung der Videoclips und des internationalen Musiksenders MTV entstand der Beruf VJ, der in weiblicher Form auch V - J A N E genannt wird. VJs sind für die Ansagen der Musikbeiträge zuständig. Als Identifikationsfigur der Kids mussten VJs in den Pioniertagen des Musikfernsehens vor allem cool, witzig, kantig, exzentrisch, ausgeflippt, freaky oder schlagfertig sein – oder alles zur gleichen Zeit. Als der nationale Musiksender Viva auf der Bildfläche erschien, erhielt MTV ernsthafte Konkurrenz – und der VJ eine neue Message: „Ich bin wie du." Die VJs sprachen nun deutsch und sahen aus wie die hübschen Schwestern oder gut aussehenden Brüder, die ihre Ansagen vom Teleprompter ablasen. Mit der Rückbesinnung auf die ⬆ R O O T S des Musikfernsehens ist die Qualität und Popularität des VJs für den Erfolg des Programms entscheidend.

Vocals

[engl. für: Gesang] Die Vocals sind der Gesangspart einer Komposition. Die Bezeichnung passt allerdings nicht in alle Musikgenres, da in einigen ↑ S P R E C H – G E S A N G oder Stimmakrobatik vorherrschend sind. Beim ↑ R E G G A E spricht man von ↑ L Y R I C S, beim ↑ H I P – H O P von ↑ R A P und R H Y M E S, beim Ragga schließlich von ↑ T O A S T I N G oder D O U B L E V O I C I N G.

Wild Style

[zu engl. w i l d = wild und engl. s t y l e = Stil] Im Musikkontext berufen sich Musiker und ↑ D J s auf Wild Style, wenn sie wild herumexperimentieren. Auch in der Graffiti-Kultur ist Wild Style ein Begriff. Hier bezeichnet er schwer zu entziffernde Werke, die aufgrund ihrer kunstvollen Unleserlichkeit Eindruck machen. Der Film „Wild Style" von 1982 gilt als Klassiker der ↑ H I P – H O P-Bewegung, die hier zum ersten Mal dokumentiert wurde.

World–Music

[zu engl. w o r l d = Welt und engl. m u s i c = Musik] Musik als gemeinsamer Nenner und Trenner. Weltmusik ist das Sammelbecken für folkloristische Volksmusik, die in die entlegensten Winkel dieser Erde führt und der globalen Dorfbevölkerung im handlichen CD-Format vorliegt. Zahlreiche Künstler haben die Einflüsse archaischer Rhythmen in Konzeptalben verarbeitet und internationale Künstler im Studio zusammengebracht. Die musikalischen Rituale kleinster Stämme stehen dank einer cleveren Vermarktung im Plattenladen – und für ein Ritual der Konsumgesellschaft bereit: kaufen.

wriggeln

[zu engl. t o w r i g g l e = zappeln, sich hin- und herbewegen] Das Tüfteln am Musikinstrument, den Knöpfen des ↑ M I X E R S oder den anderen Tools der neuen Technik wird im Jargon Wriggeln genannt. Dabei unterstellt der Ausdruck nicht nur eine

Writing als Kunst der Hip-Hop-Szene. Tags und Characters zieren die Leinwände der Stadt.

spezielle Fingerfertigkeit, sondern auch eine gewisse Fahrigkeit.

Writing

[engl. für: das Schreiben] Als Teil der ↑ H I P - H O P-Szene steht Writing für das Anfertigen von Graffiti, die schon im New York der Siebzigerjahre Gebäude, Mauern und Tunnel zierten und sich als Kunstform der Subkultur etablierten. Da der Status der Sprayer nach wie vor illegal ist, findet Writing nachts, unter Ausschluss der Öffentlichkeit, statt; eine Entwicklung in den ↑ M A I N S T R E A M gibt es nur, wenn die Sprayer in die Galerien einziehen und hier ihre Werke anbieten. Die meisten Writer der ersten Generation kamen aus Manhattan, der Bronx oder Brooklyn. In Berlin konnten sich vor allem die Sprayer der Berliner Mauer den Status der Berühmt-heit erarbeiten. Um sich von dilettan-tischen Wandschmierereien abzugrenzen, wurde der Begriff A E R O S O L – A R T ge-prägt, die den Pinsel des Sprayers, die Sprühdose, in den Mittelpunkt stellt. Als Gestaltung des urbanen Raums versteht sich Aerosol-Art als Kunst der Straße. Die Signaturen des Writers, die T A G S, gelten als einfachste Graffiti. Kommen zu den mehrfarbigen Schriftzügen comicartige oder fotorealistische Figuren dazu, ist von C H A R A C T E R S die Rede. W H O L E T R A I N ist das Meisterstück, das sich über die gesamte Länge eines U- oder S-Bahn-Zugs erstreckt. Als T O Y wird der stümperhafte Anfänger bezeichnet, des-sen Werk von wahren Aerosol-Künstlern mit dem Zusatz „toy piece" gecrosst wird. C R O S S E N gibt das Werk zum Übersprü-hen frei.

AIRBAG | BINDI | BOOKING | GOATEE |

Welcome to the Fa
Mode zum Auf- un
Wer gecastet wird
Wer gebookt wird,
den Laufsteg dur

BEL | SHOOTING | STYLE | TEMPTOO

hionzone!
Runterreißen.
ist dran.
st drin. Nimm
die Stadt!

Airbag

[zu engl. a i r = Luft und engl. b a g = Tasche] Das Recyceln von Materialien und Stoffen, die Kratzer, Schrammen und Geschichte haben, ist populär; nichts kann kaputt genug sein, als dass es nicht noch zu gebrauchen wäre. Die Idee, aus alten Luftmatratzen eine Tasche zu basteln und mit einem Autogurt zu einer großzügigen D J – B A G zu verarbeiten, kommt der Szene, die Handy, Notizbuch, Geld und Zigaretten unterzubringen hat, entgegen.

Anzug

[Synonym für: Ganzkörpertätowierung] Der Anzug kommt nicht länger von der Stange oder von Armani oder Boss. Der Begriff bezeichnet die angesagte Ganzkörpertätowierung. 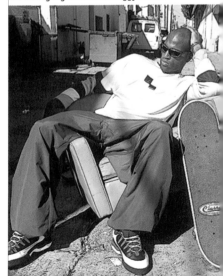 T A T T O O S, die sich über den ganzen Körper ausbreiten und verschiedene Motive zu einem Gesamtkunstwerk zusammenfügen, stammen aus den Kreisen der japanischen Mafia, der „Yakuza". Hier nehmen Tätowierungen die Funktion von Rangzeichen ein und kennzeichnen als im klassischen Zumi-Stil gestochene Motive besonders verdiente „Yakuzas". Die Ganzkörpertattoos sparen lediglich Hals und Kopf, Hände, Füße und einen schmalen Streifen entlang des Brustbeins aus, sodass der Eindruck eines maßgeschneiderten Anzugs entsteht. Auch in Europa und den USA finden sich immer wieder Tattoofreaks, die sich vollständig tätowieren lassen und ihr Geld als eine Art Jahrmarktsattraktion auf ↑ C O N V E N T I O N S verdienen.

Baggy Pants

[engl. für: weit geschnittene, ausgebeulte Hose] Die in ↑ H I P – H O P - und Skaterkreisen beliebte sehr weit geschnittene Hose wird ohne Gürtel getragen, wodurch der Schritt im Extremfall – je tiefer, desto cooler – zwischen den Knien hängt. Baggy Pants kamen Ende der Achtziger aus den USA nach Europa. Ihren stilistischen Ursprung haben sie in den US-Gefängnissen, wo den Insassen zur Verhinderung von

Die Freiheit des Hip-Hop-Aktivisten ist die Bewegungsfreiheit in Baggy Pants.

Selbstmordversuchen Gürtel und Schnürsenkel abgenommen wurden, sodass die Hosen zwangsläufig tief hängen mussten. In den amerikanischen Ghettos wurde daraus ein eigener Stil entwickelt, der Solidarität mit den inhaftierten ⬆ H O M I E S und Gangmitgliedern bezeugen sollte, aber auch eigene Gefährlichkeit inszenierte. Ein anderer Entstehungsmythos bezieht sich auf die Kids aus den Ghettos, die schlicht die Hosen ihrer älteren Brüder auftragen mussten, welche natürlich oft doppelt so groß waren wie die Träger selbst. Durch die rappenden Hip-Hop-Aktivisten wurden Baggy Pants populär und setzten sich in der Fashionszene durch.

Basics

[zu engl. b a s i c = wesentlich, grundlegend] Die unübersichtliche Flut von Designerklamotten und Fashionwear schafft das Bedürfnis, sich auf das Wesentliche zu konzentrieren und nicht viel, aber gut einzukaufen. Basics sind die elementar wichtigen Klamotten, auf die man seine Garderobe aufbauen kann. Das weiße Hemd, die schwarze Hose, das graue Shirt – Basics sind puristisch, unauffällig, in den Farben dezent und ohne modischen Schnickschnack, der morgen schon wieder von gestern wäre. Wer das Leben bunt mag, kombiniert Basics mit extravaganten oder farbigen Stücken. Basic zu sein pendelt bei dem schnellen Tempo der Modewechsel zwischen Pragmatismus und Philosophie, die sich vom Kleiderschrank in andere Lebensbereiche fortsetzt. Basics bescheinigen den Trägern Stil und manchmal – Langweiligkeit.

Bindi

Bei den Hindus ist Bindi ein Zeichen der Wahrheit. Es bezeichnet den Farbpunkt, den die Inderinnen in der Mitte ihrer Stirn tragen, als so genanntes „Drittes Auge". Die Affinität der Hippie- und ⬆ T E C H N O - Bewegung zu Indien brachte das Bindi nach Europa und Amerika, wo es vom spirituellen Symbol zum ⬆ F A S H I O N – I T E M avancierte. Bindis tauchen hier in der Ravenszene auf, in den USA sind sie bereits Massenschmuck und in den verschiedensten Farben und Formen erhältlich.

Biomechanics

Das Motiv aus dem ⬆ T A T T O O -Bereich verbindet den menschlichen Körper visuell mit mechanischen Elementen, die als optische Täuschung wie implantiert wirken. Unter einer scheinbar klaffenden Wunde sind metallene Gelenke, Stangen oder Verstrebungen zu sehen. Inspiriert von der Filmfigur „Terminator" und der Arbeit des Schweizer Künstlers H. R. Giger, der auch das Filmmonster „Alien" gestaltete, ist die Motivvorlage als Auseinandersetzung mit technologischem Fortschritt und Roboterutopien zu verstehen.

Body – Bag

[zu engl. b o d y = Körper und engl. b a g = Tasche] Die Fahrradkuriere auf den Straßen New Yorks starten ihre Touren mit MESSENGER – BAGS, die nur an einem Gurt um die Schulter hängen und schnellen Zugriff sichern. Fashiondesigner haben die praktische Konstruktion übernommen und in allen Variationen als DJ – BAG unter das Volk gebracht. Taschen von Timbuk, Manhattan Portage oder Freitag spielen mit Material, Form und Größe. Welke Luftmatratzen und weltweit gereiste LKW-Planen geben dem ⬆FASHION–ITEM Einzelstückcharakter.

Booking

[engl. für: Buchung] Nach dem Gang zum ⬆CASTING, bei dem ein Model für Foto- oder Filmaufnahmen ausgesucht wird, kommt das Booking. Das Model wird für einen konkreten Job, die Produktion einer Modestrecke, einer Werbekampagne oder eine Fashionshow gebucht und unter Vertrag genommen. Die Booker, die in Bildredaktionen oder Werbeagenturen arbeiten, verteilen erst eine Option auf das Model der engeren Wahl, bevor es zur definitiven Auftragsvergabe kommt. Die Option sichert dem Kunden, dass er das Model zum vorgesehenen Termin bekommt, denn einige Models sind gut im Geschäft und können sich vor Anfragen kaum retten. Der so genannten „First Option", also der vielversprechendsten Option, folgt in der Regel das konkrete Booking.

Boot – Cut

[zu engl. b o o t = Stiefel und engl. c u t = Schnitt] Diese Hosenform wird von vielen Jeansherstellern angeboten und meint den nach unten erweiterten Schnitt einer Hose, wodurch man diese problemlos über

Praktische Mitnahmeartikel. Body-Bags stecken alles in die Tasche.

längeren Stiefeln, den Boots, tragen kann. Boot-Cut hat allerdings nichts mit der Schlaghose zu tun, deren Schnitt in den Siebzigerjahren dafür vorgesehen war, geschmackliche Entgleisungen der Schuhindustrie dezent zu verbergen.

B r a n d – e x

[zu engl. b r a n d = Markenzeichen] Die Inflation von Marken und Markenbewusstsein, die Wanderung von angesagten Produkten aus der Szene in den ↑ M A I N – S T R E A M, hat Einstellungen und Verhalten gegenüber dem Markendiktat verändert. Brand-ex setzte zuerst in London den Trend, teure Fashionlabels von den Etiketten zu befreien und die Klamotten mit selbstbewusstem ↑ U N D E R S T A T E M E N T und nicht mit peinlichem Showeffekt zu tragen. Inzwischen wird das verräterische „N" von New-Balance-↑ S N E A K E R S entfernt oder der erkennbare rote Faden von Prada-Sportartikeln abgetrennt. Den Ursprung hat Brand-ex in den Achtzigerjahren, als Marken wie Lacoste vom Massenmarkt absorbiert wurden und das aufgenähte Krokodil bei denen, die auf Exklusivität setzten, dran glauben musste.

B r a n d i n g

[engl. für: das Brandmarken] Die Fortsetzung der Selbstgestaltung führt über ↑ T A T T O O S und ↑ P I E R C I N G S zum so genannten Branding, einer extremen Form des Körperschmucks. Dass die ornamentalen Brandzeichen, die mit glühenden Klingen und Asche in die Haut gebrannt werden, Ausdruck von Individualität sind, hätte sich kein texanisches Rind je träumen lassen. Die zweite Bedeutung von Branding ist schmerzfrei. Der Begriff wird im Marketing auf Produkte bezogen, für die Marken- und Werbestrategen eine „Markenpersönlichkeit" kreieren. Durch die Marke (engl. „brand") wird das Produkt von anderen abgegrenzt und unterscheidbar gemacht.

C a m o u

[Abkürzung von franz. c a m o u f l a g e = Tarnung] Aus dem Bekleidungsstil des französischen Militärs entwickelt, bei dem das Camouflage-Muster in den Farben der Natur zur Tarnung dient, wurde die klassisch olivgrüne Farbkombination inzwischen von unterschiedlichen Jugendszenen adaptiert. Auf den Straßen der Metropolen ist Camouflage alles andere als Tarnung. Je nach Träger dient das auffällige Muster der Provokation oder Demonstration. In der ↑ T E C H N O -Szene wird Camouflage inzwischen sogar in schrillen Farben geliefert, in Lila-, Rot- oder Orangetönen, was die Aufmerksamkeit erhöht und den Träger in der Masse sichtbar macht. Zahlreiche Designer haben sich des Musters bedient und Kollektionen in den Farben der Wüste oder der Arktis auf den Markt gebracht. Das urbane ⬆ FASHION-ITEM, das für das Überleben im Großstadtdschungel rüstet, ist bei den Kids umso beliebter, je näher es an das Original heranrückt. Die billigen Army-Cargo-Pants kommen einfach wesentlich cooler.

camp

[engl. für: tuntenhaft, übertrieben] Eine Geschmacksrichtung, die sich im Schrägen und Schrillen aufhält, indem sie Produkte der Massenkultur aufgreift und exzentrisch interpretiert, ist camp. Ursprünglich in der schwulen Subkultur beheimatet, wagt sich Camp in die Grenzgebiete des gängigen Geschmacks. Üppiger Dekokitsch und seichte Schlager sind Phänomene des so genannten BAD TASTE, des bewussten schlechten Geschmacks – und damit camp.

Cargos

[zu engl. c a r g o = Fracht] Cargos oder Cargo-Pants haben in den Neunzigern den Markt erobert, denn die Kombination aus amerikanischer WORKWEAR und Militarystyle zeichnet sich durch praktische, manchmal übertriebene Funktionalität aus. Ähnlich der deutschen Bundeswehrhose besitzen Cargos seitliche Taschen, in denen sich alle Alltagsutensilien verstauen lassen. Als Ablösung der Blue Jeans sind Cargos inzwischen gesellschaftsfähig und haben den Einzug in den ⬆ MAINSTREAM hinter sich. Altersübergreifend werden Cargos mit anderen ⬆ BASICS kombiniert.

Casting

[engl. für: Rollenbesetzung] War das Casting ursprünglich der Rollenverteilung bei Film- und Fernsehen vorbehalten, wo sich Schauspieler um eine Rolle bewarben und vorsprechen mussten, ist der Begriff längst von der Fotografen- und Modelszene aufgesogen. Bei einem Casting bewirbt sich ein Model mit seinen Fotos bei einer Agentur, einem Magazin oder Fotografen, die für ein bestimmtes ⬆ SHOOTING ein spezielles Gesicht oder einen besonderen Typus suchen. Kunden oder Kreative verschaffen sich einen ersten Eindruck von der Fotogenität und der Ausstrahlung des Models, machen Probeaufnahmen und sichten die SET-CARD, die aus repräsentativen Fotos des Models besteht. Nach dem Casting werden die Optionen auf die Bewerberinnen verteilt oder ein festes ⬆ BOOKING vorgenommen. Bei einem GOSEE (für „go and see") bewirbt sich das Model ohne konkreten Anlass. Das Gosee wird vor allem von unerfahrenen

Casting, Booking, Shooting. Der kürzeste Weg zum Ruhm führt über den Laufsteg.

oder neuen Models genutzt, die noch keine Kontakte besitzen. Der Boom der Supermodels in den Achtzigerjahren machte den Beruf Fotomodell zu einem der begehrtesten dieses Planeten und ließ eine Castingindustrie entstehen, die mit dem Mythos des zufällig entdeckten Aschenbrödels aufräumte und das Model-Business professionalisierte. Für die Schönheiten der Republik wurden die aus dem Boden schießenden Castingagenturen zum Arbeitsamt, das ihnen die Kontakte zu potenziellen Auftraggebern oder Fotografen her-

stellt. Das Casting wurde die Eintrittskarte in eine bessere Welt. Claudia Schiffer, Naomi Campbell und Linda Evangelista verkörperten auf dem Laufsteg nicht nur den Traum von makelloser Schönheit, sondern auch den des makellosen Daseins: schön sein und reich sein heißt geliebt sein. Mit den explodierenden Gagen wuchs die Nachfrage nach den Jobs, die das eigene Gesicht auf die Titelseiten internationaler Fashionmagazine bringen. Mit den boomenden Medien steigerte sich die Nachfrage nach neuen, frischen und unverbrauchten

Gesichtern, die von Castingscouts in Straßencafés oder Szenebars aufgestöbert oder durch Castingwettbewerbe ermittelt werden.

Chinos

Der Ursprung der populären Chinos ist bei den chinesischen Uniformschneidern der US-Truppen auf den Philippinen auszumachen. In den Fünfzigerjahren ist der Schnitt in Mode gekommen und wurde in den Alltag übernommen. Ein Protagonist der legendären Chinos war der Schauspieler Steve McQueen, der die Hose in Kultfilmen wie „Bullit" oder „The Thomas Crown Affair" trug und sie nicht zuletzt auf der ↑ RETRO-Welle der Neunziger wieder populär machte. Die bequeme Sport- und Freizeithose wird vor allem in hellen Farben, traditionellerweise in Beige, geliefert.

Clubwear

[engl. für: Clubkleidung] Das Nebeneinander von Stilen und Trends ist für die Neunzigerjahre prägend, wobei Moden in Szenen entstehen und erst dann in den ↑ MAINSTREAM über- und darin untergehen. Die Clubkultur repräsentiert diese Szenen, in denen Clubwear als individuell, eigensinnig oder extrem verstanden wird. Die übergreifende, global gültige Message lautet: Jeder hat seinen eigenen Stil, und jeder Stil hat was Eigenes. Der nicht definierbare ↑ LOOK ist sportlich, sexy, baggy, retro, smart, relaxt, casual, frech, glamorous, samt- und seidig oder kommt in Leder und Gummi. Das Tragen von Clubwear im Alltag oder auf der Straße lässt vielleicht erkennen, wo sich der Träger abends rumtreibt.

Convention

[engl. für: Tagung, Versammlung] Auf der Messe der Tattoobranche kommen die Tätowierer aus aller Welt zusammen, um ihre besten ↑ FLASHES, auch live vor Publikum, zu präsentieren. Neben einem Programm aus Musik und Show kommt es oft zu Rekordversuchen, bei denen sich Freiwillige von bis zu zwanzig Tätowierern gleichzeitig INKEN lassen. Tattooconventions finden regelmäßig in allen großen Städten statt. Auch Star-Trek-Fans benutzen den Begriff für ihre Treffen.

Cover-up

[zu engl. to cover up = zudecken, vertuschen] Das Überstechen alter ↑ TATTOO-Motive macht einen großen Anteil der Arbeit in professionellen Studios aus. Das auch REMOVAL genannte Ersetzen von ungeliebten Jugendsünden erfordert besonderes Können des Pikers, da er die Hautstruktur des Trägers, aber auch

Form und Farben des alten Motivs berücksichtigen muss. Im Gegensatz dazu dient das ⬆ ᴛᴏᴜᴄʜ–ᴜᴘ dem Auffrischen eines älteren, verblassten Motivs.

Creative Consumption

[zu engl. c r e a t i v e = kreativ und engl. c o n s u m p t i o n = Konsum] Creative Consumption wird von modeorientierten Leuten praktiziert, die sich keiner Kleiderordnung unterwerfen wollen. Ihre Garderobe gestaltet sich bunt und vielfältig. Sie sind nicht auf einen bestimmten Modestil oder Modedesigner fixiert, sondern bauen sich aus dem individuellen Stilmix einen eigenen ⬆ ʟ ᴏ ᴏ ᴋ. Der japanische Kimono wird mit sportlichen ⬆ ꜱ ɴ ᴇ ᴀ ᴋ ᴇ ʀ ꜱ getragen, die ⬆ ꜰ ʟ ɪ ᴘ – ꜰ ʟ ᴏ ᴘ ꜱ werden mit dem Designeranzug kombiniert. Der kreative Modestil, auch ᴇ ᴄ ʟ ᴇ ᴄ ᴛ ɪ ᴄ   ᴍ ɪ x genannt, hat sein Pendant in der aktuellen Musikszene, wo Mixen und Remixen genauso üblich sind.

Crossdressing

[zu engl. t o   c r o s s = (über)kreuzen und engl. to d r e s s = (sich) anziehen] Crossdressing meinte ursprünglich den Wechsel zwischen den Geschlechterrollen, das Tragen von weiblicher Kleidung von Männern und männlicher Kleidung von Frauen. Zu Beginn des 3. Jahrtausends, das von der Auflösung der Geschlechterrollen und dem ⬆ ᴄ ʀ ᴏ ꜱ ꜱ ᴏ ᴠ ᴇ ʀ der Kulturen gekennzeichnet ist, meint Crossdressing den Stilmix, der globale Gültigkeit hat und keine ethnischen oder kulturellen Grenzen kennt. Alles bleibt machbar: Farbige Sarongs treffen auf viktorianische Kaminröcke, indianische oder asiatische Stickereien schmücken europäische Mode, oder historische Zitate integrieren sich in avantgardistische Modeschöpfungen.

Cutting–Edge

[engl. für: Schneide] Die Avantgarde, die Grenzen überschreitet, sich abzeichnende Trends sofort aufgreift, mitgestaltet und damit an der Spitze der modischen Evolution steht, ist Cutting-Edge. Sie prägt die ⬆ ꜱ ᴛ ʏ ʟ ᴇ ꜱ, die sich später in der Jugendkultur durchsetzen und die Öffentlichkeit erreichen. Immer auf der Suche nach neuer Inspiration und den guten ⬆ ᴠ ɪ ʙ ᴇ ꜱ, sind die Vertreter des Cutting-Edge außergewöhnliche, wenn nicht provozierende Erscheinungen, die in Technologie und Mode auf der Höhe der Zeit sind. Die Industrie versteht darunter „Trendsetter" und „Opinionleader". Der Begriff tauchte zum ersten Mal auf, als man versuchte, Jugendliche mit ⬆ ᴘ ɪ ᴇ ʀ ᴄ ɪ ɴ ɢ ꜱ zu klassifizieren.

Dreads

[Abkürzung von engl. d r e a d l o c k s, zu engl. d r e a d = fürchterlich und engl. l o c k = Haarsträhne] Die Haarpracht der Dreadlocks ist nicht nur Stil-, sondern auch Religionsinsigne. Sie entsteht durch das Knüpfen von Zöpfen, die anschließend verkletten. Anhänger der Frisur erzielen denselben Effekt durch das unkontrollierte Wachstum der Haare und das Unterlassen von Pflege. Dreads gehören zum Glauben der Rastafa-Bewegung wie das Rauchen von Cannabis, die Ablehnung westlicher Medizin oder bestimmte Diäten. Die Rastas, wie die Gläubigen genannt werden, sehen die Nachkommen schwarzafrikanischer Sklaven in Amerika als göttlich erwählt an und warten auf den Tag der Erlösung, da sie auf ihren Heimatkontinent Afrika zurückkehren werden. In der amerikanischen oder europäischen Kultur haben Dreads Identifikationswert, auch als Besinnung auf die eigenen ↑ R O O T S. Dreads werden hier durch Verschweißen verklettet und die geflochtenen Zöpfe „Rastas" genannt. Dreads sind in der ↑ R E G G A E - und Raggaszene sowie in P U N K -, ↑ H A R D - C O R E - oder ↑ H I P - H O P -Kreisen angesagter Frisurenstil. Ausdruck von Solidarität auf der einen Seite und Individualität auf der anderen – und einfach cooler als „Waschen, schneiden, legen!".

Electro-Style

Als Weiterentwicklung des ↑ T E C H N O - ↑ S T Y L E S, der sich Anfang der Neunziger mit der musikalischen Bewegung verbreitete, ist der Electro-Style die bequeme, einfache und funktional ausgerichtete Kleidungsvariante. Wie sich die elektronische Musik immer mehr diversifizierte, praktiziert Electro-Style das Less-is-more-Prinzip, wobei W O R K W E A R mit smarten Hightechdetails oder S T R E E T W E A R mit individuellem Secondhand kombiniert wird. Funktionalität und Bequemlichkeit des Styles stehen mit dem Eintritt in das neue Jahrtausend an erster Stelle.

Fashion-Item

[engl. für: Modeartikel] Nicht nur die komplette Garderobe, auch das modische Accessoire, das Detail, unterscheidet den Kenner vom Rest der Welt. Fashion-Items, die auffallen oder als up-to-date gelten, sind ein Cowboyhut, eine Stola, eine Handtasche oder das Hightechhandy.

Fashion-Victim

[zu engl. f a s h i o n = Mode und engl. v i c t i m = Opfer] Der schnelle Wechsel neuer Moden und Stile löst bei begeisterten Modefans ebenso schnell Kaufrausch aus. Nur das Neueste ist gut genug, der persönliche Geschmack wird von Designern und Modemagazinen bestimmt, und Geld spielt sowieso keine Rolle. Das Fashion-Victim ist am überbordenden Kleiderschrank und dem blank geputzten Bankkonto zu erkennen, aber auch am erstaunlichen Kennen der Mode- und Markenszene. Die internationalen Modemagazine sind die regelmäßige Bildungslektüre des Modefreaks, der die Shoppingtour durch die Szeneläden der Stadt als Weiterbildungsmaßnahme versteht.

Fatlaces

[zu engl. f a t = dick, breit und engl. l a c e = Schuhband] Die breiten Schnürsenkel, die Hip-Hopper in ihre ⬆ SNEAKERS

**Auf der Suche nach dem Fashion-Item.
Das Fashion-Victim auf der Shoppingtour.**

fädeln, bedecken fast das ganze Oberteil des Schuhs, werden aber grundsätzlich nicht zugebunden. ⬆ B - B O Y S, Sprayer und Rapper haben Fatlaces populär gemacht, wobei die coole Pose des Protests zur ⬆ O L D   S C H O O L zählt.

Flagship–Store

[zu engl. f l a g s h i p = Flaggschiff und engl. s t o r e = Laden] Ein Flagship-Store ist das Aushängeschild einer Marke oder einer Ladenkette; große, geräumige Geschäfte auf vielen Quadratmetern und Etagen, die beim Kunden Eindruck hinterlassen. Der Flagship-Store repräsentiert die Markenwelt, indem er nicht nur die Produkte eines ⬆ LABELS ausstellt, sondern Architektur, Design, Services und Personal aufeinander abstimmt und den Käufern ein Erlebnis bietet. Vor allem globale Marken gestalten ihre MONOLABEL–STORES in den Metropolen mit psychologischer Raffinesse. Schließlich werden die überdimensionalen Einkaufsparadiese in Shopping-Guides und Reiseführern erwähnt und von den ⬆ F A S H I O N – V I C T I M S als Sehenswürdigkeit gepriesen. Einer der bekanntesten Flagship-Stores ist Niketown in New York. Hier wird die Macht einer Marke deutlich, die dem Kunden nicht nur ein paar Sportschuhe verkauft, sondern eine völkerverbindende Philosophie.

Flash

[engl. für: Abzeichen] Die Fotos, die die Arbeit eines Tattookünstlers vorstellen, sind dessen Visitenkarte. Flashes ermöglichen dem Kunden, den Stil und das handwerkliche Können eines Tätowierers einzuschätzen. Ein Flash kann auch eine gezeichnete, potenzielle Motivvorlage sein, die ihm zur Auswahl vorgelegt wird. Bis zu zehn Flashes werden zu einem ⬆ S E T zusammengefasst, der das Spektrum des „Künstlers der Körperdekoration" aufzeigt.

Flat Front

[zu engl. f l a t = flach und engl. f r o n t = Vorderseite] Die Flat Front ist seit dem durchschlagenden Erfolg des ⬆ T U N - N E L Z U G S wieder populär. Die Vorderseite der Hose ist flach geschnitten, wobei sich die Öffnung der Hosentaschen nicht an der Seite, sondern unter dem Hosenrand befindet. Taschen sind bei der Flat Front weniger funktional als dekorativ.

Flip-Flops

[engl. für: Latschen, Sandalen] Sie waren geliebt, sie waren gehasst und schwimmen heute auf der ⬆ R E T R O -Welle. Flip-Flops sind ordinäre Badelatschen, die, parallel zum R E V I V A L der Sandale, zu allen möglichen Anlässen und allen unmöglichen Klamotten wieder tragbar sind. Als mit den Funsportarten der kalifornische Surferstyle und die lockere Lebensart der Surfergemeinde wieder entdeckt und nach Europa importiert wurden, durfte auch die bequeme Badelatsche in der Kollektion nicht fehlen. Mittlerweile bietet jedes Designer-, Sports- und Streetwearlabel variantenreiche Flip-Flops an. Als original Flip-Flops werden aber die kultigen No-Name-Badelatschen verehrt, die nicht im Designerstore, sondern in der Drogerie um die Ecke oder am Strandkiosk zu kaufen sind.

Functional Wear

[zu engl. f u n c t i o n a l = funktionell und engl. w e a r = Kleidung] Erlaubt ist, was praktisch ist. Die Ausrichtung des Kleiderschranks auf funktionelle, strapazierfähige und flexible Klamotten ist ein Phänomen der Neunziger, in denen man sich für die Anforderungen des neuen Jahrtausends rüstete. Stoffe und Materialien sind wie ⬆ S M A R T M A T E R I A L unter Laborbedingungen getestet, unverwüstlich gemacht, körpergerecht angepasst und mit den unterschiedlichsten Funktionen ausgestattet. Zu den kreativen Entwürfen dieser futuristischen Mode gehören die Jacke, die sich zu einer kleinen Tasche zusammenfalten lässt, der Rock, der in

Functional Wear und Smart Material. Neuer Stoff aus den Laboren der Fashion-Designer.

einen handlichen Rucksack zu verwandeln ist, oder der Mantel, der sich sogar als Bettdecke nutzen lässt.

Gear

[engl. für: Sachen, Zeug] Die Sportswear im OVERSIZED Stil der amerikanischen ↑ H I P - H O P-Szene hatte mit der Turnschuhmarke L. A. Gear ihren Durchbruch. Die Klamotten des US-Labels O. G. Gear („Original Gangster Gear") liefern das passende Outfit für G - F U N K und ↑ G A N G S T A - R A P.

Goatee

[engl. für: Spitzbart] Die Helden der Generation X verschafften dem Goatee den Durchbruch. Er zierte Ethan Hawke in dem Film „Reality bites" und unterstrich das Charisma Kurt Cobains als Frontmann der ↑ G R U N G E -Bewegung. Der Goatee wird mit einer intellektuell-existenzialistischen Haltung oder als gepflegte Variante des Dreitagebarts getragen. Als Oberlippenbart der Neunziger verleiht er dem Gesicht des Versicherungsangestellten wie dem des Strandsurfers Markanz und Ausstrahlung.

Grunge

[engl. für: Dreck] Anfang der Neunziger war Grunge ein wichtiger musikalischer Trend, der durch Nirvana, Pearl Jam oder die Stone Temple Pilots verkörpert wurde. Der Dresscode der S L A C K E R verweigerte sich dem ↑ M A I N S T R E A M und verachtete alle Modemätzchen, indem er die Garderobe auf die elementaren ↑ B A S I C S – Flanellhemd, Jeans und Turnschuhe – reduzierte. Strähnige Haare machten das zerschlissene ↑ O U T F I T, die rebellische Antwort auf den glamourösen Lifestyle, perfekt. Von Seattle aus, der Hauptstadt des Grunge, erreichte der ↑ L O O K der Generation X Europa und wurde hier von den Designern und Modehäusern für den Laufsteg übersetzt. Die Fans des Nirvana-Sängers Kurt Cobain konnten dessen Karohemd schon bald von der Stange kaufen. Mit dem medienwirksamen Tod Cobains hat sich Grunge in die Annalen der Rockgeschichte eingeschrieben. Das Slacker-Outfit ist fast völlig im Kostümfundus verblichener Jugendkulturen verschwunden, Holzfällerhemden werden allerdings vereinzelt in Kanada gesichtet.

Hip-Bag

[zu engl. h i p = Hüfte und engl. b a g = Tasche] Wie der Name sagt, wird die kleine Tasche um die Hüfte getragen, um den mobilen Kids, die mit Inlineskates, Skateboards oder Rädern unterwegs sind, viel Bewegungsspielraum einzuräumen. Als Utensil der ↑ F U N C T I O N A L W E A R werden Hip-Bags auch im Alltag genutzt. Das Handy hat in der Tasche genauso Platz wie der Organizer oder das Make-up. Entscheidend ist, wie und wo man die Hip-Bag platziert. Am lässigsten kommt das Ding, da sind sich die Szeneexperten einig, über dem Hintern.

Hip-Hop-Style

Der typische Hip-Hop-Style ist eng mit der Geschichte der ↑ H I P – H O P -Bewegung verknüpft, wobei die wichtigsten Stilmerkmale für den Markt massentauglich übersetzt werden. Nach amerikanischem Vorbild repräsentiert Hip-Hop-Style den Stil der Straße, wo Breaker, Writer und ↑ D J s ihren Aktivitäten nachgehen und ihr ↑ O U T F I T der coolen Pose, aber auch praktischen Aspekten unterordnen. In europäischer Übersetzung kombinieren die Kids weite ↑ B A G G Y P A N T S, coole ↑ H O O D Y S und ↑ S N E A K E R S mit bekannten Sportswear- und Streetwearmarken und sportiven Accessoires.

Hippie-Bohème

Die Haltung der Hippies aus den Sechzigern ist, wie die Musik dieser Zeit, wieder populär, wobei sie pragmatisch in die Gegenwart übersetzt wird. Anstatt auf wirtschaftliche Autarkie und gesellschaftlichen Ausstieg zu setzen, pflegt die Hippie-Bohème ihre Kreativität in freien Berufen, die finanziell unabhängig machen, und lebt das Ideal einer offenen und toleranten Gesellschaft im Virtuellen. Freundschaft wird hier groß geschrieben, wie der Fellkragen, die Schlaghose, die Nickelbrille oder der Joint, der die Runde macht.

Hipsters

[zu engl. h i p = Hüfte] Die Hüfthose gilt als typische Hose der Siebzigerjahre und wurde damals mit einem weiten Schlag getragen. 1995 entdeckte sie der Gucci-Designer Tom Ford für seine Kollektion und machte sie mit dem Relaunch der Marke populär. Die Hipsters werden inzwischen von allen Designerlabels angeboten und in allen möglichen Stoffen produziert.

Hoody

[zu engl. h o o d = Kapuze] Als Kapuzenpulli hat der Hoody seine Funktion in der Sportswear, wo das praktische Kleidungsstück den Sportler vor Erkältung schützt. Die coole Bezeichnung nimmt allerdings auf die Subkultur Bezug, in der die Hoodys aus dem Ghetto unterwegs waren, um sich manch illegaler Aktivität zu widmen. Die Funktion des Hoodys hier: Vermummung. In der Kollektion von Autonomen und in der ↑HIP–HOP-Szene hat der Hoody seinen festen Platz, ebenso wie die Kappe, die SNOOTY, oder die TIMS, die Boots von Timberland.

Inflasion

Die Trendforscherin DeeDee Gordon erfand den Begriff, der den Einfluss der asiatischen Kultur auf andere Kontinente ankündigte und inzwischen ↑MAINSTREAM ist. Durch den Export von Sushi, Yoga, Yin und Yang, Feng Shui und Chai-Tee hat Asien Europa erreicht und greift auf allen Ebenen um sich. Neben den technologischen, spirituellen oder philosophischen Impulsen vermischen sich in der Mode die Stilmerkmale beider Kulturen zu einem eurasischen Look, der Formen, Farben und Symbole verknüpft und auf den Laufstegen von asiatischen Models verkörpert wird.

Unterwegs im Hoody. Die lässigste Klamotte für Sport und Subkultur.

Mode, Models, Fashionzo

Key-Chain-Wallet

[zu engl. k e y = Schlüssel, engl. c h a i n = Kette und engl. w a l l e t = Brieftasche] Inspiriert vom Schulalltag, in dem der Hausmeister mit einem stattlichen, diebstahlsicheren Schlüsselbund Herr über Türen und Tore ist, adaptierten die Kids das ↑ F A S H I O N – I T E M für den eigenen Bedarf. Schlüssel oder Portemonnaie hingen fortan an der Kette, die den Verlust bei Aktionen wie Inline- oder Skateboardfahren selbst bei den fettesten ↑ J U M P S verhindert.

Label

[engl. für l a b e l = Marke, Etikett; vgl. „Musik und Popkultur"] Das richtige Modelabel auf dem Schuh oder im Pullover gilt für einige Szenen als Eintrittskarte. Je angesagter eine Marke ist, desto teurer darf das damit verzierte Stück sein. Während sich der L A B E L – S U C K E R markenergeben als klassisches ↑ F A S H I O N – V I C T I M outet und sich Konsum und Kommerz unreflektiert hingibt, pfeifen die „Label-Fucker" auf diese Eitelkeiten.

Long Sleeve

[engl. für: langer Ärmel] Das langärmelige T-Shirt gehört zu den ↑ B A S I C S des Szenegängers. In der Form eines winterlichen Unterhemds ist es, aufgemöbelt durch die coole englische Bezeichnung, als einfaches Kleidungsstück einfach beliebt.

Look

[engl. für: Aussehen] Die Vielseitigkeit der Szenen und Subkulturen und die Verbreitung des ↑ S A M P E L N S haben den Spielraum der Selbstdarstellung und Selbstinszenierung erweitert. War der Look in den Achtzigerjahren von der Modeindustrie und den Medien bestimmt und eher träger Natur, kreiert nun jeder seinen individuellen Ausdruck, der sich aus verschiedenen Quellen bedient und jeden Tag anders aussehen kann. Das ↑ O U T F I T verändert sich mit den Rollen, die jeder zu spielen bereit ist. Der Westernlook kommt in Cowboyboots, Westernhut und Jeansjacken, mit Nieten und Federn bestickt. Der Ethnolook ist von afrikanischen Stämmen oder indischen Religionen inspiriert und kombiniert Mendhimuster mit handbestickten Taschen und farbenprächtigen Ponchos. Der Hippielook wird in bunte Motive, Perlendekoration und ausgefranste Pants übersetzt. Der Babylook schließlich verniedlicht mit kurzem Rock, bunten Haarspangen und Babydoll. Die Devise „Sag mir, was du trägst, und ich sage dir, wer du bist" hat einem anderen Motto Platz gemacht: „Sag mir, was du trägst, und ich sage dir, wie du dich heute fühlst".

Magalog

[Zusammenziehung aus Magazin und Katalog] Die Kombination aus Magazin und Katalog beinhaltet neben der Auflistung von Versandartikeln und Preisen auch Interviews, Berichte und Fotostrecken. Information, Werbung und Unterhaltung vermischen sich zu einem neuen Medium.

Mainstream

[engl. für: Hauptrichtung; vgl. „Musik und Popkultur"] Wie in der Musik wandern Marken und Moden aus einer kleinen Szene in die Masse, während die Insider das Interesse verlieren und sich neuen Themen widmen. Die Exklusivmarken der Achtziger, die sich durch Hochpreisigkeit begehrlich machten, wurden zum Mainstream. Modische Phänomene wie ↑ BODY-BAGS oder ↑ TATTOOS werden mit ihrem kommerziellen Erfolg mainstreamig.

Mendhi

Wer allein beim Gedanken an ein ↑ PIERCING oder ↑ BRANDING einen Ausschlag bekommt, zieht sich auf Mendhis zurück. Die kunstvolle Körperbemalung hat im arabischen und indischen Raum als HENNA-PAINTING jahrhundertealte Tradition. Mendhis werden

Marken, Moden, Mainstream. Der eigene Look macht Credibility.

Mode, Models, Fashionzo

hier als Körperschmuck zu Hochzeiten oder Volksfesten getragen. Waren die rötlichen bis dunkelbraunen Hennabemalungen in Deutschland erst nur ein Insidertipp, machte sie Madonna 1999 populär. Heute sind Do-it-yourself-Sets, mit denen man die schlammartige Hennapaste selbst ansetzen kann, in Kaufhäusern erhältlich. Selbstklebende Mendhimotive entnimmt der moderne Teenager sogar seinem Lieblings-⬆ M A G .

Die Generation von morgen steht auf New School. Wer Retro und Revivals mag, trägt Old School.

Old School
[engl. für: alte Schule; vgl. „Computerslang und Cyberspace", „Musik und Popkultur", „Kicks und Funsports"] Da die Originalität und Authentizität alter Produkte wieder geschätzt werden, werden alte Kollektionen von Herstellern neu aufgelegt. Adidas z. B. profitierte von dem reanimierten Interesse an den drei Streifen und brachte seine Old-School-Trainingsanzüge und ⬆ S N E A K E R S wieder auf den Markt. Der ⬆ R E T R O-Look besinnt sich auf die Qualität und Coolness der Produkte, die sich von jedem ⬆ H Y P E typischer N E W – S C H O O L-Marken abgrenzen.

Outfit
[engl. für: Kleidung] „Ich finde schick, was du anhast!" wird im cooleren Jugendslang zu „Geiles Outfit, Mann!". Im posi-tiven wie im negativen Kontext meint Outfit den Stilmix, für den man sich morgens vor der Kleiderstange entschieden hat. Als Tagesgarderobe werden Outfits je nach Anlass oder Stimmung zusammengestellt. Das Outfit der Nacht zielt auf den Respekt der Szene.

Outlet
[engl. für: Verkaufsstelle] In so genannten Outlets werden Kollektionen eines Modelabels aus der vorangegangenen Saison oder ältere Restposten verkauft. In den USA haben sich Outlet-Stores in den Randzonen der Metropolen eingerichtet. Viele Orte, an denen sich attraktive Marken angesiedelt haben, sind bei den Shoppingtouristen fest eingeplantes Reiseziel. Die Preisnachlässe sind, ähnlich wie bei den ⬆ S A L E S, beträchtlich.

o v e r s i z e d

[engl. für: übergroß] Die Klamotten der Hip-Hopper zeichnen sich durch Weite und Bequemlichkeit aus. Die großen Vorbilder der Szene haben den Stil, sich oversized einzukleiden, als Ausdruck von Coolness verbreitet. Kleidung in den Grössen XL oder XXL lässt genügend Bewegungsfreiraum für ↑ W R I T I N G und ↑ B R E A K - D A N C E. Seinen Ursprung hat der Stil in den Ghettos der USA, wo die kleineren Jungs die Klamotten ihrer großen Brüder auftragen mussten. So soll u. a. der Stil der ↑ B A G G Y P A N T S entstanden sein.

P i e c e

[engl. für: Stück; vgl. „Ausgehen, Abgehen, Abfeiern"] Jedes „geile Teil", das in der Szene für Aufmerksamkeit und Anerkennung sorgt, ist ein Piece. Das richtige Skateboard, das coole Shirt, die abgefahrene Uhr; alles, was sich wie ein Unikat aus der modischen Masse abhebt, hat den Namen Piece verdient.

P i e r c i n g

[zu engl. t o p i e r c e = durchbohren] Die Ringe durch Nase, Augenbrauen, Lippe oder Bauchnabel sind in der Szene so alltäglich wie der Perlenstecker beim Damenkränzchen. Seit in den Achtzigerjahren zunächst nur eine überschaubare, eingeschworene Fetischszene um die britischen Industrialmusiker Genesis P. Orridge und Psychic TV die körperliche Grenzerfahrung praktizierte, haben sich Piercings als Körperschmuck in den Großstädten durchgesetzt. An unsichtbaren Stellen wie der Zunge oder an sexuell beanspruchten Körperteilen wie Brustwarzen oder Genitalien erweitern die Nippel und Ringe den Erfahrungshorizont. Das Vorbild für die verschiedenen Formen des Piercings sind vergleichbare Praktiken der Naturvölker im afrikanischen, südamerikanischen oder indischen Raum. Mittlerweile hat sich eine Vielzahl von unterschiedlichen Schmuckformen herausgebildet, vom S E P T U M - K E E P E R, der durch die Nasenscheidewand gestochen wird, über S M O O T H S E G M E N T S und N I P P L E R I N G bis zu den nach ihrer Form benannten

BANANA, BARBELL, BALLRING und HORSESHOE. Material für Piercing-schmuck ist Titan oder chirurgischer Stahl. Eine besondere Variante stellen die FLESH—TUNNELS dar. Dabei wird ein Ohrloch durch einen Ring auf einen Durch-messer von mehreren Zentimetern gedehnt.

Pork-Pie

[engl. für: Schweinepastete] Der altmo-dische Herrenhut mit der starren, leicht nach oben gebogenen Krempe stammt aus den Sixties und findet sich als typisches ↑RETRO-Accessoire nicht nur im REVIVAL der ↑SKA-Szene wieder. In den Sechzigern wurde der Pork-Pie von den jugendlichen Gangs der „Rude Boys", die aus den westindischen Kolonien stammten, und den „Mods", die ihre Ursprünge im englischen Proletariat haben, getragen.

Purist

[engl. für: Purist] Die Purists sind Befür-worter eines schlichten, als ehrlich emp-fundenen Stils. Sie konsumieren nach den Prinzipien „Weniger ist mehr" oder „Ein-fach gleich gut". Einerseits sucht der Purist nach einer Definition und Sinngebung seiner selbst, andererseits bedient er sich des Images von Produkten, mit denen er seine Persönlichkeit unterstreichen kann. Ehrlichkeit, Individualität und Authen-

tizität bestimmen sein Verhalten, wobei er in Secondhandläden und auf Flohmärkten fündig wird. Die Modeindustrie definiert den Puristen ähnlich und gewinnt dessen Motive für ihre einfach und schlicht in-szenierten, oft hochpreisigen Produkte.

Mann trägt Hut. Rap-Hats, Pork-Pies oder Basecaps machen einen coolen Kopf.

Rap-Hat

[zu engl. t o   r a p = klopfen, quatschen und engl. h a t = Hut] Der Rap-Hat ist ein Anglerhut, dessen Image stark von der Szene der Dauercamper und Sportangler geprägt wurde. Hier wurde er als modi-sches ↑FASHION—ITEM mit Bade-latschen und Hawaii-Hemd kombiniert. In der ↑HIP—HOP-Szene ist der Rap-Hat neben DOO RAG und BASECAP eine der beliebtesten Kopfbedeckungen. Rapper wie LL Cool J trugen wesentlich zur Image-verbesserung des blumentopfförmigen

Gebildes bei, das den Träger nicht länger als Italientouristen outet, sondern als coolen Szenegänger.

Retro

[zu lat. r e t r o = zurückgerichtet; vgl. „Musik und Popkultur"] Der Bezug auf vorangegangene Moden ist im aktuellen Stilmix an der Tagesordnung. Oberflächlich bedient man sich bei den modischen Symbolen und Designs anderer Dekaden, die alle Produkt- und Konsumbereiche erreichen. Flohmärkte, Filmklassiker und Plattencover sind die Inspirationsquellen, aus denen man Ideen für die modische Neu-Interpretation schöpft. Retro-↑L O O K ist angesagt, wobei die Codes aus den Blüte- und Reifejahren der Eltern mit aktuellen Modestilen gekoppelt werden. Die Plateauschuhe der Mutter, die Schlaghosen vom Vater, Frisuren, Taschen, Sonnenbrillen werden in den Alltag übernommen und in der Spaßkultur neu aufgelegt. ↑E A S Y L I S T E N I N G oder Schlager liefern den musikalischen Background. Die Industrie hat auf den Boom reagiert, indem sie alte Produkte aus dem Archiv holte oder in neuen Produkten verarbeitete. Was der elastische Trainingsanzug von Adidas, der runde Käfer von VW oder Ahoi-Brause gemeinsam haben, ist schließlich auch das Bedürfnis, jenseits aller schrillen oder

schrägen Zitate ein Lebensgefühl zu reanimieren. Der Spaßfaktor spielt beim Retro-Trend die eine Rolle, die Sehnsucht nach der „guten alten Zeit" die andere.

sampeln

[zu engl. t o s a m p l e = probieren; vgl. „Musik und Popkultur"] Das Schubladendenken der Achtziger, als Soziologen jugendliche Stile anhand des ↑O U T F I T S analysierten, ist von gestern. Stattdessen legt sich die medien- und werbeerfahrene Generation nicht mehr fest – und möchte nicht festgelegt werden. Sampeln ist eine Strategie, dem Diktat der Modemacher zu entgehen und der eigenen Kreativität Ausdruck zu geben. Jetzt ist die Szene Inspiration und Impulsgeber, nicht umgekehrt. Beim Mixen der Trends aus den wichtigsten Referenzquellen Mode, Musik und Sport sind Widersprüche erlaubt. Samplepraktiker werden auch S T Y L E S U R F E R und T R E N D M I X E R genannt.

Sarong

Für den Balinesen ist der farbenprächtige Wickelrock alltägliches, aber auch religiös motiviertes Kleidungsstück. Für den modischen Szenetypen ist der Sarong in erster Linie bequem. Der Wickelrock gilt als ↑U N I S E X und wird im Sommer am Strand oder zu Hause getragen.

Scarification

[zu engl. to scarify = anritzen] Eine weitere Form des Extremstylings sind Narben, die, als Muster und Ornamente angeordnet, in die Haut geritzt werden. Als Vorbilder dienen die Rituale afrikanischer Naturvölker. Gegenüber der Popularität des  PIERCINGS werden Scarification und BRANDING nur in einer Nische der Szene praktiziert. Die Skrupel, den eigenen Körper derart zu behandeln, beschränken diese Art des Körperschmucks auf einige Fetischfreunde.

scratchen

[zu engl. to scratch = kratzen, ritzen; vgl. „Musik und Popkultur"] Scratchen ist in der Tattooszene beheimatet und relativ unbeliebt. Der Scratcher ist ein schlechter, unausgebildeter Tätowierer ohne eigenes Studio und mit nur mangelhaftem, unhygienischem EQUIPMENT. Der typische Scratcher arbeitet privat im eigenen Wohnzimmer oder, meist nur vorübergehend, in einem Studio.

Shooting

[zu engl. to shoot = (ein Foto oder einen Film) schießen] In der internationalen Modelszene ist das Shooting, chronologisch nach dem CASTING und BOOKING der Models, die Foto-produktion. Am SET kommen Fotograf, Stylist, Hair- und Make-up-Artist sowie der Kunde zusammen, um eine Modestrecke für ein Magazin oder eine Werbekampagne zu realisieren.

Shoulder-Bag

[engl. für: Umhängetasche] Die Shoulder-Bag ist im Gegensatz zur BODY-BAG oder HIP-BAG eher weiblichen Trägern vorbehalten. Das Accessoire zur Abendgarderobe mag einen spießigen Touch haben, kommt aber durch schräges Material oder auffällige Motive zu neuen Ehren. Ironisch gebrochen und als Persiflage verstanden, erinnern die Täschchen mit minimalem Stauraum z. B. an den Kindergarten.

Smart Material

[zu engl. smart = raffiniert und engl. material = Stoff, Material] Der Stoff, aus dem die Zukunft ist: Mit Smart Material ist im neuen Jahrtausend zu rechnen.

Die Bezeichnung für das „intelligente" und raffinierte Material, das funktional, praktisch oder interaktiv ist, meint in der Mode laborerprobte Hightechstoffe, die in der Weltraumtechnik, im Hochleistungssport oder im Industriealltag zum Einsatz kommen. Anzüge oder Krawatten, die Schmutz abweisen; Socken, die gegen jeden Geruch immun sind; BHs, die einen sinnlichen Duft verströmen; Shirts mit integriertem Lichtschutzfaktor. Auch jenseits der Mode basteln Hightechdesigner mit Smart Materials. Die elektronische Zeitung zum Aufladen, Lesen und Falten ist in der Probephase. Bei ihr sind ständig aktualisierte Zeitungsartikel auf ein weiches Material zu laden und, bei neuen Infos, zu löschen.

Sneakers

[zu engl. t o s n e a k = schleichen] Die Idee des Sneakers reicht in das Jahr 1920 zurück, als Adi Dassler den Schuh im Sportbereich populär machte. Heute haben sich Sneakers von der Aschenbahn emanzipiert und gehören in allen Bereichen urbaner Kultur zur Standardausrüstung des modernen Nomaden. Der Anzug, das lange Kleid oder das Kostüm schließen die in vielen Farben und Formen erhältlichen Sneakers nicht aus. Im Sinne des ↑ S A M P E L N S hat sich eines der wichtigsten Items der Sportswear, das von Anbietern wie Nike, Puma, Reebok, Adidas oder New Balance geprägt wird, durchgesetzt. Halbjährlich kommen die neuen Crosstrainer, Tennisschuhe, Basketballschuhe oder Skateschuhe auf den Markt. Die Auswahl der richtigen Stadtsneakers ist abhängig von einem komplexen Code aus Individualität, Exklusivität und Modernität. Passend zu den elastischen Trainingsanzügen von Adidas, die als ↑ R E T R O-Produkt wieder gefragt sind, unterscheidet man die Sneakers in ↑ O L D S C H O O L mit eher kultigem und N E W S C H O O L mit innovativem Charakter.

Das Schuhwerk der Szene. Wer in Sneakers unterwegs ist, kommt an.

Style

[engl. für: Stil] Stil kann man nach wie vor nicht kaufen. In der Jugendkultur mixt sich der individuelle Style aus dem ↑OUTFIT, aus dem Musikgeschmack, aus Bewegungen und Sprache. In der Mode hat jemand Style, wenn sein individueller ↑LOOK zur Ausstrahlung passt und er dem ästhetischen Anspruch der Szene genügt. Der ↑DJ hat Style, wenn sein ↑SET cool rüberkommt und die ↑CROWD zum Swingen bringt. Der Szenesportler hat Style, wenn er seinen Sport beherrscht und die ↑PERFORMANCE stimmt. Das Attribut „stylish" kann im Urteil der Szene allerdings auch negativ gemeint sein, wenn es ein zu übertriebenes, inszeniertes Aussehen bewertet, das wenig authentisch rüberkommt. Durch den strapazierten und fast inflationär gebrauchten Begriff Lifestyle, den Medien und Mode in den Achtzigern penetrant nutzten, hat das Phänomen inzwischen auch eine ironische Komponente. Dann ist eingedeutscht vom LEIFSTEIL die Rede.

stylen

[zu engl. to style = entwerfen, gestalten] Man stylt sich für die Clubtour, für den Job oder für das BLIND DATE, was auch „aufbrezeln" oder AUFTUNEN meint. „Mann, bist du aufgestylt!" bewertet ein ↑OUTFIT, das eher übertrieben ist und mit ↑UNDERSTATEMENT nichts

Erste Station der Clubtour. Stylen und Tunen vor dem Spiegel.

mehr zu tun hat. Dieses Outfit fällt in der Szene garantiert auf – und durch.

Stylist

[vergl. s t y l e n] Der Stylist gehört zu einer Spezies, die sich im Biotop der Medien- und Modeszene bewegt und bei Foto- und Filmproduktionen an Star und Model Hand anlegt. In erster Linie besorgt er die Kleidung, bei größeren Produktionen organisiert und gestaltet er auch die Dekoration.

Survivalist

[zu engl. t o   s u r v i v e = überleben] Der urbane Großstadtdschungel fordert ganzen Einsatz. Die Survivalists sind für die Tour in die Zukunft gerüstet und sportlich getrimmt. Sie sind sport- und action-orientiert, ständig unterwegs und immer auf dem Laufenden. Unter den Survivalists werden insgesamt drei Gruppen unterschieden: Der P R E T E N D E R tut so, als ob, und demonstriert seinen Status durch einen plakativ sportlichen Kleidungsstil. Der L I F E S T Y L E – A C T I V I S T betreibt den angesagten Szenesport für sich und für andere. Der E N T H U S I A S T schließlich nutzt den Sport zur Selbstfindung und Selbstverwirklichung. Während der Pretender innovative Produkte ausprobiert, die Logos und Statements plaka-

tiv abbilden, ist der Lifestyle-Activist eher an zweckmäßiger Kleidung mit praktischen Zusatzfunktionen interessiert. Das Kultlabel Vexed Generation aus London erfüllt diesen Anspruch. Der Enthusiast dagegen lebt den permanenten Klimawechsel. Er benötigt anpassungsfähige Kleidung für die Vielseitigkeit seiner Touren.

Tank–Top

[Synonym für: pullunderähnliches Kleidungsstück] Das Tank-Top ist das klassische Trägerhemd, ein schlichtes T-Shirt ohne Ärmel. Als ein wiederentdecktes ⌃ P I E C E der Neunziger ist seine wichtigste Eigenschaft die Anpassungsfähigkeit an die ⌃ L O O K S der Hippie-, Business- oder Outdoorszenen. Pur, in Kombination zu einer Jeans, gibt das Top der Trägerin ⌃ T A N K – G I R L-Charakter. Das Tank-Girl ist eine Fantasiefigur, die in Mad-Max-typischer Weise ums Überleben kämpft und sich ihren Gegnern stellt.

Tattoo

[engl. für: Tätowierung] Mit dem Boom der Tätowierung hat sich die dauerhafte Kunst am Körper vom Image der Randgruppenerscheinung befreit und als Stilelement durchgesetzt. Für ein Tattoo muss man weder in die Südsee noch in den Knast. Tattoos kennzeichnen nicht länger

Tattoos und Tribals, Kunst am Körper. Was auf die Haut kommt, kommt cool.

den gesellschaftlichen OUTCAST, sondern die eigene Persönlichkeit, abzulesen am Motiv oder an dessen Platzierung. Allein in Deutschland existieren mittlerweile einige Hundert professionelle Tattoostudios. Der Ursprung der traditionsreichen Körperkunst, des „Tatauierens", liegt in den traditionellen Riten der Südseevölker, bei denen Mut und Schmerzunempfindlichkeit zu beweisen waren. Beim Tätowieren werden Farbpigmente mithilfe von Nadeln in tief gelegene Hautschichten gestochen, was auch INKEN oder PIKEN genannt wird. Der Tattookünstler verwendet dazu eine Maschine mit verschiedenen Aufsätzen, wie SHADER oder LINER, oder aber lange Holzstäbe mit metallischer Spitze, die manuell in die Haut getrieben werden. Die Prozedur ist schmerzhaft und kann, je nach Größe und Struktur des Motivs, Stunden dauern.

Neben traditionellen Stilen wie dem japanischen „Zumi", dem neuseeländischen „Maori-Moko" oder ⬆TRIBAL ART haben sich mittlerweile auch neue Genres entwickelt, etwa Fantasy oder ⬆BIO-MECHANICS. Die „Celtics" sind ein Tattoostil, bei dem historische keltische Motive, komplizierte Knotenmuster, Ornamente oder Buchstaben, verwendet werden. Die Entfernung eines Tattoos ist nur mithilfe von Lasern möglich und kann genauso teuer wie schmerzhaft ausfallen. Tattoos mit Verfallsdatum nennen sich ⬆TEMPTOOS.

Tempelflitzer
Esoterisch angehauchten Zeitgenossen unterstellt man neben ihrer erklärten Vorliebe für rauchfreie Zonen und ungespritztes Gemüse eine Affinität zu ergonomisch geformtem Schuhwerk. Dessen blasse

zwei Jahren tatsächlich nicht verschwunden, ist es der verantwortliche Tätowierer ganz bestimmt.

Touch-up
[zu. engl. to touch up = auffrischen]
Im Gegensatz zum ↑ C O V E R - U P eines ↑ T A T T O O S wird beim Touch-up das ursprüngliche Motiv nicht überdeckt, sondern wieder aufgefrischt. Da aufgrund der Hautalterung Farben und Form einer Tätowierung verblassen und Linien unscharf werden können, werden Tattoos nach einiger Zeit nachgestochen.

Farben und breite Formen gelten nicht unbedingt als sexy, werden aber im häuslichen Rahmen als gesund und bequem akzeptiert. Dem Klischee des yogapraktizierenden Teetrinkers entsprechend, würden sich die Tempelflitzer wunderbar als Hauspantoffel in asiatischen Betstätten eignen.

Temptoo
[Zusammenziehung aus engl. temporary = vorübergehend und engl. tattoo = Tätowierung] Durch eine spezielle Tätowiertechnik, bei der die Farbe nur in die oberen Hautschichten gestochen wird, soll dieses ↑ T A T T O O nach etwa zwei Jahren das Zeitliche segnen und als temporäre Erscheinung wieder verschwinden. Die professionellen Tätowierer sind skeptisch, was die Auflösung der Farben betrifft; Experten outen die Aussage als Überredungstrick für Unentschlossene. Sind die Tattoos nach

Tribal Art
[engl. für: Stammeskunst] Der auch B L A C K   I N K oder I V A N S genannte Tattoostil arbeitet mit traditionellen oder weiterentwickelten Stammesmotiven aus der Südsee. Tribals sind abstrakte Muster aus breiten, ausschließlich schwarz gestochenen Linien, die schon von weitem auffallen. Black Ink entfaltet seine starke optische Wirkung durch die scheinbare Einfachheit der Linien und hat sich als Stil am weitesten verbreitet. Ähnlich wie in der Musik wird durch die Verwendung des Adjektivs „tribal" eine Verbindung zwischen den archaischen Traditionen primitiver Völker und den Stämmen der Jugendkultur hergestellt.

Trunks

[engl. für: Badehose] Baywatch ist über-all. Deshalb werden zu Schwimmflügeln und Badeschlappen coole Badeshorts kombiniert, die jede Länge und jeden ↑ LOOK erlauben. Um vor den Augen der anderen nicht baden zu gehen, empfiehlt es sich, die Trunks optisch auf Größe und Gewicht des Trägers abzustimmen.

Tunnelzug

Die innovative Idee der Tunnelzughose besteht in der praktischen Funktionalität, mit der sie sich innerhalb kürzester Zeit auf dem Markt durchsetzen konnte. Anstelle des Gürtels ist die Hose am Bund durch

eine Kordel zu korrigieren, bei manchen Hosen ist auch die Weite des Beins zu verstellen. Eins der ersten ↑ LABELS, die sich dem Tunnelzug widmeten, war die Marke Maharishi, was so viel wie „Große Vision" bedeuten soll. Die aus innovativen Materialien genähten und z. T. mit Symbolstickerei verzierten Hosen wurden für jedes ↑ FASHION-VICTIM ein absolutes Muss.

unisex

[engl. für: geschlechterübergreifend] Wurde Unisex schon in den Achtzigern zum Thema gemacht, scheint sich die optische Annäherung der Geschlechter und damit die Auflösung typisch weiblicher oder männlicher Attribute in der Mode tatsächlich zu vollziehen. Der Männerrock benötigte mehrere Anläufe auf den internationalen Laufstegen, bis er von H & M als Stangenware adoptiert und in dreizehn europäischen Ländern in die Läden gebracht wurde. Innerhalb von ein paar Tagen war der Rock vergriffen. Das Klima für solche Experimente scheint in der Mediengesellschaft, die Phänomene wie Bisexualität und Androgynität zu integrieren lernt, liberaler und toleranter zu sein, auch wenn die Frau mit kahl geschorenem Kopf oder der Mann im Rock noch die Ausnahme darstellen.

Schwimmen, surfen, sonnenbaden.
Das Beste am Sommer sind die Trunks.

Vans

Vans sind ↑ SNEAKERS der ↑ OLD SCHOOL, die zu einem generischen Begriff für ihre Gattung wurden. Ähnlich wie das Wort „Tempo" im allgemeinen Sprachgebrauch für Taschentuch verwendet wird, ist die Kultmarke Vans der Inbegriff für die Sneakerkultur. Als Relikt der Generation-X-Ära haben Vans den Boom der zahlreichen Sneakers ausgelöst.

Velcro®

[engl. für: Klettverschluss] Der coolere Ausdruck für den Klettverschluss, auch KLETTE genannt, begleitet den Boom der praktischen ↑ FUNCTIONAL WEAR. Die variierbaren Velcros® befinden sich nicht mehr nur an Schuhen oder Taschen, sondern an den verschiedensten Kleidungsstücken und Accessoires. Kapuzen, Ärmel oder Handy-Bag werden mithilfe von Klettverschlüssen, je nach Bedarf, dichtgemacht, angeheftet oder entfernt.

Zipper

[zu engl. z i p = Reißverschluss] Neben dem ↑ VELCRO® hat sich der Reißverschluss seinen Platz auf Hosenbeinen, Schuhen und Pulloverkragen gesichert. Der Zipper wird in vielen Designerkollektionen zur Verzierung genutzt oder übernimmt die Funktion, Form und Fall der Kleidung zu verändern. Noch ein Vorteil des Zips: Er klingt cool.

BEAMEN | COOKIE | CRACKER | E-ZINE

Nerds und Hacker
Quer durch das vi
universum. Sich w
erfinden. Wer dur
Weiten des Cybers
an. Oder kommt dr

UNKMAIL | PIXEL | SMILEY | USER

or den Monitoren.
tuelle Parallel-
gbeamen oder neu
die unendlichen
ace surft, kommt
uf.

@ Alphazeichen

Das Alphazeichen @ wird auch KLAM-
MERAFFE, WHIRLPOOL, STRU-
DEL oder SCHNECKE genannt. Als
fester Bestandteil einer persönlichen
↑ E-MAIL-Adresse ist das „at" gespro-
chene Zeichen für die Trennung von E-Mail-
Inhaber und Serviceadresse zuständig, aber
auch allgemein gültiges Symbol für elektronischen Datenaustausch. In der Sprache
der virtuellen Gemeinde wird jedes „a"
durch ein „@" ersetzt, was Medien und
Werbung gerne aufgreifen, um damit Namen oder Titel auf Fortschrittlichkeit zu
trimmen. Das putzige „commercial at"
taucht also überall auf, wo eine Verbindung zu ↑ INTERNET und ↑ CY-
BERSPACE demonstriert werden soll.
Auf einer @-PARTY treffen sich die virtuell verbrüderten ↑ USER zum gemüt-
lichen Beisammensein und verbalen Datenaustausch.

**Alpha setzt Zeichen. Als Klammeraffe,
Whirlpool, Strudel oder Schnecke.**

Absturz

Wenn der Computer abstürzt, abhängt oder
abschmiert, rührt sich gar nichts auf dem
Bildschirm, was dem Absturz durch über-
mäßigen Alkoholkonsum nahe kommt. Die
hier erlebten Gedächtnislücken entspre-
chen beim Programmabsturz der Tatsache,
dass alle Texte, die nicht rechtzeitig
gespeichert wurden, auf Nimmerwieder-
sehen verschwinden. Erst durch einen Neu-
start ist die Maus oder die Tastatur dazu
zu bewegen, die Befehle des ↑ USERS
auszuführen. In der Regel ist ein Absturz
durch den blauen Bildschirm oder ein
Bombensymbol zu erkennen.

Account

[engl. für: Konto] Diese Zugangsberechtigung zum ↑ INTERNET oder zu einer
eigenen ↑ MAILBOX wird durch einen
↑ PROVIDER eingerichtet, der dem
↑ USER die im Internet verbrachten
Stunden in Rechnung stellt. Das Konto der
SURFJUNKIES wird entsprechend be-
lastet, und es wird, wie im wahren Leben,
erst am Ende abkassiert.

Addy

[Abkürzung von: Systemadministrator]
Die liebevolle Abkürzung für den System-
administrator beweist das innige Ver-
hältnis zwischen den ↑ INTERNET-

↑ U S E R N und den Verwaltern des Systems. Die netzversierten Lotsen sind immer dann zur Stelle, wenn erst das Programm und dann die Nerven des Users abschmieren.

A f f e n g r i f f

Um einen Computer nach dem ↑ A B - S T U R Z wieder zu beleben, ist erste Hilfe angesagt. Beim so genannten Affengriff drückt der ↑ U S E R ein paar Tasten gleichzeitig, wobei er die Finger unmenschlich spreizen muss. Der Tastendruck ist auch als K R A L L E oder S C H W E I N E - G R I F F bekannt.

a n d o c k e n

[Synonym für: anschließen] In der Raumfahrt steht der Begriff für das Anschließen einer Mondfähre an eine Raumstation. Auch wenn im Computeralltag nur ein Kabel an den Rechner oder eine Kamera in eine Station zu stecken ist: Das Wort macht die Tat zu einem großen Schritt für die Menschheit.

A n g r y – F r u i t – S a l a d

[zu engl. a n g r y = ärgerlich und engl. f r u i t s a l a d = Obstsalat; Synonym für: überladenes Interface] Die übertriebene Gestaltung einer Programmoberfläche oder ein überbuntes ↑ I N T E R F A C E

können manchem ↑ H A C K E R schön auf die Nerven gehen. Das technisch Machbare verführt zu grafischen Spielereien, die immer Geschmackssache sind und oft als überflüssig gelten.

A p f e l

Das Logo des Computerherstellers Apple ist ein angebissener Apfel . Das coole Obst schmückt die gesamte Produktpalette des Herstellers, vom Programm bis zur Gebrauchsanweisung. Nüchterne Befehle wie „Kopieren", „Einfügen" oder „Speichern" fallen nicht weit vom Stamm des Herstellers und heißen in Apfel-Sprache: Apfel-C, Apfel-V und Apfel-S.

A p p l e t

[Abkürzung von engl. a p p l i c a t i o n p r o g r a m = Anwendungsprogramm] Der Ausdruck Applet oder „app" steht für ein Mini-Anwendungsprogramm, das in eine Programmperipherie eingebunden ist. Mit Applets können z. B. Internetseiten aufgemotzt werden, indem sich Schriften, Formen und Figuren animieren lassen oder die Seite um einen Chatroom ergänzt wird.

A r t i f i c i a l L i f e

[engl. für: künstliches Leben] Das „künstliche Leben" ist nicht zu verwechseln mit künstlicher Intelligenz, bei der es haupt-

Norns zum Züchten und Liebhaben. Haustiere im Cyberspace mit Artificial-Life-Elementen.

A S C I I – A r t

[Abkürzung von engl. American Standard Code for Information Interchange] In den Anfängen der elektronischen Datenverarbeitung konnten Grafiken nur mit einem beschränkten Zeichensatz gestaltet werden. Unter dem Motto „Aus Text mach Bild" ist so eine textbasierte Computerkunst entstanden, die Bilder aus Buchstaben und Sonderzeichen gestaltet und auf der Grundlage von 128 Zeichen die vielseitigsten Kunstwerke hervorbringt.

A t a r i

Die gute alte Zeit des ⬆ H A C K E R S. Die Computerfirma, die die bekannte Atari-Telespielkonsole Anfang der Achtzigerjahre und später Homecomputer wie den legendären „Atari ST" herstellte, hat heute Kultstatus. Als typisches Gerät der ⬆ O L D S C H O O L wird der beliebte Atari schon auf Flohmärkten verkauft.

A t t a c h m e n t

[engl. für: Zusatz, Anhängsel] Im täglichen ⬆ E - M A I L-Kontakt sind nicht nur Briefe, sondern auch kleine Päckchen zu verschicken. Umfangreiche Textdateien, kurze Filmausschnitte oder Bilder werden einer Datei als Attachment angehängt, das vom Adressaten gesondert geöffnet wird.

sächlich um die Simulation menschlicher Denkfähigkeit geht. Über leistungsfähige Supercomputer wird eine Umwelt mit „Organismen" simuliert, die von einem „genetischen Code" gesteuert werden. Nach eingegebenen Fortpflanzungs- und Überlebensregeln kann der Computer Millionen von Generationen dieser Lebewesen durchspielen. Das Spiel „Creatures" zeigt dies anhand der Population kleiner plüschiger Fantasiewesen, der Norns. Viele Computerspiele nutzen Artificial-Life-Applikationen, um ihre Figuren auf die ⬆ U S E R reagieren zu lassen. Auch virtuelle Idole wie ⬆ L A R A C R O F T, ⬆ K Y O K O D A T E oder ⬆ E - C Y A S sind mit Artificial-Life-Elementen ausgestattet.

A v a t a r

Im Buddhismus bezeichnet Avatar die Götter, die zu den Menschen herabsteigen und menschliche Gestalt annehmen. Im ↑ C Y B E R S P A C E sind Avatare virtuelle Kunstfiguren, die als Vertreter ihres eigenen Universums die Popularität von Comicfiguren und Schauspielern erlangen. ↑ L A R A C R O F T, ↑ K Y O K O D A T E, „Aimee" oder „Busena" heißen die Schönen der Neuen Welt, die nach der Fantasie ihrer Programmierer und Schöpfer meist Busenwunder aus ↑ B I T S und ↑ B Y T E S sind. Neben den ↑ V – I D O L S ist Avatar auch ein grafisches Pseudonym, das man sich als Verkörperung im virtuellen Raum zulegt.

A X S

[Abkürzung von engl. a c c e s s = Zugang, Zugriff] Wer ins ↑ I N T E R N E T will, braucht für den Eintritt einen Schlüssel, mit dem er sich das ↑ W O R L D W I D E W E B erschließen kann. Der interessierte Netzbesucher wendet sich an den ↑ P R O V I D E R, der ihm den Zugang zum Netz sichert.

B a c k – u p

[zu engl. to b a c k u p = unterstützen, sichern] Die Sicherung von Daten (Programmen, Texten, Grafiken etc.) auf Disketten, Festplatten oder Bändern wird als Back-up, die Datenträger als Back-up-Medien bezeichnet. Die Philosophie des digitalen Universums bedauert, dass es keine Möglichkeit des Back-ups beim Menschen gibt. Alle im Gehirn gespeicherten Informationen haben ein begrenztes Haltbarkeitsdatum und werden mit dem Datenträger zu Grabe getragen.

b a d

[Abkürzung von engl. b r o k e n a s d e s i g n e d ; Synonym für: schlecht] Echte ↑ U S E R sind anspruchsvoll. Ein Programm wird als bad empfunden, wenn es als „schlecht gemacht" gilt. Wenn das Design, die Funktionen oder die Nutzerführung nicht gefallen, fällt es ganz schnell gnadenlos durch.

b a l l e r n

Viele Videospiele zeichnen sich durch hemmungslose Brutalität aus und werden deshalb auch als Ballerspiel bezeichnet. Beim Ballern beschränkt sich die Aktion des Spielers auf das wilde Herumschießen und Abschießen möglichst vieler Gegner.

B a u d – B a r f

[Synonym für: Datenmüll] Wenn der geübte ↑ H A C K E R den Begriff Baud-Barf in den Mund nimmt, ist ihm übel. Das Wort kombiniert die Maßeinheit Baud (nach dem französischen Techniker Jean Baudot, 1845-1903), die die Schrittgeschwindigkeit einer Datenübertragung angibt (1 Baud = 1 ↑ B I T pro Sekunde), mit dem englischen Slangausdruck „to barf" (engl. für: kotzen). Baud-Barf bezeichnet den unbrauchbaren Datenmüll, der den Adressaten bei einer Nachrichtenübermittlung erreicht, wenn z. B. die Einstellung des Modems nicht stimmt.

beamen

[zu engl. t o b e a m = strahlen, senden; vgl. „Ausgehen, Abgehen, Abfeiern"] War der berühmte Satz „Beam me up, Scotty!" in der Star-Trek-Serie noch Zukunftsmusik, wurde der Begriff beamen bald zum Synonym für alle möglichen Übertragungen und Übersendungen auf digitalem Weg. Das Prinzip: Was auf der einen Seite zerlegt und dematerialisiert wird, taucht auf der anderen als Ganzes wieder auf. Weil es cooler klingt, beamen ↑ U S E R ihre Daten, anstatt sie nur zu versenden.

Beep

Die Töne, die ein Computer ausspuckt, klingen manchmal wie nicht von dieser Welt. Beep ist der Sound des Beepers, des kleinen Lautsprechers innerhalb des Rechners.

beta

Die Betaversion ist die Ausgabe eines Computerprogramms, das zwar lauffähig ist, aber noch nicht vertrieben werden darf. Sie dient dem Testen und Entdecken von Programmfehlern, die für die Vollversion beseitigt werden müssen. Grundsätzlich setzt sich die Testphase für Software aus einer Alpha- und einer Betaphase zusammen. Findet die Alphaphase bei der Herstellerfirma statt, meint der Betatest die Prüfung der Software durch externe Fachleute. Für ↑ U S E R ist alles beta, was sich in irgendeiner Testphase befindet.

Bierdeckel

Was eine CD-ROM mit einem Bierdeckel gemeinsam hat, ist auf den ersten Blick die runde Form. Was eine CD-ROM von einem Bierdeckel unterscheidet, ist festzustellen, wenn diese im Computerlaufwerk steckt und ihren Inhalt preisgibt. Wenn die CD-ROM nicht halten kann, was sie versprach, ist sie in den Augen der strengen ↑ U S E R ein Bierdeckel – und nicht mehr.

Bit

[Abkürzung von engl. b i n a r y d i g i t] Das Bit ist die kleinste vom Computer darstellbare Einheit, sozusagen das kleinste Element der Informations-DNS, das mit Lichtgeschwindigkeit durch die Kanäle rast.

Ein Bit beschreibt einen Zustand: an oder aus, oben oder unten, schwarz oder weiß, 1 oder 0. Wenn Informationen digitalisiert werden, werden sie in Ketten aus 1 und 0 zusammengesetzt. In der Alltagssprache der Computerfreaks wird Bit zum Synonym für Information. Wer sich über ein neues Produkt informieren will, sucht sich einfach „ein paar Bits über das neue Modell".

Black Magic

[engl. für: schwarze Magie] Die Technik, die heute in den Computern steckt, ist selbst für Experten oft ein Buch mit sieben Siegeln. ↑USER sprechen von der schwarzen Magie, wenn der Zauberkasten viele Tricks beherrscht, sie diese aber selbst nicht mehr erklären können. Black steht für das Undurchschaubare, weshalb der Computer auch BLACK BOX genannt wird.

Blank

[zu engl. b l a n k = weiß, leer, unausgefüllt] Als Blank wird das Leerzeichen zwischen zwei Wörtern bezeichnet. Der Begriff stammt aus der Lochkartentechnik. Eine Spalte, die auf der Lochkarte kein Zeichen enthielt, galt als „blank".

blueboxen

[Synonym für: umsonst telefonieren] Mit diversen Tricks sind ↑HACKER in der Lage, die verschiedenen Telefongesellschaften zu blueboxen, d. h. Telefonnetze anzuzapfen und Telefongebühren zu umgehen. Dabei kann ein Anrufer z. B. Töne, mit denen die Vermittlungsstellen der Unternehmen untereinander kommunizieren, nutzen, um die Einheitenzähler auszuschalten. Das erste Gerät zur Erzeugung dieser Sounds war ein blaues Kästchen, die „Blue Box", die zum ersten Mal in den Siebzigerjahren auftauchte und gleich beschlagnahmt wurde.

Bookmark

[engl. für: Lesezeichen] Wer sich im ↑WORLD WIDE WEB herumtreibt und von Seite zu Seite surft, wird von einer gigantischen Informationsflut erfasst. Um die Übersicht zu behalten, hat der ↑USER die Möglichkeit, einige Adressen zu bookmarken, d. h. als Lesezeichen im eigenen Adressbuch abzulegen. Wird die Adresse einer Zeitschrift oder eines Infodienstes besonders häufig benötigt, kommt man über die Bookmark schneller ans Ziel, denn die Adresse muss nicht ständig neu eingegeben werden.

Bots

[zu engl. r o b o t s = Roboter] Bots sind spezialisierte Suchprogramme, die selbstständig durch das ↑INTERNET stöbern und sich auf ihre Nutzer einstellen. Als Agenten fungieren z. B. die SHOP- PING BOTS für kommerzielle Dienstleistungen oder KNOW BOTS als kleine Wissenslieferanten.

bouncen

[zu engl. to bounce = (herum)springen] Eine Nachricht, die nicht zugestellt werden kann, bounced zurück zum Empfänger. Bouncing meint das Hin- und Herschicken von fehlerhaft versendeten ⬆ E-MAILS.

Box

[engl. für: Kiste; Synonym für: Computer] War die „Kiste" noch vor einigen Jahren die liebevolle Bezeichnung für das erste eigene Auto, ist sie jetzt der Computer, der zu Hause auf dem Schreibtisch parkt. Als täglich benutzter Bestandteil des Alltags benötigte er dringend einen cooleren Namen. Die Box wurde als KISTE eingedeutscht, ebenso wie EIMER, ERBSE oder GURKE dem Gerät eine bodenständige, auf jeden Fall aber vollkommen untechnologische Aura geben. Wer einen MS-DOS-Rechner besitzt, spricht gern von seiner DOSE oder BÜCHSE. Die weniger einfallsreiche Variante, den Computer zu benennen, heißt kurz und knapp: COMPI.

brennen

Daten, die von einem Computer auf ein CD-Format übertragen werden, werden zum Speichern gebrannt. Einige ⬆ USER nutzen dafür auch die Begriffe RÖSTEN oder TOASTEN. Der fröhliche Ruf „Die brenn' ich mir!" wurde zum meistgehassten Satz der Musikindustrie, denn deren CD-Produktionen werden durch Brennen illegal vervielfältigt und unter das Volk gebracht.

Browser

[zu engl. to browse = schmökern, überfliegen; Synonym für: Übersichtsprogramm] Ein Web-Browser ist ein Programm, das den Zugriff und die Darstellung von Seiten des ⬆ WORLD WIDE WEB ermöglicht. In erster Linie sind Web-Browser dafür gedacht, Dokumente und Bilder aus dem ⬆ INTERNET herunterzuladen und anzuzeigen.

Buddyliste

Diese Liste von Freunden wird beim ⬆ SURFEN und ⬆ CHATTEN angezeigt. So kann man sehen, wer gerade seinen Rechner eingeschaltet hat und mit wem der nächste Chat steigt.

Bug

[engl. für: Wanze, Käfer] Wenn sich in den ersten Computermaschinen, die raumfüllende Ausmaße annehmen konnten, ein kleiner Käfer zwischen Röhren, Leitungen und Kabeln häuslich einrichtete, reagierte das sensible System oft mit Kurzschluss oder totalem Zusammenbruch. Inzwischen haben sich die Computer verkleinert, die Krabbeltiere sind als Fehlerquelle ausgeschaltet, und doch ist die Bezeichnung geblieben: Bug ist der Fehler im System, ein Defekt im Programm, der durch so genanntes „Debuggen" behoben werden kann. Das Programm, das „buggy" ist, wird durch eine spezielle Software entwanzt.

B y t e

Die Leistungsfähigkeit eines Datenträgers wird in Bytes gemessen. Acht ⬆ B I T S sind ein Byte, was als Kunstwort aus „bits eight" (= acht Bits) entstanden ist. Man unterscheidet auch Megabytes, Gigabytes und Terabytes, die für den menschlichen Verstand allerdings mega-, giga- und teraschwierig nachzuvollziehen sind.

C a p s

[Abkürzung von engl. c a p i t a l s , c a p i t a l l e t t e r s = Großbuchstaben] Wer in Chatrooms oder ⬆ E - M A I L S Großbuchstaben benutzt, möchte eine Aussage betonen oder macht den Lauten: Capitals simulieren SCHREIEN oder AN-BRÜLLEN des Gegenübers. Da der schrift-

liche Kontakt das zwischenmenschliche Spiel von Mimik, Gestik und Phonetik ausschließt, greift der Anwender auf die typografische Brüllmethode zurück, die nicht ins Ohr, aber ins Auge zielt.

C h a r i t y w a r e

[zu engl. c h a r i t y = Almosen und engl. w a r e = Ware] Charityware wird auch als C A R E W A R E bezeichnet und ist eine Variante der ⬆ S H A R E W A R E , die als Software frei kopierbar ist. Der Unterschied liegt in der Qualität. Der Autor kann vielleicht mit dem Wohlwollen der Anwender als milde Gabe rechnen, nicht aber mit einer ernsthaften Registrierung.

C h a t s l a n g

[vgl. c h a t t e n] Chatter, ⬆ H A C K E R und Computerfreaks haben ihre eigene Sprache und Sprachregelung entwickelt. Ein Großteil der verwendeten Begriffe sind Fachausdrücke und meistens, da es sich um ein internationales Netzwerk handelt, Anglizismen, die eingedeutscht werden. Was die Tastatur an Zeichen, Ziffern und Buchstaben hergibt, wird ausgiebig für Botschaften zwischen den Zeilen genutzt. ⬆ C A P S signalisieren z. B. die Lautstärke einer Unterhaltung, wie die weltweit gültigen ⬆ E M O T I C O N S nonverbale Kommunikation ersetzen, indem sie Gefühle,

Stimmungen und Mimik rüberbringen. Für den guten Ton sorgt die so genannte ↑ N E T I Q U E T T E, während ↑ H A K - S P E K das Nutzen von Abkürzungen meint, die Floskeln und Phrasen auf den Punkt bringen.

chatten

[zu engl. to chat = plaudern] Die Unterhaltung im ↑ I N T E R N E T findet in Chatrooms statt, die von unterschiedlichen Anbietern im Netz zu finden sind. Hier plaudert man ↑ O N L I N E mit einem unbekannten Gegenüber bzw. anderen ↑ U S E R N, die sich zeitgleich in den Chatroom eingeloggt haben. Was man als Beitrag der Unterhaltung in die Tasten tippt, erscheint sofort auf dem Bildschirm der Chatpartner. In Chatrooms werden Kontakte geknüpft, Hobbys gepflegt, Erfahrungen ausgetauscht oder Diskussionsrunden aus dem Fernsehen fortgesetzt. Dabei ist es egal, ob sich die Chatpartner in Südafrika oder Nordeuropa befinden. Wer beim Chatten lieber unerkannt bleibt, legt sich ein Pseudonym zu.

cheaten

[zu engl. to cheat = betrügen, prellen] Es darf geschummelt werden – oder auch nicht. Bei vielen Computerspielen gibt es so genannte Cheat-↑ C O D E S, die

dafür sorgen, dass man ein ↑ E X T R A - L E B E N oder alle Waffen erhält. Im ↑ G O D M O D E ist man unverwundbar. Inzwischen liefern sogar Spielebücher und -zeitschriften raffinierte Cheat-Tipps, oder die Spieler knobeln eigene Cheats aus, um das beste Level zu erreichen.

Clan

[engl. für: Stamm, Sippschaft] Auch die virtuelle Gemeinschaft teilt sich in Familienbande. Clans sind die Gruppen im ↑ I N T E R N E T, die ein gemeinsames Interesse teilen, wie auch die W E B - R I N G S, die auf Fantasy- und Rollenspiele spezialisiert sind.

Client

[engl. für: Klient, Kunde] Mit Client ist die Soft- oder Hardware gemeint, die bestimmte Dienste von einem ↑ S E R V E R in Anspruch nimmt. Bei Hardware ist es der Computer, der sich in ein Netzwerk einklinkt, bei der Software alle Programme, die Netzwerkfunktionen beanspruchen. Clients sind z. B. ↑ B R O W S E R und ↑ E - M A I L -Programme, die auf das Angebot eines Servers zurückgreifen.

Code

[engl. für: Kodex, Schlüssel] Mit Code bezeichnet man die Aneinanderreihung von Zeichen oder Zahlen (z. B. in der Programmiersprache), aber auch das individuelle P A S S W O R D oder den Geheimkode, den der U S E R als Zugangsberechtigung zu einem Programm benötigt. Wer einen Code knackt, hat ein Passwort herausgefunden.

Colly

[Abkürzung von engl. c o l l e c t i o n = Sammlung] Was haben eine Briefmarkensammlung, viele Videokassetten und tolle Platten gemeinsam? Sie sind Ausdruck höchster Verführungskunst. Was früher ausreichte, um den Flirt des Abends rum- und mit nach Haus zu kriegen, muss heute schon eine Colly sein. Der fleißige Sammler von Spielen und Programmen präsentiert der Eroberung seine stolze Kollektion – und erntet dafür Bewunderung oder einen Korb.

Cookie

[engl. für: Keks] Wer über eine E - M A I L ein Cookie erhält, kann was zu knabbern kriegen. Ein Cookie ist eine Text-datei, durch die der Internetsurfer registriert und identifiziert werden soll. Indem sie Informationen über den U S E R sammelt, kann dieser beim S U R F E N erkannt und individuell geführt werden, was die Marketingstrategen des Netzes eifrig nutzen. Unbekömmlich sind Cookies, wenn sie V I R E N transportieren.

Copyparty

[zu engl. t o c o p y = kopieren und engl. p a r t y = Fest] Die Copyparty ist für H A C K E R mehr als ein geselliges Beisammensein. Mit einem Partyflirt ist hier nicht zu rechnen. Abgeschleppt werden dagegen die Raubkopien aktueller Software.

Cracker

[zu engl. t o c r a c k = beschädigen] Anders als die H A C K E R dringen Cracker in fremde Computersysteme ein, um böswillig zu zerstören oder sich zu bereichern. Das Wissen, das sich Hacker aus positiver Absicht aneignen wollten, wird von Crackern missbraucht. Sie stehlen Passwörter, knacken Kreditkarten-

Sammelleidenschaft in den Neunzigern. Eine Game Boy™-Colly macht Eindruck.

Der Fehler 11 ist aufgetreten.
Bitte alle Dokumente sichern, Programme
beenden und den Rechner neu starten.

Nach dem Absturz oder Crash herrscht beim User Bombenstimmung.

nummern oder schleusen Viren in Programme. Insofern kann Cracken das Knacken einer Software, das Auflösen eines Kopierschutzes oder das Fälschen eines Codeworts bedeuten.

Crash

[engl. für: Absturz, Zusammenprall] Nichts geht mehr, wenn der ⬆ U S E R mit einem Crash zusammenknallt. Der Zusammenbruch des Systems kommt plötzlich und unerwartet und kann seine Ursachen in einer fehlerhaften Software, Hardware oder falscher Bedienung haben. Der Crasher, dessen Ziel es ist, in ein fremdes System einzudringen und es zum ⬆ A B S T U R Z zu bringen, ist mit dem ⬆ C R A C K E R verwandt, mit dem er vor allem die boshafte Absicht teilt.

Credit

[engl. für: Anerkennung, Danksagung] Am Ende eines Films listen die Credits vom Produktionsfahrer bis zum Cateringlieferanten alle beteiligten Personen auf. Im Netz gelten die Credits als Danksagung an die Programmierer. Manchmal wird das Wort auch als Synonym für „Grüße" verwendet, oder ein ⬆ H A C K E R möchte einem Hackerkollegen seine Anerkennung mitteilen.

crunchen

[zu engl. to crunch = knacken] Um weniger Speicherkapazität zu beanspruchen, werden Daten und Programme auch komprimiert bzw. gecruncht. Ein gecrunchtes Programm ist komprimiert.

Cybercafé

In Cyber- oder Internetcafés sitzen die Gäste an Computern, ⬆ S U R F E N durch das ⬆ I N T E R N E T, plaudern in Chatrooms oder verwalten ihre ⬆ E - M A I L S. Neben dem bestellten Cappuccino wird für die Dauer der Nutzung bezahlt. Da Cybercafés von Boston bis Bombay existieren, werden die Daheimgebliebenen mit Postkarten aus dem Internet gegrüßt.

C y b e r g i r l

Der Begriff wird für weibliche ↑ A V A - T A R E benutzt, die den ↑ C Y B E R - S P A C E bevölkern oder als Heldinnen in Videospielen durch Raum und Zeit steuern. Cybergirls sind aber auch netzbegeisterte Mädchen, auch N E T C H I C K S oder ↑ W E B G I R L S genannt, die sich der Internetgemeinschaft auf einer eigenen ↑ H O M E P A G E zeigen, Privates offenbaren und intimste Einblicke bieten.

C y b e r n a n n y

[Synonym für: Aufpasserfunktion im Internet] Das umsorgende Kindermädchen und die strenge Gouvernante wissen immer, was gut, was schlecht, moralisch verwerflich oder gefährlich ist. Cybernannys sind die Aufpasser im ↑ I N T E R N E T. Filterprogramme, die Internetadressen sperren, die als pornographisch oder gewaltverherrlichend gelten. Andere Programme dieser Kategorie sind S U R F W A T C H und S A F E S U R F.

C y b e r p u n k

Die selbst ernannten Anarchos des ↑ I N - T E R N E T S verwirklichen eine Mischung aus Hightech und Subkultur, die sich gekonnt am Rande der Kriminalität bewegt. Wie in der realen Punkkultur ist die Nichtanpassung und Überwindung des Systems Devise, was den Cyberpunk irgendwo zwischen ↑ H A C K E R und ↑ C R A C K E R ansiedelt. In den Utopien des Schriftstellers William Gibson sind Cyberpunks technikbegeisterte, romantische Endzeit-Outlaws, die sich durch die ↑ M A T R I X in die Computernetzwerke von Konzernen hacken.

C y b e r s e x

Das Simulieren und Stimulieren von Gefühlen durch ausgereifte Computertechnologie gilt für viele als Höhepunkt des Fortschritts. Verstehen einige unter Cybersex schon die animierten oder animierenden Damen auf pornographischen Internetseiten, geht es bei anderen handgreiflich zur Sache. Bei ihnen besteht die Ausrüstung aus dem Datenhandschuh, der über Sensoren Hand- und Streichelbewegungen vermitteln kann, einem Datenhelm oder sogar dem Datenanzug, der Signale des Partners in taktile Reize verwandelt. Ob der Cybersex Lust oder Frust macht, hängt von der Aufgeschlossenheit der beteiligten Personen ab. Eins kann man ihm nicht absprechen: Cybersex ist der sicherste Sex der Welt.

Cyberspace

[zu engl. c y b e r n e t i c   s p a c e = kybernetischer Raum; Synonym für: Internet] Die englische Vorsilbe „cyber" signalisiert immer das Verlassen des realen Raums, indem man die virtuelle Welt des ⬆ I N T E R N E T S betritt und in die Tiefen des Computernetzes eindringt. Der Schriftsteller William Gibson gilt als Erfinder des Wortes, das in seinem Roman „Neuromancer" (1984) auftaucht. Für Gibson ist der Cyberspace ein Raum hinter der Bildschirmoberfläche, „ein Ort, den man nicht sehen kann, aber man weiß, er ist da". Cyberspace bezeichnet die künstliche Datenwelt, durch die die Menschen navigieren, und die Schnittstelle Mensch-Computer, die durch Medientechnologie möglich ist. Als Präfix wird das Wort „cyber" mit allem kombiniert, was als virtuelles Phänomen auftaucht: „Cybercops", „Cyberdocs", „Cybercash" und ⬆ C Y B E R S E X simulieren die reale Welt mit technischen Mitteln.

DAU

[Abkürzung von: dümmster anzunehmender User] Die Abkürzung GAU für „größter anzunehmender Unfall" ist aus der Berichterstattung über Atomunfälle bekannt und in die Alltagssprache eingezogen. Überall im Privat- und Berufsleben lauern die ganz persönlichen GAUs und Super-GAUs, die Alarm machen und zu manchem Zusammenbruch führen. Im ⬆ C Y B E R S P A C E lauert der DAU. Der „dümmste anzunehmende ⬆ U S E R" stellt die blödesten Fragen, bringt die quälendsten Sprüche und geht am meisten auf die Nerven. Eine Steigerung erfährt der DAU im H A U, dem hirnamputierten User.

Deathmatch

[engl. für: Todesspiel] Diese Kategorie Computerspiel hat leider tödlichen Ausgang. Der Weg führt durch finstere Gänge oder ein undurchsichtiges Labyrinth, in dem hinter jeder Ecke ein gemeines Monster lauern kann. Wenn man „Glück" hat, fliegen Köpfe und fließt Blut. Aber nicht das eigene.

Delay

[engl. für: Verzögerung, Verspätung] Obwohl es als schnelles Medium gilt, ist es mit der Pünktlichkeit im ⬆ I N T E R - N E T so eine Sache. Informationen werden mit zeitlicher Verzögerung vermittelt; bei vermeintlichen Liveübertragungen und Webcamschaltungen kommen Bilder oft später an, und dann mit ganz eigener Qualität: Die Personen werden nicht in einem Bewegungsfluss, sondern in Bewegungsausschnitten abgebildet.

D e m o

[Abkürzung von: Demonstrationsware] Die kostenlosen oder verbilligten Computer- oder Spielprogramme sind meist gekürzte Versionen, die die Spieler zum Antesten aus dem ↑ I N T E R N E T ↑ D O W N L O A D E N können.

D o m a i n

[engl. für: Domäne] Für die eigene ↑ H O M E P A G E muss man sich ein Territorium und eine Adresse sichern, mit der man arbeiten will. Besonders bei kommerziellem Interesse ist die Domainadresse für den Erfolg des Auftritts wichtig. Je einprägsamer sie ist, desto häufiger wird sie nachgefragt. Die Adresse setzt sich aus der Top-Level-Domain, der Domain und Sub-Domains zusammen. Im Beispiel www.trendbuero.de ist trendbüro die Domain, ergänzt durch „www" für das ↑ W O R L D   W I D E   W E B als Sub-Domain. Die Top-Level-Domain „de" steht für Deutschland und gibt dem Nutzer eine grobe Orientierung. Andere Kürzel am Ende einer Adresse können „org" für Organisation, „edu" für ein Bildungsangebot und „com" für ein kommerzielles Angebot sein.

D o t

[engl. für: Punkt] Ein Dot wird benutzt, wenn man Internetadressen liest. Die Adresse www.duden.de wird beim Vortrag zu „www dot duden dot de".

d o w n l o a d e n

[zu engl. t o   l o a d   d o w n = runterladen, runterziehen] Die Datenübertragung vom ↑ I N T E R N E T auf den eigenen Rechner heißt Downloaden. Das „Runterladen" impliziert, dass das Daten liefernde System das größere bzw. leistungsstärkere ist. In der Umgangssprache der ↑ U S E R ist auch vom Ziehen der Daten oder vom L E E C H E N (engl. für: S A U G E N) die Rede. Den Transfer in die andere Richtung, also das Hochladen von Dateien an den ↑ S E R V E R, nennt sich entsprechend ↑ U P L O A D E N.

d r a g   a n d   d r o p

[engl. für: ziehen und loslassen] Textdokumente oder Textsymbole lassen sich auf grafisch orientierten Benutzeroberflächen bequem bewegen und von einer Seite zur anderen schieben. Das jeweilige Objekt wird einfach angeklickt und, bei gedrückter Maustaste, über die Bildschirmfläche „gezogen" und an gewünschter Position „fallen gelassen".

E c h t z e i t

Echtzeit ist die zeitliche Gleichschaltung von Systemen. Wird etwas live übertragen und entstehen dabei keine nennenswerten Zeitverzögerungen, ist von Echtzeit die Rede. Das gilt auch bei der Datenverarbeitung, bei der die Ergebnisse so schnell produziert werden, dass kaum ein Zeitverlust entsteht.

E – Cyas

[Abkürzung von engl. e l e c t r o n i c c y b e r n e t i c a r t i f i c i a l s u p e r - s t a r] Die virtuelle Persönlichkeit E-Cyas ist ein ⬆ A V A T A R, der im ⬆ C Y B E R - S P A C E „lebt" und mit den ⬆ U S E R N in Kontakt tritt. Der digitale Popstar ist mit einer kompletten Biografie ausgestattet, die den Charakter formt und in die Nähe von realen Idolen rückt. E-Cyas gibt Interviews, Livekonzerte, plaudert über seine Avatarkollegin ⬆ L A R A C R O F T und chattet auf seiner eigenen ⬆ H O M E - P A G E mit den Fans: „Ich lebe real in den Köpfen und Herzen meiner menschlichen Freunde, die sich mit mir auf der Brücke zwischen meinem und ihrem Universum treffen."

Zu Hause im Cycosmos. Der Avatar E-Cyas ist ein echter Popstar – mit echten Fans.

E – Mail

[Abkürzung von engl. e l e c t r o n i c m a i l = elektronische Post] Wer morgens in seinen Briefkasten schaut, um die Post des Tages zu entnehmen, muss sich nicht vom Schreibtisch fortbewegen. Die Vernetzung von privaten und geschäftlichen Computern macht die elektronische Post populär, die in Sekundenschnelle vom Absender zum Empfänger wandert und in dessen virtuellem Briefkasten, der ↑MAILBOX, landet. Jeder Teilnehmer hat seine persönliche E-Mail-Adresse, die sich aus dem Nutzernamen, dem ↑@ALPHAZEICHEN und dem genutzten ↑SERVER zusammensetzt. Vorteil der elektronischen Adresse ist, dass sie sich auch bei einem Umzug nicht verändert und fast von jedem Ort der Welt, sofern ein Internetanschluss zur Verfügung steht, abgerufen werden kann. Noch ein Vorteil ist das Tempo, mit dem ein Brief innerhalb von Sekunden oder Minuten die Welt umkreist. Da wird die real existierende Post zur ↑SNAILMAIL, zur lahmen Schneckenpost, wie die ↑USER abfällig spotten.

Emoticon

[Abkürzung von engl. emotional icon = Gefühlssymbol] Gefühle lassen sich manchmal schlecht in Worte fassen, weshalb die E-mailende Computergemeinde eine andere Variante erfunden hat, Emotionen und Stimmungen im Schriftverkehr zum Ausdruck zu bringen. Jeder Gemütszustand ist durch Klammer, Punkt, Komma und Strich abzubilden, die als Gesichtsausdruck zu interpretieren sind. Der Leser der Botschaft muss nur den Kopf auf die Seite legen, um die Nachricht zu erkennen. Der klassische ↑SMILEY [:-)] erfuhr so die unterschiedlichsten Adaptionen, mit denen sich eine ganze Bandbreite an Glücks- und Unglücksgefühlen darstellen lässt.

:-)	glücklich
:-))	sehr glücklich
:-))))	überglücklich
:-(	traurig
:-C	unglücklich
:-D	lachen
:-}	grinsen
:-o	Überraschung
:-0	große Überraschung
:-x	Küsschen
:-X	Kuss
;-)	zwinkern
:-I	unentschieden
(:-(	stirnrunzelnd
:-/	skeptisch
8-)	Brillenträger
:-P	Igitt!

E – Toy

[Abkürzung von engl. electronic toy = elektronisches Spielzeug] Nach dem Boom des virtuellen Haustiers Tamagotchi erlebt der Planet die Invasion von elektronisch gesteuerten Kuschelwesen.

Die Tiere, Monster oder Fantasiefiguren, sind mit intelligenten Chips gefüttert, durch die sie auf Ansprache reagieren können. Durch einen Infrarotsender antwortet das Spielzeug „Furby" z. B. auf die Nähe von Herrchen oder Frauchen mit „Doo doo moh!" und gibt Küsschen.

Extraleben

Man lebt nur zweimal. Schön wär's, wenn das wahre Leben mehr mit einem Computerspiel zu tun hätte. Hier nämlich kann ein ⬆ USER durch eine herausragende Spieltechnik ein Extraleben erwerben, womit sich seine Spielzeit und damit die Lebensdauer automatisch verlängern.

E-zine

[Abkürzung von engl. electronic magazine = Internetmagazin] Eine Lektüre, die ausschließlich im ⬆ IN-TERNET erscheint und sich an eine spezielle Leserschaft wendet. Die Abkürzung E-zine lehnt sich an das ⬆ FANZINE (für „Fanmagazin") an.

Fake

[engl. für: Schwindel, Fälschung] Nichts ist im ⬆ CYBERSPACE wirklich überprüfbar. Die Mediengesellschaft zeichnet sich dadurch aus, dass immer mehr Informationen existieren, aber immer weniger gecheckt werden. Nachrichten, Absender und Biografien können also gefaked, übertrieben dargestellt oder gefälscht sein. „Das ist Fake!" bezeichnet die Vermutung, dass an einer Information etwas nicht stimmt und sie für unwahr gehalten wird. Eine Fakemail ist eine ⬆ E-MAIL, die unter falschem Namen versendet wird. Eine Fakewebsite setzt sich kritisch mit kommerziellen ⬆ WEBSITES auseinander. Ähnlich wie beim ⬆ ADBUSTING Werbung persifliert wird, verändern die Künstler Original-Websites so, dass deren Strategien durchschaubar werden.

F A Q

[Abkürzung von engl. f r e q u e n t l y a s k e d q u e s t i o n s = häufig gestellte Fragen] Computerlaien und Internetneulinge können nerven, weil sie immer die gleichen Fragen stellen. Ein Grund, warum in den ⬆ N E W S G R O U P S des ⬆ I N T E R N E T S so genannte FAQ-Listen existieren, die Antworten und Hilfestellung geben. Hier sind Fragen und erschöpfende Antworten zu Hardware-, Software- oder Bedienungsproblemen zusammengestellt. Vergleichbares im wirklichen Leben gibt es nur bei Dr. Sommer.

F i l e s

[engl. für: Akten] Nicht die paranormalen X-Files, die eine der erfolgreichsten Fernsehserien der Neunziger betiteln, sondern ganz normale Datensammlungen werden als Files durch das Netz geschoben, kopiert oder gesendet.

F i r s t P e r s o n S h o o t e r

Der „3-D-Shooter" oder „Ego Shooter" ist ein Spiel zum ⬆ B A L L E R N, das die Ich-Perspektive simuliert. Der Spieler sieht sich nicht mehr als Spielfigur, sondern nur die anderen Figuren als sein Gegenüber, aus der Sicht einer beteiligten Handlungsperson. Eine Waffe sieht er so, als würde er sie in der Hand halten.

F l a m e

[engl. für: Flamme] Zornige, beleidigende oder provozierende Nachrichten, die in Chatrooms oder ⬆ M A I L B O X E S landen, gelten als Flames, die schnell für wutentbrannte Empfänger sorgen und einen verbal verbreiteten Flächenbrand verursachen. Flamer, die derartige Mails versenden, verstoßen gegen die ⬆ N E T I - Q U E T T E und können die Stimmung derart aufheizen, dass sich alle Gesprächsteilnehmer in einem F L A M E – W A R befinden und sich mit Schimpfkanonaden zu treffen versuchen. Chaotisch, aber harmlos ist dagegen die F L A M E – S E S S I O N. Eine Dauerdiskussion, bei der alle wild aufeinander einreden.

f o r w a r d e n

[zu engl. f o r w a r d = vorwärts] Beim CD-Player bewirkt die Forward-Taste das schnelle Weiterspulen eines Musiktitels oder das Springen zum nachfolgenden ⬆ T R A C K. Im ⬆ E – M A I L -Kontakt wird eine Nachricht über den Befehl „Forwarden!" an eine andere Person weitergeleitet.

Freeware

[zu engl. f r e e = kostenlos und engl. w a r e = Ware; Synonym für: frei verfügbare Software] Freeware ist, im Gegensatz zur ⬆ S H A R E W A R E, kostenlos erhältlich. Der Autor bestimmt lediglich, in welcher Form er sein Copyright an dem Programm ausübt. Die Bedingungen des Autors findet man in den liesmich.txt-Dateien.

Frisbee

[Synonym für: Wurfscheibe] Eine CD-ROM, die den Qualitätstest ihrer anspruchsvollen Nutzer nicht besteht, ist nur als Frisbeescheibe tauglich. Dabei geht es hauptsächlich ums Wegwerfen. Eine Alternative ist die Verwertung als ⬆ B I E R –

Invasion der Gamepads: Nintendo®64 Controller™.

D E C K E L, die sich durch das praktische Format geradezu anbietet.

Gamemag

[Abkürzung von engl. g a m e m a g a - z i n e = Spielemagazin] Das Spielemagazin enthält so genannte Cheats, verrät die Lösung von Spielen oder stellt Neuerscheinungen vor. Oft ist eine CD-ROM enthalten, auf der sich ⬆ D E M O S, ⬆ T O O L S und ⬆ U P D A T E S befinden.

Gamepad

[zu engl. g a m e = Spiel und engl. p a d = Abschussrampe] Das Steuerungsgerät für Computerspiele wird, je nach Hersteller, auch C O N T R O L L E R genannt. Es ist über ein Steuerkreuz und mehrere Tasten bedienbar.

Gamez

[zu engl. g a m e s = Spiele] Die zunehmenden Raubkopien von Spielen (engl. „games") sind für die Spieleindustrie ein Problem, für die Spieler ein illegales Vergnügen. Im Hackerslang heißen die raubkopierten Spiele Gamez, wie raubkopierte Software auch W A R E Z genannt wird.

Gammelware

Software, die als Extrabonus einem Programm- oder Hardwarepaket beigelegt ist, fällt in den Augen der Netzexperten oft als Gammelware durch. Die Umsonstzugabe ist entweder schlecht zu verkaufen oder von nur kurzlebiger Haltbarkeit.

Geek

[engl. für: Trottel, Langweiler; vgl. „Liebe, Sex und Partnerstress"] In enger Verwandtschaft zum ↑ N E R D ist der Computergeek ein Besessener, der seine Freizeit lieber mit dem Computer als mit Menschen verbringt. Der Geek lebt ein Leben zwischen Maus und Monitor, ein zweites jenseits des Computercockpits findet kaum statt.

Godmode

[engl. für: Gott-Modus] Godmode meint nicht, dass der Allmächtige am Bildschirm sitzt und den Spielverlauf unseres Lebens beeinflusst. Godmode ist der Modus, der, von geübten Spielern eingestellt, unschlagbar und unsterblich macht.

Gopher

[zu engl. g o f o r = gehe zu, suche nach!] Ein Suchdienst, der phonetisch wie „Go for!" klingt, aber auch das nordamerikanische Gopher, ein wieselähnliches Tier, meint. Der flinke Vierbeiner, der für seine verzweigten unterirdischen Tunnelsysteme bekannt ist, ist das Maskottchen der Universität Minnesota, an der das Suchprogramm für Dateien und Texte entwickelt wurde. Ähnlich wie das tierische Vorbild schafft Gopher weit verzweigte Verbindungen im Netz, um Software zu finden und bereitzustellen.

Hacker

[zu engl. t o h a c k = hacken] Dem versierten Herumhacken auf der Computertastatur, auch H A C K B R E T T genannt, verdanken die Hacker ihren Namen. Als Zerstörer oder Kriminelle missverstanden, als Scherzbolde, Weltverbesserer und Genies bewundert, gehören Hacker zu den mythischen Figuren, die das Computerzeitalter hervorgebracht hat. Tatsächlich bewegen sich Hacker auf dem schmalen Grat zwischen Legalität und Kriminalität, wenn sie in fremde Computersysteme eindringen, die Software auf den Kopf stellen und Transaktionen durchführen, um anschließend die Öffentlichkeit über die Unsicherheiten und Geheimnnisse des Netzes zu informieren. Der Transfer größerer Geldsummen oder der Einblick in Geheimakten sind dabei genauso möglich, wie die Internetseiten des Verfassungsschutzes mit Figuren der „Muppetshow" aufzumöbeln. Die ersten Hacker waren eigentlich nur darauf fixiert, die Telefongesellschaften zu ↑ B L U E B O X E N , also Telefongebühren zu umgehen. Hacker gelten als eine friedliebende Gemeinschaft, deren Ideologie die absolute Informationsfreiheit ist. Was sie eint, ist Offenheit, Neugier, Risikobereitschaft und die feste Überzeugung, dass der freie Zugang zu den Geheimnissen von Computernetzen und Telefonsystemen für eine freie, offene Gesellschaft unerlässlich ist.

Häckse

Das weibliche Pendant zum ⬆ H A C K E R reitet bewusst auf der phonetischen Nähe zur „Hexe" herum. Wie die männlichen Kollegen zaubert die Häckse virtuos auf der Tastatur und liefert den Beweis dafür, dass die Technik weiblich sein muss.

Hakspek

[Synonym für: Hackersprache; auch: Hackspeak, Techspeak] ⬆ H A C K E R kommen schnell zur Sache, weshalb sie in ihrer Sprache die Abkürzung bevorzugen. Die Computerfreaks haben schnell gängige, abgehackte Wortkürzel adaptiert und kreativ erweitert, um nur durch Buchstaben und Ziffern häufige Floskeln zu ersetzen.

afaik	„as far as I know"
aij	„am I Jesus?"
asap	„as soon as possible"
r u ok?	„are you ok?"
B4N	„bye for now"
bbl	„be back later"
c u l8r	„see you later"
K3WL	„kewl", für: cool

Inseln im Internet. Die erste Adresse im Internet ist die eigene Homepage.

Netscape: Willkommen bei DUDEN online!

| Back | Forward | Reload | Home | Search | Netscape | Images | Print | Security | Stop |

Netsite: http://www.duden.de/

WebMail   Contact   People   Yellow Pages   Download

Willkommen bei DUDEN online!
Informationen zur neuen Rechtschreibung und zum Standardwerk der deutschen Sprache.

DUDEN online

Macwelt 2000
Top-Web-Adresse des Monats

Bitte treten Sie näher

Bitte beachten Sie, dass unsere Seiten von »Netscape Navigator« ab Version 3.0 oder dem »Internet Explorer« ab Version 3.0 optimal dargestellt werden.
© Bibliographisches Institut & F. A. Brockhaus AG, Mannheim 1999

hak	„hugs and kisses"
lol	„laughing out loud"
mom	„one moment please"
N8	„Good night!"
thx	„Thanks!"

Hit

[engl. für: Treffer] Im ↑ I N T E R N E T meint Hit die Treffer, die eine ↑ S U C H - M A S C H I N E zu einem Schlagwort gefunden hat.

Homepage

[zu engl. h o m e = Zuhause und engl. p a g e = Seite; Synonym für: Internetadresse] My home is my homepage! Unternehmen, die sich eine repräsentative Adresse im ↑ I N T E R N E T zulegen, benötigen eine Homepage oder P A G E, die nicht nur eine Startseite, sondern ein komplettes Angebot umfasst. Der Nutzer kann wie in einer Broschüre blättern und sich seinen Interessen folgend fortbewegen. Auf privaten Homepages stellen sich Personen vor, die Fotos, Texte und sogar Tagebuchseiten ins Internet stellen. Fremde Menschen werden eingeladen, den neugeborenen Nachwuchs, die letzten Urlaubsdias oder die Studentenwohnung zu begutachten. Auch die neue Couchgarnitur, das Aquarium oder die Freundin finden ihr Publikum vor dem Bildschirm. Möglich

wurde der private Exhibitionismus durch die Entwicklung der ↑ W E B C A M S, die in regelmäßigen Abständen Fotos schießen und diese ins Internet leiten.

Host

[engl. für: Gastgeber] Ist der Host im Fernsehen der Talkmaster einer Show oder ein Nachrichtensprecher, wird im ↑ I N T E R - N E T der Computer als Host bezeichnet, der sich mit anderen Computern verbindet. Dafür erhält er eine Hostnummer, die mit der Netzwerkadresse kombiniert wird.

HTML

[Abkürzung von engl. H y p e r T e x t M a r k u p L a n g u a g e = Hyper-Text-Auszeichnungssprache] Der Programmiercode HTML ist die Beschreibungssprache der Bildschirmseiten im ↑ W O R L D W I D E W E B. HTML besteht aus einer Folge von ASCII-Zeichen, in die spezielle Formatierungen für Seitengestaltung, Schriftarten oder Multimediaelemente integriert sind. Zum Aufrufen und Lesen der HTML-Dokumente benötigt man ein Anwendungsprogramm, den W W W - oder Web-↑ B R O W S E R.

Hyperspace

[zu griech. h y p e r = über und engl. s p a c e = Raum] Auch das virtuelle Paralleluniversum scheint unendlich zu sein. Wie die Erdbewohner nicht wissen, was auf anderen Planeten abgeht und wie das Ende des Universums zu erreichen ist, tappt auch der erfahrenste ⬆USER hier im Dunkeln. Der nicht erkennbare, nicht erreichbare Raum, also das Jenseits im ⬆INTERNET, heißt Hyperspace. „Irgendwo im Hyperspace" meint „irgendwo im Nichts".

Icon

[engl. für: Ikone, Symbol] Unter den kleinen Bildsymbolen können eine Menge Funktionen oder ⬆TOOLS stecken, mit denen der ⬆USER arbeiten kann. Die Abbildung gibt den Inhalt des Programms oder Befehls wieder und symbolisiert z. B. ein Textverarbeitungsprogramm mit einem Stift oder ein Grafikprogramm mit einer Malpalette.

Interface

[engl. für: Schnittstelle] Die Übergangsstelle zwischen zwei Ebenen, zwischen denen ein Datenaustausch stattfinden soll, ist das Interface, das sich auf Hardware (Stecker, Leitungen, Rechner) oder Software (Programme, Spiele) beziehen kann. Als Schnittstelle zwischen Mensch und Computer ist auch die Tastatur oder die Darstellung eines Programms auf dem Monitor gemeint.

Internet

[Abkürzung von engl. international network = internationales Netzwerk] Das Internet setzt sich aus vielen Netzwerken zusammen und gilt als das größte Netzwerk der Welt. Ursprünglich wurde es in den Sechzigerjahren vom amerikanischen Verteidigungsministerium entwickelt, um ein Computernetz ohne einen zentralen und damit zerstörbaren ⬆SERVER einzurichten. Später schlossen sich wissenschaftliche Institute, Universitäten und Konzerne, die vernetzt miteinander arbeiten wollten, an. Mittlerweile kann jeder den eigenen Computer mit dem Internet verbinden, das Millionen von ⬆USERN eine virtuelle Heimat gibt.

Jam

[engl. für: Gedränge, Störung] Auch die Datenautobahnen leiden unter chronischer Verstopfung, weshalb die Informationen manchmal viel zu lange brauchen und gelegentlich gar nicht ankommen. Wie im realen Leben der Verkehrsstau gemeint ist, bezeichnet Jam in der Sprache des ⬆CYBERSPACE den Datenstau. Überholen ausgeschlossen!

Joystick

[Synonym für: Steuerknüppel] Im „Cockpit" eines Computerspiels sorgt der Joystick für Pilotenfeeling, denn über den Steuerknüppel sind Bewegungen auf dem Bildschirm einzugeben. Dazu wird der Knauf in die jeweilige Richtung geneigt, was das Programm registriert und als Bewegung ausführt. Als IBM einen kleinen roten Joystick in die Mitte seiner Think-Pad-Tastaturen einbaute, galt die Einführung als spektakulär, denn der Joystick arbeitet berührungsempfindlich, nur durch die Wahrnehmung von Kraft.

jump and run

[engl. für: springen und rennen] Ein Spielgenre, bei dem die Hauptaktionen aus Springen, Rennen, Ausweichen oder Fallen bestehen. Die bekanntesten Spiele dieser Kategorie sind Super Mario oder Sonic. Der Spielerfolg: Kein Außer-Atem-Sein und keine blauen Flecke.

Junkmail

[engl. für: Abfallpost, Datenmüll] „Keine Werbung einwerfen!" Was als warnender Aufkleber real existierende Briefkästen ziert, beeindruckt die virtuelle ↑ M A I L - B O X wenig. Unaufgefordert zugesandte Post sorgt beim Blick in den Posteingang gern für Ärger, zumal Junkmails oft aus Werbebotschaften bestehen, auf die der Empfänger gern verzichten kann. Hier können nur Filterprogramme helfen.

Klick

„The whole world at your fingertips", versprach das ↑ I N T E R N E T, das hinter jedem Klick auf dem Bildschirm, dem Druck auf die Maustaste, immer wieder neue Welten öffnet. Mit einem Klick oder Doppelklick sind Elemente der aufgerufenen Seite auszuwählen oder abzuschalten oder Aktionen wie Drucken und Speichern auszuführen. Ist für den Fernsehzuschauer das Wegzappen ungeliebter Programmpunkte der Höhepunkt des Abends, macht dem ↑ U S E R das Wegklicken langweiliger Seiten oder nervtötender Gesprächspartner Freude. Mit einem Klick verschwinden diese im Nirvana des virtuellen Raums.

Kooks

[zu engl. k o o k y = exzentrisch, verrückt] Die Freigeister der Internetgemeinde sind hier auch als Spinner verschrien. Kooks basteln an Verschwörungstheorien, verbreiten Geheiminformationen, glauben an die Existenz von UFOs, wurden von Außerirdischen entführt, philosophieren über den bevorstehenden Weltuntergang oder waren mit ↑ L A R A C R O F T im Bett.

Kyoko Date

Das „digital kid" Kyoko Date wurde von einer japanischen Modelagentur zum Leben erweckt. Die Figur aus 40.000 Poligonen

hat, ähnlich wie ⌃ L A R A C R O F T und
⌃ E – C Y A S, den Status einer real existierenden Popfigur, mit der eine Konversation im Netz möglich ist. Als Model und
Sängerin wurde der ⌃ A V A T A R mit
einem adäquaten Lebenslauf versehen, in
dem die Eltern eine virtuelle Sushi-Bar in
Fussa, Tokio, betreiben.

L a m e t t a

[Synonym für: überflüssiges Drumherum]
So wie der jährlich wiederkehrende Weih-
nachtsbaum mit Lametta geschmückt wird,
um auch das Auge in Feststimmung zu versetzen, werden manche Internetseiten mit
grafischen Spielereien überfrachtet. Das
technisch Machbare verführt die Gestal-
ter zur Überladung und bringt den Nut-
zern die Erkenntnis: Weniger könnte mehr
und vor allem schneller sein.

L a r a C r o f t

Eine der populärsten ⌃ A V A T A R -Figu-
ren startete 1996 durch. Die Protagonistin
der erfolgreichen Spielreihe „Tomb Raider"
ist mit einer kompletten Biografie ausgestattet, die harte Schicksalsschläge
aneinander reiht. Als Herzogin von Saint
Bridget geboren, verschlug es die Ama-
zone mit der Liebe zu 9-mm-Pistolen von
Wimbledon in die Schweiz und später in
den Himalaja. Die Cyberheroine praktiziert

einen radikalen Lebenswandel, ist auf
einem Motorrad unterwegs und übt den
Beruf des Grabplünderns aus. Als das
⌃ V – I D O L der Neunziger wurde Lara
Croft von ihren Erfindern systematisch auf-
und ausgebaut. Sie wirkte in einem Werbe-
spot für eine Frauenzeitschrift mit, figh-
tete in einem Video gegen „Die Ärzte" und
mischte Hollywood auf. Zahlreiche Schau-
spielerinnen wollten die Figur in ihrem
ersten realen Filmabenteuer verkörpern.
Als erster multimedialer Star verbindet
Lara Croft beide Welten. Als Covergirl hängt
sie am Kiosk nebenan, als Abenteurerin
reist sie durch den ⌃ C Y B E R S P A C E.

L e t t e r b o m b

[engl. für: Briefbombe] Für den ⌃ U S E R
ist diese Briefbombe oder M A I L B O M B
nicht lebensgefährlich, aber immerhin so
zerstörerisch, dass er vor Ärger explodie-
ren kann. Eine zu große ⌃ E – M A I L kann
den ⌃ A B S T U R Z des Computers verursachen.

L i n k

[engl. für: Verkettung, Verbindung;
Synonym für: Querverweis] Wer im
⌃ C Y B E R S P A C E unterwegs ist, wird
über das Anklicken eines Bildes, einer
Überschrift oder eines Symbols oft auf
weitere Seiten geleitet, die untereinander

a c e

verlinkt sind. Jedes Dokument ist ein Sprungbrett zu einem anderen; hinter jedem Link wartet eine Seite, die auf eine andere verweist. Folgt der ⬆ U S E R diesen Links, die ihn in unterschiedliche Richtungen davontragen, gleicht sein permanentes Weiterkommen dem ⬆ S U R F E N.

Log-in

[zu engl. t o l o g i n = sich anmelden] Das E I N L O G G E N in ein Netzwerk oder ein Internetangebot geschieht durch die Eingabe eines Benutzernamens oder ⬆ P A S S W O R D S. Wem das Schlüsselwort fehlt, wird der Zugang verweigert. Dem offiziellen Log-in beim Anmelden folgt das Log-off oder Ausloggen beim Beenden.

Lurk

[engl. für: Lauscher] Sie sind nicht besonders gern gesehen, aber schließlich bemerkt man sie kaum. Lurker treiben sich gern in Chatrooms herum und beobachten nur. Da sie die Unterhaltung nicht stören und keine bösen Absichten haben, werden sie als Voyeure des ⬆ C Y B E R S P A C E in den meisten Chatrooms geduldet.

Luser

[Zusammenziehung aus engl. l o s e r = Verlierer und engl. u s e r = Benutzer; Synonym für: Versager; vgl. „Liebe, Sex und Partnerstress"] Wenn sich ein ⬆ U S E R als begriffsstutziger Trottel entpuppt, der, ähnlich dem ⬆ D A U, nur

Die Cyberheroine Lara Croft macht Mode. In Computerspielen, in Videos und im Kino.

durch Orientierungslosigkeit und Unwissenheit auffällt, wird er von der Netzgemeinschaft als Luser disqualifiziert.

Mac

[Abkürzung von: Macintosh] Die beliebteste PC-Familie des Computerherstellers Apple war die erste, die mit einer grafisch orientierten Bedienerführung arbeitete. Die Marketingstrategie, dem Nutzer die Schwellenangst vor der expandierenden Computertechnik zu nehmen, erwies sich in den Achtzigerjahren als Verkaufserfolg. Für Mac-Anhänger sind die Apple-Produkte dank ihrer runden Formen, kleinen Formate und verspielten Details bei der Hard- und Softwaregestaltung „Macintoys", also Spielzeug. Mac-Gegner können weder der Technik noch dem Design etwas abgewinnen und bezeichnen sie als „Macintrash".

Verspieltes Macintoy. Die Computerfamilie Mac kommt bunt und rund.

Mailbox

[engl. für: (elektronischer) Briefkasten] Sämtliche ↑ E-MAILS eines Empfängers landen in dessen persönlicher Mailbox, in der er Posteingang, Postausgang, Adressen und die Ablage organisieren kann. Wenn in dem virtuellen Postfach eine MAILBOMB oder ↑ LETTERBOMB landet, kann dahinter eine Provokation oder eine Systemstörung, etwa durch eine überdimensionale Mail, stecken.

Match

[engl. für: Ebenbürtiges, Passendes] Die Match genannten Treffer oder Übereinstimmungen bei einer Suchanfrage geben an, wie viele Textdokumente unter einem Schlagwort oder Suchbegriff gefunden wurden.

Matrix

Im Gebrauch ihrer Anwender ist die Matrix eine zweidimensionale Darstellungsstruktur. In der Fantasie liefert der Begriff die Basis für düstere Zukunftsszenarien und eine simulierte Welt. Prägte der Schriftsteller William Gibson seine Interpretation der Matrix als ein weltumspannendes Datennetz in dem Science-Fiction-Roman „Neuromancer", war die Matrix in einem Hollywoodfilm von 1999 ein geheimnisvolles Kraftfeld. Der Computerhacker Neo (Keanu Reeves) stellt darin fest, dass die augenscheinliche Realität nur programmiert, also virtuell ist. Die Lektion hieß: Unsere Welt am Ende des 20. Jahrhunderts ist nur in der Matrix vorhanden. Die reale Welt außerhalb der Matrix wird von humanoiden Monstern und düsteren Cyberterroristen beherrscht.

Messi

[Abkürzung von engl. m e s s a g e = Nachricht] Eine Messi, die eben mal rübergebeamt wird, klingt erheblich cooler als die Nachricht, die man versendet – auch wenn genau dasselbe drinsteht.

Mode

[engl. für: Modus, Zustand] Der Modus eines Computerspiels lässt dem ⬆ U S E R die Wahl zwischen verschiedenen Möglichkeiten, z. B. dem „aggressive mode" oder „ultraviolence mode". Mode wendet der User inzwischen auch auf sich selbst an. Wer auf Nachtmodus eingestellt ist, blüht erst abends, vor dem erstrahlten Bildschirm, auf. Auch die Gebührenpolitik unterstützt die Arbeiter im Nachtdienst, denn die Tarife für die Internetnutzung sind nachts („night mode") günstiger als tagsüber („day mode").

Morphing

[zu engl. m o r p h o l o g y = Wissenschaft von der Gestalt des Menschen] Der Ausdruck aus der Computeranimation wird für die allmähliche Umwandlung einer Figur in eine andere verwendet. Die inzwischen perfektionierte Technik sorgt immer wieder für optische Aha-Erlebnisse, vor allem bei Musikvideos und Werbespots. Ein relativ spektakuläres Beispiel ist das Video „Black or white" von Michael Jackson, in dem die Porträts von Menschen unterschiedlicher Rasse und Hautfarbe ineinander fließen.

Mousepotato

[Zusammensetzung aus engl. m o u s e = Maus und engl. p o t a t o = Kartoffel; Synonym für: Computerhocker] Durch den Fernsehboom in den Achtzigerjahren mutierten einige Menschen zu so genannten C O U C H P O T A T O E S : Fernsehzuschauer, die, mit Chipstüten und Fernbedienung ausgestattet, den lieben langen Tag vor der Glotze hockten und die Sofakissen platt drückten. Der Computerboom in den Neunzigerjahren brachte die Mousepotatoes hervor: Menschen mit blasser Gesichtsfarbe und roten Augen, denen beim stundenlangen ⬆ S U R F E N und ⬆ C H A T T E N im ⬆ I N T E R N E T andere Freizeitaktionen flöten gehen.

Move

[engl. für: Bewegung] In Computerspielen werden so genannte „special moves" zur Steuerung spezieller ⬆ F E A T U R E S verwendet, z. B. bei der Kombination von Springen und Ducken, um ein entscheidendes Hindernis zu überwinden. Eine Moveserie meint die verschiedenen Schritte, die notwendig sind, um im Spiel weiterzukommen.

MPEG

[Abkürzung von engl. M o v i n g P i c t u r e s E x p e r t G r o u p] Der von der

Neue Typen der Infogesellschaft: Nerds, Geeks, Kooks, DAUs und HAUs.

Arbeitsgruppe MPEG definierte Standard basiert auf einem speziellen Verfahren zur Datenkomprimierung für bewegte Bilder, also Videos und Computeranimationen. Das MPEG-Verfahren erreicht die hohen Komprimierungsraten, weil nur die Veränderung innerhalb einer Bildfolge gespeichert wird. Inzwischen kann fast jeder Computer Filme im MPEG-Format abspielen. Auch Musik, Sprache und Töne werden in MPEG-Dateien gespeichert, existieren aber auch als separates Format – ⬆ M P 3 .

MP3

[Abkürzung von engl. M P E G - L a y e r 3] Die Komprimierung von Musik und Sprache durch das Format MP3 gilt als effektiv und qualitativ gut, da die für den Menschen nicht mehr hörbaren Frequenzen einfach ausgeblendet werden. Neben den technischen Besonderheiten hat sich MP3 für die Unterhaltungsindustrie allerdings zu einem Politikum entwickelt. MP3 öffnet das ⬆ I N T E R N E T als unkontrollierbaren Vertriebsweg für Musikprodukte, in dem

CDs beliebig oft kopierbar sind und an den Plattenfirmen vorbei verkauft werden können. Was für die etablierten Künstler als Nachteil erscheint, wissen unabhängige Musikbands zu schätzen. Sie vermarkten und vertreiben ihre Musik über das Internet selbst, ohne auf die Vertriebsstrukturen oder die Kapitalstärke der Musikindustrie angewiesen zu sein.

Nasenbär

Was wäre ein virtuelles Zuhause ohne Haustier? Die Computerfamilie hat sich für einen Nasenbären entschieden, der sich in Chatrooms und MAILBOXES häuslich eingenistet hat. Die niedlichen Allesfresser mit den großen Augen leben eigentlich in den Wäldern und Steppen Amerikas und sind im CYBERSPACE ganz liebevoll zu drücken:

oØo	Nasenbär
xØx	betrunkener Nasenbär
öØö	Nasenbär mit Wimpern
vØv	verschämter Nasenbär
$Ø$	gieriger Nasenbär

Neeping

[Synonym für: Fachgespräch, Smalltalk] Wenn sich zwei Computerfreaks austauschen, versteht die Welt schnell beide nicht mehr. Eine stundenlange Unterhaltung über Computerthemen wird als Neeping bezeichnet; ein „neep-neep" ist ein computerbesessener Plauderer.

Nerd

[engl. für: Schwachkopf] Der Nerd ist ein Soziotypus der Informationsgesellschaft. Er verfügt über herausragende Videospiel- und Computerkenntnisse und verbringt seine Freizeit vor dem Bildschirm. Durch die soziale Isolation, die der beste Freund Computer mit sich bringt, und das spezielle unvermittelbare Wissen ist der Nerd für das Klischee des einsamen, unverstandenen Außenseiters prädestiniert. Der Vorgänger dieses Charakters stammt aus den Siebzigerjahren – der bebrillte, unfrisierte Freak, der skurrilen und einsamen Freizeitbeschäftigungen wie Löten von Kleinteilen oder CB-Funk nachging.

Computerslang und Cybe

Net

[engl. für: Netz] Das Netz, das die Computergemeinde weltweit verbindet, wird mit allen möglichen Worten kombiniert, die auf das ↑ I N T E R N E T Bezug nehmen. Als Synonym wird es den Bewohnern der virtuellen Welt einfach angehängt. „Netcops", „Netheads" und „Netcelebrities" gehören zu den „netizens", die als Bürger (engl. „citizens") des Netzes gelten. Die Bezeichnung N E T C H I C K S meint die computerbegeisterten ↑ C Y B E R – G I R L S, die durch das Netz surfen oder sich auf ↑ H O M E P A G E S einrichten.

Netiquette

[Zusammenziehung aus engl. n e t = Netz und E t i k e t t e; Synonym für: Internetetikette] Obwohl das ↑ I N T E R N E T immer wieder als rechtsfreier Raum gesehen wird, gelten Verhaltensregeln, die den Umgang miteinander ordnen und lenken sollen. Als Umgangsform wird Höflichkeit, Toleranz und Respekt vorausgesetzt. Wer Beleidigungen verbreitet und rassistische, vulgäre oder pornographische Texte und Bilder unter die Leute bringt, muss mit dem Ausschluss aus der Gemeinschaft rechnen. Als verboten gilt alles, was die religiösen, weltanschaulichen oder ethischen Empfindungen anderer verletzt. In den Chatrooms stellt die so genannte C H A T I Q U E T T E mehr oder weniger verbindliche Regeln auf. Hier gelten das grundsätzliche Duzen der Chatteilnehmer oder das Verbot, die Gespräche zwischen Chattern mutwillig zu stören.

Nettie

[Synonym für: Netter im Netz] Während die pragmatischen ↑ U S E R das Netz egoistisch nutzen, um Informationen oder Produkte zu beziehen, schwafeln die Netties von Weltfrieden und Völkergemeinschaft, die durch die Vernetzung realisierbar sein sollen. Sie leben streng nach der ↑ N E T I Q U E T T E, verachten bösartige ↑ F L A M E S und ignorieren, dass auch in einem globalen Dorf Keilereien an der Tagesordnung sind.

Newbie

[engl. für: Neuling, Anfänger] Der Newbie ist aus der Bezeichnung „new boy" abgeleitet, die in der englischen Sprache den Neuling in einer Schulklasse oder beim Militär meint. Wer sich in der Netzgemeinschaft durch zu viele Fragen oder herausragendes Unwissen bemerkbar macht, wird als Newbie beim Namen genannt.

Newsgroup

[engl. für: Nachrichtengruppe] Als Newsgroup wird ein offenes Diskussionsforum im ⬆ INTERNET bezeichnet. Es gibt über 40.000 solcher Foren in vielen verschiedenen Sprachen, die sich speziellen Themen widmen. In Foren kann man auch Nachrichten an schwarzen Brettern oder Pinboards hinterlassen.

Old School

[engl. für: alte Schule; vgl. „Kicks und Funsports", „Mode, Models, Fashionzones", „Musik und Popkultur"] Der technische Fortschritt im Computerbereich sorgt dafür, dass alles, was eben noch als Innovation und Neuheit galt, schnell von gestern ist. Wie im Musik- und Modebereich steht Old School für einen vergangenen Stil, der unter ⬆ RETRO-Aspekten neu belebt wird. Old School sind ältere Computermodelle oder Spielefassungen.

online

[Synonym für: aktive Leitung] Ein aktives Gerät, das mit anderen in Verbindung steht, oder ein Anwender, der sich im Netz bewegt, ist online. Beim „Online-Shopping" und „Online-Banking" erledigt der Nutzer seine Geschäfte von zu Hause aus, beim „Online-Dating" findet das Rendezvous im Chatroom statt. Was von den ⬆ USERN hier geschätzt wird, ist der Ausknopf, mit dem sich jedes Risiko abschalten lässt. Das nennt man dann „offline".

Party-Line

[Synonym für: Gruppenanschluss] Die Party-Line ermöglicht die ⬆ ONLINE-Kommunikation zwischen verschiedenen Teilnehmern, z. B. im Chat.

Password

[engl. für: Kennwort] Das Geheim- oder Kennwort ist, wie die Geheimzahl bei der Kreditkarte, die individuelle Kennung, mit der der ⬆ USER einen Zugang zu bestimmten Daten oder Programmen bekommt. Durch die Eingabe eines verschlüsselt auf dem Bildschirm erscheinenden Wortes wird die Zugangsberechtigung abgefragt.

Patch

[zu engl. to patch = flicken] Patch ist das Pflaster für die Software. Ein Programm wird gepatcht, wenn ein Fehler provisorisch entfernt werden kann. Dabei wird nicht etwa das gesamte Programm ersetzt, sondern nur ein spezieller Teil davon geflickt.

Pic

[Abkürzung von engl. picture = Bild] In der Kürzung liegt die Kraft: ⬆ USER reden nicht mehr umständlich von Bildern, sondern von Pics, phonetisch mit den ⬆ PIXELN verwandt.

Pixel

[Zusammenziehung aus engl. p i c t u r e = Bild und engl. e l e m e n t = Element; Synonym für: Bildschirmpunkt] Als Pixel bezeichnet man eine Darstellungseinheit, durch die der Computer ein Bild definiert. Ein Gesamtbild setzt sich aus sehr vielen Pixeln zusammen. Je mehr Pixel ein Bild hat, desto feiner seine Darstellung.

Plug–in

[zu engl. t o p l u g i n = anschließen] Die Programmkomponenten, um die ein Leseprogramm zu erweitern ist, wenn dessen Leistung nicht mehr ausreicht, nennen sich Plug-ins. Um grafische Seiten betrachten zu können, die nicht im ⬆ H T M L - Format vorliegen, ist der ⬆ B R O W S E R durch ein Plug-in zu ergänzen.

Portal

[engl. für: Haupttor, Vorhalle] Wer durch die Weiten des ⬆ C Y B E R S P A C E surft, kommt um die Vorhalle nicht herum. Die Portalseite zeigt sich dem ⬆ U S E R am Anfang seines ⬆ O N L I N E -Einstiegs. Auch die zuerst erscheinende Startseite einer Internetadresse wird Portal genannt.

posten

[zu engl. t o p o s t = anschlagen] Neben den individuellen ⬆ E - M A I L S werden für die Allgemeinheit bestimmte Aushänge oder Artikel gepostet, d. h. für alle lesbar gemacht. Die Anhänge heißen Postings. Deren Verfasser ist der Poster.

Primetime

[engl. für: Hauptsendezeit] Wie beim Fernsehen liegt die Primetime für den ⬆ U S E R in den Abendstunden. Da die Telefonegebühren um diese Zeit günstig sind, wird besonders intensiv gechattet und gesurft.

Provider

[engl. für: Lieferant, Anbieter] Als Anbieter verschiedener Kommunikationsdienste stellt der Internetprovider den Zugang zum Netz. Ein Provider bietet üblicherweise Einwählmöglichkeiten über ein Modem

oder eine ISDN-Verbindung an. Dafür verlangt er einen monatlichen Pauschalbetrag oder nutzungsabhängige Gebühren.

q u i c k   a n d   d i r t y

[engl. für: schnell und schmutzig] Ursprünglich war das Idiom ein Urteil über die Qualität eines sexuellen Abenteuers; eine kurze Erklärung für: nicht besonders leidenschaftlich, nicht besonders zärtlich, aber immerhin schnell und schmutzig. Im ↑CHATSLANG ist es die qualitative Einschätzung einer Software: funktional wie grafisch schnell zusammengestrickt.

r a n d o m

[engl. für: zufällig] Je nach Satzzusammenhang benutzen ↑HACKER das Wort

für wild, ungeordnet, unberechenbar oder ziellos. Das Pseudonym „J. Random" steht für irgendeine x-beliebige Person.

R e a l i t y – C h e c k

[zu engl. r e a l i t y = Wirklichkeit und engl. t o   c h e c k = überprüfen; Synonym für: Tauglichkeitstest] Allen Testphasen im Entwicklungslabor zum Trotz muss sich ein Programm erst im wahren Leben behaupten. Ob die Software optisch anspricht und inhaltlich überzeugt, ergibt sich beim Reality-Check durch die Tests versierter ↑USER.

R e a l   L i f e

[zu engl. r e a l = wirklich und engl. l i f e = Leben] Es gibt ein Leben nach dem Computer. Vorausgesetzt, der ↑USER entdeckt den Ausschalter. REAL WORLD bezeichnet die reale Welt im Diesseits, was jenseits des virtuellen Universums liegt. Hier muss der ↑NERD wieder mit seinem echten Dasein klarkommen und anstatt eines Computerpseudonyms zu seinem REAL NAME stehen.

R e l e a s e

[engl. für: Freigabe; vgl. „Musik und Popkultur"] Release steht für die Freigabe von Programmen, gekennzeichnet durch eine Versionsnummer (z. B. 1.0 oder 1.2) oder

Ein Bild als Datensatz wird durch Pixel definiert. Je mehr Pixel, desto feiner die Darstellung im Druck.

das aktuelle Datum. Für den Nutzer ist Release schlicht die Version, die nach der Betaversion in den offiziellen Umlauf kommt.

Remailer

[zu engl. re - = erneut, wieder und to mail = mit der Post versenden] Wer seine ↑ E - M A I L S anonym versenden möchte und nicht identifizierbar sein will, schaltet den Remailer ein. Dieser entfernt die Adresse des Absenders aus der Nachricht und leitet sie an den Empfänger weiter. Absender unbekannt!

Rules

[engl. für: Regeln; Synonym für: Hausordnung] Der ↑ N E T I Q U E T T E entsprechend gelten auch beim ↑ C H A T T E N oder ↑ E - M A I L E N einige Regeln, an die sich die Teilnehmer halten sollten. Auch wenn im Netz die Meinungsfreiheit zählt, gilt nur die, die andere ↑ U S E R nicht verletzt.

Rumble—Pack

[zu engl. to rumble = rütteln und engl. pack = Packung] Diese spezielle Spieleedition beinhaltet ein ↑ G A M E - P A D bzw. C O N T R O L L E R, die bei Treffern in der Hand zu rütteln beginnen. Rumble-Packs lassen den Spieler ziemlich erschüttert aussehen.

scannen

[zu engl. to scan = abtasten, absuchen; vgl. „Liebe, Sex und Partnerstress"] Mit dem Scanner wird ein zwei- oder dreidimensionales Bild in ein Rasterbild umgewandelt, indem die Vorlage Punkt für Punkt abgetastet wird. Das gescannte Bild taucht auf dem Bildschirm auf und kann hier durch Grafikprogramme weiterbearbeitet werden. In der Alltagssprache des ↑ R E A L L I F E kommt Scannen allerdings auch vor. Auf einer Party werden die Gäste gescannt, um festzustellen, wie Erfolg versprechend der Abend wird.

Screenshot

[engl. für: Bildschirmfoto] Ein Bild aus dem ↑ I N T E R N E T oder eine andere Bildschirmdarstellung können als Screenshot fotografiert und gespeichert werden. Das Bild wird dabei praktisch „eingefroren", was auch als F R E E Z E N bezeichnet wird, und zur späteren Bearbeitung am Monitor wieder abgerufen.

scrollen

[zu engl. scroll = Schriftrolle] Da das Format eines Bildschirms oft nicht ausreicht, um einen gesamten Text abzubilden, muss der ↑ U S E R nach links oder rechts bzw. oben oder unten scrollen, um alle Textzeilen erfassen zu können. Für das

Scrollen sind bestimmte Tasten oder Grafikleisten auf dem Bildschirm vorgesehen.

Server

[zu engl. t o s e r v e = dienen, verwalten; Synonym für: Servicerechner] Der Server ist ein spezieller Computer innerhalb eines Netzwerks, der verschiedene Aufgaben wahrnimmt. Als „File-Server" stellt er vor allem Daten und Speicherplatz bereit. Als „Mail-Server" bearbeitet er empfangene oder abgeschickte ⬆ E - M A I L S und verteilt sie an den ⬆ A C C O U N T. Als „Print-Server" schließlich schickt er die Druckaufträge von verschiedenen Computern an bestimmte Drucker.

Packendes Spielelement. Durch das Rumble-Pack kommen Treffer beim Spieler an.

Seven Words

[zu engl. s e v e n = sieben und engl. w o r d = Wort] Die Political Correctness ist auch ins ⬆ I N T E R N E T eingezogen und wird, vor allem in den USA, streng genommen. Das ist der Grund, warum der ⬆ U S E R einige Wörter manchmal nicht in den Mund nehmen darf. Ähnlich der Pieptöne, die in Fernsehtalkshows über die Kraftausdrücke eines Talkgastes gelegt werden, filtern Internetprogramme die so genannten Seven Words heraus. Diese sind „cocksucker", „cunt", „fuck", „motherfucker", „piss", „shit" und „tits".

Shareware

[zu engl. t o s h a r e = teilen und engl. w a r e = Ware] Als Shareware wird eine Software bezeichnet, die zunächst frei kopierbar ist. Oft handelt es sich um Testversionen von Programmen, die kostenlos zu beziehen sind. Ist die Testphase nach vielleicht zwei Wochen abgelaufen, muss das Programm registriert und bezahlt werden. ⬆ F R E E W A R E dagegen wird umsonst auf den eigenen Rechner geladen, ist im ⬆ I N T E R N E T erhältlich oder Computerzeitschriften als CD-ROM beigelegt. ⬆ C H A R I T Y W A R E oder C A R E W A R E ist, weil die Software überflüssig oder schlecht ist, von jeder Registrierung weit entfernt.

Slash

[engl. für: Schnitt] Das Trennungszeichen [/] ist ein fester Bestandteil von Internetadressen. Beim ↑CHATTEN kann der Slash am Anfang eines Textbeitrags stehen.

Smiley

[zu engl. t o   s m i l e = lächeln] Der Smiley oder das HAPPYFACE tauchte zum ersten Mal Anfang der Achtzigerjahre in einer ↑E-MAIL auf. Das Symbol, das für Glück und Zufriedenheit steht, wird im virtuellen Briefverkehr durch einen Doppelpunkt, einen Strich und eine Klammer dargestellt [:-)]. Inzwischen gibt es unzählige dieser ↑EMOTICONS, mit denen der Absender seine Gefühle und Stimmungen ausdrückt.

Snailmail

[engl. für: Schneckenpost] In Konkurrenz zum klassischen Postweg werden Nachrichten heute gerne per ↑E-MAIL verschickt. Die Entfernung zwischen Hamburg und München wird innerhalb von Sekunden überbrückt; dagegen sehen die Briefträger dieser Welt alt aus. Die gelbe Post gilt deshalb als Snailmail. Der Begriff wurde ursprünglich in den USA geprägt, wo die „U. S. Mail" umgangssprachlich zu „Usnail" verkürzt und schließlich als „snailmail" verulkt wurde.

Social Engineering

[zu engl. s o c i a l = sozial und engl. e n g i n e e r i n g = Technik; Synonym für: Kontaktpflege] Das Eindringen in fremde Systeme erfordert neben technischem auch soziales Geschick und psychologisches Verständnis. ↑HACKER verstehen unter Social Engineering die persönliche „Kontaktpflege", den freundlichen Umgang mit Menschen, deren Passwort zu knacken ist. Indem man den Charakter einer Person besser kennen lernt, lassen sich vielleicht Rückschlüsse auf das von ihr gewählte Wort ziehen.

Spam

[Abkürzung von engl. s p i c e d   p o r k a n d   h a m = gewürztes Schweinefleisch und Schinken; Synonym für: Datenmüll] Dem Lieblingsfrühstück der Amerikaner ist in den USA nicht zu entkommen. Ähnliches gilt für den Müll, der die ↑MAIL-BOX verstopft und den Empfänger nervt. Spam steht auch für „send phenomenal amounts of mail". Ein Spam kann das System zum ↑ABSTURZ bringen, wenn die Größe einer Sendung den Rechner sprengt.

Suchmaschine

Ohne die praktischen Suchmaschinen hätte sich mancher Surfer längst im virtuellen Universum verirrt. Die „search engines" filtern die Informationsflut in übersichtliche Schlagwortkanäle. Der Nutzer, der ein Thema recherchieren möchte, gibt ein Stichwort ein und erhält zahlreiche ⌃ H I T S, die zu wichtigen Internetadressen oder -texten führen.

surfen

[zu engl. t o s u r f = Wellen reiten] Das ⌃ I N T E R N E T simuliert Bewegung. Selten kommt es zu einer Pause oder zu einem Stillstand; das Netz ist immer in Betrieb. Der ⌃ U S E R surft über die verschiedenen ⌃ L I N K S von Seite zu Seite und lässt sich wie auf Wellen davontragen. Ob er die Information, die er sucht, tatsächlich findet, hängt von seinem Geschick und seiner Erfahrung ab. Ist der Surfer ohne klares Ziel unterwegs, lässt er sich einfach von den auftauchenden Angeboten treiben.

swappen

[zu engl. t o s w a p = tauschen] Das ständige Umwandeln und Umtauschen von Daten und Informationen wird swappen genannt. Daten werden auf Datenspeicher geswappt, die ⌃ U S E R swappen untereinander Disketten, CDs und andere Speichermedien. Der rege Tauschhandel gilt als „swap and trade".

T a g

[engl. für: Etikett, Anhänger] Bestimmte ⌃ H T M L-Befehle, die durch eine spitze Klammer am Anfang und am Ende eines Wortes gekennzeichnet sind, werden als Tags bezeichnet. Taggen meint das Markieren von Dateien. Die Hinweise geben an, wie ein Text oder eine Grafik in einem Dokument erscheinen soll; zum Beispiel
<LI><A HREF="#unix">UNIX</A>

T o o l

[engl. für: Werkzeug] Vor allem grafisch orientierte Software stellt dem Nutzer verschiedene Werkzeuge zur Verfügung, die durch Piktogramme symbolisiert werden. Eine Bildleiste zeigt z. B. einen Pinsel als Tool, mit dem auf dem Bildschirm zu malen ist, durch das Anklicken einer Lupe im Miniaturformat kann eine Abbildung vergrößert werden, und hinter einem Stempel steckt die Funktion, ein Bild beliebig vervielfachen zu können.

T r o j a n e r

[Abkürzung von: Trojanisches Pferd] Das heimtückische Programm operiert heimlich, ohne dass der ⌃ U S E R es merkt. Wird z. B. ein Arbeitsprogramm geöffnet, wird der Trojaner ebenfalls aktiviert, um Daten auszuspionieren, mit denen der Nutzer umgeht.

Update

[engl. für: Aktualisierung] Das Tempo, mit dem die Computerindustrie ständig neue Computermodelle oder -programme präsentiert, macht ein ständiges Updaten der eigenen Hard- oder Software erforderlich. Wer mithalten will, installiert die aktuelle Programmversion, die Anwendungs- und Qualitätsverbesserungen bietet. Auch das ↑ UPGRADE meint einen höheren Standard, wird aber hauptsächlich auf Hardware bezogen.

uploaden

[zu engl. to load up = laden] Gegenüber dem ↑ DOWNLOADEN meint das Uploaden den Datentransfer vom eigenen Computer auf ein größeres System.

URL

[Abkürzung von engl. uniform resource locator] Die URL ist die Internetadresse bzw. Anschrift einer ↑ HOMEPAGE. Sie setzt sich aus einem Dienst- oder Übertragungsprotokoll (http), dem Netzwerk (z. B. ↑ WORLD WIDE WEB) und den ↑ DOMAINS zusammen. Um dort zu landen, wo man als ↑ USER hinmöchte, muss eine Adresse wie http://www.trendbuero.de korrekt eingetippt werden und mindestens einen Doppelpunkt enthalten.

User

[engl. für: Nutzer, Anwender; vgl. „Ausgehen, Abgehen, Abfeiern"] Der Begriff User gilt für alle, die sich ↑ ONLINE bewegen und Computer- oder Internetprogramme nutzen. Die Intensität seiner Computerbindung, seine Kenntnisse und seine Absichten bestimmen darüber, ob der User ein ↑ NERD, ein ↑ HACKER oder ein ↑ DAU ist. Für User, die beim ↑ SURFEN Suchtverhalten aufweisen und schlecht abschalten können, ist im ↑ INTERNET inzwischen eine Therapiegruppe eingerichtet. Auf die virtuelle Couch kommen alle, die ohne Tastatur und Maus nicht mehr leben können.

V – Chip

[Abkürzung von engl. violence chip] Dieser Chip kommt zum Einsatz, wenn es um Gewalt verherrlichende ↑ WEBSITES geht. Im Fernsehen oder Videorecorder schaltet er ab, wenn Kinder die „Sesamstraße" links liegen lassen und sich lieber Actionserien reinziehen.

verkleiden

Wer nicht mit Werbung aus dem Netz bombardiert werden möchte, bringt seine Abwehr in Stellung. Der ↑ USER verkleidet seine Adresse einfach, indem er den Mailfilter einstellt.

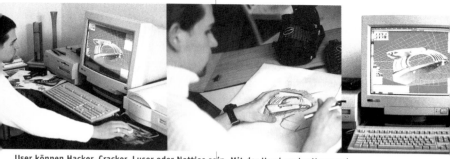

User können Hacker, Cracker, Luser oder Netties sein. Mit der Hand an der Maus und dem Blick am Monitor chatten und surfen die Computerfreaks durch den Cyberspace.

V – Idol

[Abkürzung von engl. v i r t u a l   i d o l = virtuelles Idol] Die virtuell animierten Kunstfiguren, die auf Internetseiten und in Computerspielen auftauchen, eignen sich als Alltagshelden wie reale Popstars oder Schauspieler. Die Grenzen zwischen virtueller Realität und dem realen Leben zerfließen zunehmend, denn die gepixelten Helden treten in eigenen Chatrooms in Kontakt mit ihren Fans und beantworten geduldig deren Fragen. Der Vorteil von ⬆ LARA CROFT, ⬆ KYOKO DATE oder ⬆ E – CYAS ist deren Unsterblichkeit und die Flexibilität, ein wirklich individuelles Idol zu sein, das sich auf jeden Fan einstellt und sich mit ihm entwickelt. Werbung und Wirtschaft schätzen die Cyberhelden, weil sie weniger zickig und fordernd sind als mancher reale Star.

Virtual Reality

[engl. für: künstlich erzeugte Realität] Schon die dreidimensionalen Holografien, die es seit 1949 gibt, gelten als erste Versuche, Realität künstlich zu erzeugen oder überzeugend zu simulieren. In den Sechzigerjahren wurde die 3-D-Brille entwickelt; Datenhandschuhe und ein Helm mit integriertem Bildschirm galten als die Standardausrüstung, um virtuelle Realität erleben zu können. Der so ausgerüstete Mensch wurde mit einem Computer vernetzt, um die Grundidee der virtuellen Realität, das sensuelle Gefühl des Dabeiseins, den Eindruck des wirklichen Erlebens, umzusetzen. Der Einsatz von Flugsimulatoren in der Pilotenausbildung wurde später von Computerspielen fortgeführt, wobei sich die Wirklichkeitsnähe der dreidimensionalen Abbildungen ständig verbesserte.

Virtuelle Realität wird heute vor allem von der Unterhaltungsindustrie perfektioniert. Von den virtuellen Kunst- und Fantasiefiguren, die durch das ⬆ I N T E R N E T oder Computerspiele populär werden, bis zu den computersimulierten Animationen, die in Spielfilmen, Werbespots oder Videoclips das Unmögliche möglich machen.

Virus

Es macht keinen Schnupfen und verursacht keine Schmerzen, doch wenn ein Virus das Computersystem eines ⬆ U S E R S infiziert hat, verschlechtert sich dessen Stimmung dramatisch. Ein Virus ist ein Programm, das Daten bis zum kompletten Löschen der Festplatte zerstören kann. Dazu lädt es sich in den Hauptspeicher, um von dort aus jedes gestartete Programm zu infizieren und seine zerstörerische Funktion auszuüben. Prinzipiell gibt es drei Arten von Viren. „Boot-Viren" aktivieren sich beim Laden des Betriebssystems und verbreiten sich über Disketten oder die Festplatte. „Datei-Viren" hängen sich an Programmdateien, um eine maximale Ansteckung zu erreichen. „Makro-Viren" schließlich nisten sich in Textdokumenten, Tabellen und Datenbanken ein. Die ersten Versuche, mit einem ⬆ C O D E zu arbeiten, der sich selbst vermehren kann, wurden Anfang der Achtzigerjahre durch-

geführt. Aus dem harmlosen Scherz, die Nutzer von Computern zu erschrecken, indem diese an ein Datum gekoppelte Botschaften erhielten, ist ein ernsthaftes Problem entstanden. Als prophylaktische Maßnahme gelten die Antivirusprogramme, die die gemeinen „Body-Snatcher" verhindern oder beseitigen sollen.

Visit

[engl. für: Besuch] Wer viel Besuch kriegt, ist beliebt. Deshalb ist es im ⬆ I N T E R - N E T fast Sport geworden, die Visits einer Adresse zu zählen und stolz als Beweis für Qualität anzuführen. Unternehmen nutzen die Anzahl der Zugriffe auf ihre Seiten, ähnlich wie die Quoten beim Fernsehen oder die Auflage einer Zeitschrift, als offizielles Beliebtheitsbarometer.

Wallpaper

[engl. für: Tapete] Wer sich in seinem Computer häuslich einrichtet, will es auch besonders nett haben. Deshalb wählt man auf der ersten Ebene der Monitordarstellungen einen Bildschirmhintergrund aus, den man sich häufig und gern ansehen mag. Ob das Wallpaper ein schrilles Siebzigerjahre-Muster oder ein romantisches Inselmotiv als Fototapete zeigt, hängt ganz vom Geschmack und der Kreativität des ⬆ U S E R S ab.

Der User liebt Tapetenwechsel. Durch ein paar Mausklicks verändert sich das Wallpaper seines Bildschirms.

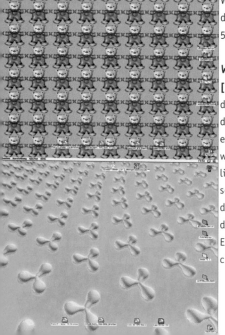

Webcam

[Zusammenziehung aus engl. w e b = Netz und engl. c a m e r a = Kamera] Die kleine Computerkamera, deren Bilder direkt ins ↑ I N T E R N E T eingespeist werden, ist im Berufsleben bei Videokonferenzen und im Privatleben auf ↑ H O M E P A G E S üblich. Webcams werden überall in der Wohnung installiert, um regelmäßig ein Standbild ins Netz zu schicken, das von der gesamten Surfergemeinde begutachtet werden kann. Als berühmteste Webdarstellerin gilt Jennifer Ringley aus Washington, die schon als 18-jähriges Collegegirl mit dem Leben vor der Kamera begann. Die zahlreichen Kameras in ihrer Wohnung ↑ B E A M E N alle 120 Sekunden ein aktuelles Bild ins Netz, das bis zu 500.000 Menschen täglich erreicht.

Webdressing

[zu engl. w e b = Netz und engl. t o d r e s s = anziehen; Synonym für: Webdesign] Webdressing meint das Gestalten einer eigenen ↑ H O M E P A G E. Ähnlich wie die Kleidung, die man in der Öffentlichkeit trägt, oder eine Wohnung, die man seinen Besuchern präsentiert, viel über den Absender verrät, avanciert das Design der eigenen P A G E zum berühmten ersten Eindruck, der viel verkehrt, aber auch manches richtig machen kann.

Webgirl

[zu engl. w e b = Netz und engl. g i r l = Mädchen] Die Webgirls oder ↑C Y B E R - G I R L S sind begeisterte ↑U S E R des ↑W O R L D   W I D E   W E B, und einige präsentieren sich sogar auf privaten ↑H O M E P A G E S. Die selbstbewussten W Y B E R oder C Y B E R W E I B E R repräsentieren dabei ein emanzipiertes Frauenbild, das technisches Interesse als selbstverständlich einbezieht.

Frauen im Netz heißen im Computerslang Netchicks, Häcksen, Webgirls oder Cyberweiber.

Webmaster

[zu engl. w e b = Netz und engl. m a s t e r = Meister] Trotz ihrer demokratischen Struktur teilt sich die virtuelle Gemeinschaft in Könner und Kenner der Technologie, deren Beherrschung für viele ↑U S E R eine Kunst ist. Der Webmaster ist Herr über das System und zur Stelle, wenn es Probleme gibt. Der W I Z A R D gleicht einem genialen Zauberer, der Fehler mühelos verschwinden lässt und den magischen Kasten auf dem Schreibtisch beherrscht. Der N E T - G O D schließlich thront als Erleuchteter über allem.

Website

[zu engl. w e b = Netz und engl. s i t e = Ort, Lage] Auch S I T E oder P A G E genannt, ist die Website mehr als eine Seite im ↑I N T E R N E T. Die Website ist der Standort im virtuellen Raum, an dem man beim ↑S U R F E N durchs Netz landen kann.

Wetware

[zu engl. w e t = nass und engl. w a r e = Ware; Synonym für: Mensch am Computer] Weil der Mensch auch aus Wasser besteht und weil er mit den Komponenten Hardware und Software ein Triumvirat des technologischen Fortschritts verkörpert, gilt der ↑U S E R vor dem Bildschirm als Wetware. Wahlweise wird der Begriff, je nach Menschenbild, auch durch „Meatware" oder „Lifeware" ersetzt.

World Wide Web

[engl. für: weltweites Netz; auch: WWW] Das World Wide Web wird fast als Synonym für Internettechnologie verwendet, wobei das ↑ I N T E R N E T „nur" sein populärstes Netzwerk ist. Die Geschichte des World Wide Web begann 1990. Tim Berners-Lee, britischer Informatiker am Hochenergie-Forschungszentrum CERN, startete zusammen mit Kollegen eine Initiative, um ein globales Computernetz zu gründen und das Internet für einen neuartigen Informationsaustausch zwischen Wissenschaftlern zu nutzen. Zunächst ging es darum, wissenschaftliche Dokumente ↑ O N L I N E sichtbar zu machen, wobei einfache Textformatierungen und das Einbinden von Grafik möglich sein sollten. Entscheidend war aber auch die Idee, Verknüpfungen von Hypertext einzubauen, sodass Dokumente auf andere Dokumente verweisen konnten. Die beiden Säulen des Projektes wurden das neu entwickelte Dateiformat ↑ H T M L (Hyper Text Markup Language) und das Internet-Protokoll H T T P (Hyper Text Transfer Protocol). Die Vision des W W W motivierte auch andere Softwareentwickler, an der Entwicklung von WWW-Browsern zu arbeiten. Heute bietet das WWW den ↑ U S E R N multimediale Funktionen und transportiert Bilder und Sounds, Animationen und Videos um die Welt.

W u r m

Diese gemeine Variante eines ↑ V I R U S reproduziert sich selbst in so häufiger Zahl, dass es in der Lage ist, die Speicherkapazität einer Festplatte total lahm zu legen. Als „Wurmloch" wird die Lücke innerhalb eines Netzwerks bezeichnet, durch die der Wurm eindringen kann.

Z I P

[Abkürzung von engl. z i g z a g i n l i n e p a c k a g e; engl. auch für: Reißverschluss] Kleinere Pakete kommen schneller an als große. Deshalb ist ZIP das im ↑ I N T E R N E T am häufigsten gebrauchte Format für die Komprimierung von Daten. Es arbeitet ohne Verlust, d. h., die Daten werden beim Auspacken wieder in den Originalzustand gebracht, obwohl sie auf dem Weg zum Empfänger stark verkleinert wurden.

Liebe, Sex und P

DOGGY-STYLE | FLY-GIRL | HORNY |

Was geht? Wer ko
überhaupt noch j
B-Boys und Wanna
den Aufrisszonen.

E-TALK | POSER | SCANNEN | SPOTTEN

t? Und kommt
and? Fly-Girls,
s spotten in

Assel

[Synonym für: asozialer Mensch] Ein paar Typen haben bei den Girls keine guten Karten. Wenn die Anmache nicht sitzt und der Sprücheklopfer primitiv rüberkommt, ist er in den Augen der Mädels eine Assel. Auch wer sich dem Schmuddellook verschreibt und ein ebenso schlampiges Zuhause vorweist, bekommt die Abfuhr. Eine Assel, auch „Asi" genannt, ist meistens männlich, zeichnet sich durch geschmacklose Klamotten oder unsoziales Verhalten aus. Auch Freunde oder Bekannte abzuziehen gilt als „asselig" oder „assig". Als Lebensstil ist Rumasseln nur in Punkkreisen akzeptiert. Asselpunks stehen vor örtlichen Supermärkten, wo sie vorübergehende Passanten um Kleingeld anhauen.

Aufrisszone

[Synonym für: Flirtareal] Wohin zum Baggern, Graben oder Peilen? Bars, ⬆ CLUBS, ⬆ LOUNGES, Cafés oder Discos sind die klassischen Aufrisszonen im nächtlichen Szeneleben. Zum Abschleppen bietet sich der ⬆ ONE-NIGHT-STAND an, für Überraschungen sorgt das BLIND DATE. Tagsüber haben sich Liegewiesen, Freibäder, Supermärkte oder Fitnessstudios als Aufrisszonen etabliert. Die Qualität einer Aufrisszone richtet sich nach den Leuten, die hier verkehren, und deren Flirtverhalten. Welche Zone taugt, bewertet die persönliche Erfahrung und manchmal ein Stadtmagazin, das sich so den Verkauf bei Singles sichert.

Barbie

Barbie ist blond. Barbie ist schick. Barbie liebt Rosa. Treffen alle Eigenschaften der weltbekannten Puppe, die jedes kleine Mädchen bis zur Pubertät begleitet, auf eine lebende Person zu, wird diese als Barbie identifiziert. Jedes übertrieben gestylte, aufgetakelte Girl, das Bonbonfarben und Tigermuster zu einem belanglosen Gesichtsausdruck trägt, macht diesem Namen alle Ehre. Jeder Boy, der darauf abfährt, muss ein Ken sein.

B – B o y

[Abkürzung von engl. b r e a k d a n c e r; vgl. „Musik und Popkultur"] Der B-Boy ist in der ⬆ H I P – H O P -Kultur zu Hause, die ursprünglich von Breakdancern geprägt wurde. Auch wenn er nicht deren coole ⬆ M O V E S beherrscht, ist er in der Szene aktiv, indem er die richtigen ⬆ C L U B S besucht, die korrekten Klamotten trägt und vor allem die angesagte Musik kennt.

B i t c h

[engl. für: Hure] Was im Amerikanischen eine Prostituierte beschreibt, wird in der Szene als Bezeichnung für eine Schlampe oder ein Flittchen benutzt. Der Ausdruck findet sich vor allem in den ⬆ L Y R I C S amerikanischer Gangsta-Rapper, für die alle Frauen Bitches sind, ausgenommen die eigene Freundin und die Mutter. Bitch kann aber auch anerkennend gemeint sein, wenn sich der Ausdruck auf eine unabhängige, ausgeflippte oder unangepasste Frau bezieht. Diese Bitch setzt sich über klischeebefrachtete Geschlechterrollen hinweg und nimmt sich, was sie kriegen kann. Eher selten sind philosophische Betrachtungen zu Themen wie: „Life's a bitch and then you die!"

b l a n k z i e h e n

[Synonym für: sich ausziehen] Wer wirklich scharf aufeinander ist, hat's eilig. Keine Zeit, Jacke, Schuhe, Socken, Hose und Shirt in aller Ruhe auszuziehen und ordentlich gefaltet auf den Stuhl zu legen. Schnell muss es gehen, die Klamotten loszuwerden. Blankziehen oder „blankreißen" meint, sich selbst oder den Partner in kürzester Zeit in paradiesisches Nacktsein zu versetzen.

B l o w – J o b

[zu engl. t o b l o w = blasen und Job] Der Begriff stammt aus der Prostitution, wo der Kunde Oralverkehr verlangt und dafür zahlt. Inzwischen ist das Wort, wie „blasen", gängige Bezeichnung für Fellatio. Die coole Komponente des Begriffs macht deutlich, dass Leidenschaft oder

Blickfang in der Aufrisszone. Jagdreviere für das Baggern und Graben sind die Clubs, Cafés und Bars der Stadt.

Romantik, wie z. B. beim ↑ O N E – N I G H T – S T A N D, hier nichts verloren haben. In den USA ist ein weiterer Ausdruck prominent: „die Lewinsky machen".

checken

[zu engl. t o c h e c k = überprüfen] Normalerweise checkt man schnell, ob was Cooles abgeht und der Abend Erfolg versprechend ist. Im ↑ C L U B wird abgecheckt, welche Girls offen für ein ↑ D A T E sind oder wie die Boys rangehen. Wer sich gefunden hat, startet die große Checkerei. Taugt der andere nur für einen ↑ O N E – N I G H T – S T A N D oder wird doch mehr daraus? „Erst mal checken" bedeutet erst mal schauen und bloß nicht festlegen.

Chicks

[zu engl. c h i c k = Küken] Erste Annäherungen finden unter größten Vorsichtsmaßnahmen statt. Alles, was uncool wirken könnte, ist zu vermeiden. Deshalb haben die Jungs für die Wesen mit den langen Haaren Namen parat, bei denen sie gar nicht erst in den Verdacht geraten, dass das Herz lauter schlagen könnte. Die Girls werden als Chicks oder H Ü H N E R bezeichnet, die Angebetete ist eine H I P – P E, eine H E C K E oder die B U N Z. Wer der Anziehungskraft schließlich nachgeben

musste, hat am Ende eine B E T T Y oder eine P E R L E im Schlepptau.

Coming–out

[zu engl. t o c o m e o u t = herauskommen] Die Emanzipation von Homosexuellen hat den Begriff Coming-out geprägt, das in der Schule, in der Family oder in der ↑ P O S S E stattfindet. Das Coming-out bezeichnet die Offenbarung, sich gegenüber der Außenwelt zur eigenen Sexualität zu bekennen. War das O U T I N G prominenter Homosexueller vor ein paar Jahren noch gut für einen Medienskandal, reagieren Medien und Gesellschaft jetzt gelassener auf das Thema. Spektakuläre Outings, wie das des Popstars George Michael 1999, verursachen allerdings noch immer ein Medienecho, das der Star in diesem Fall für sich zu nutzen wusste. Nachdem Michael von einer Zivilstreife wegen sexueller Belästigung in der Öffentlichkeit verhaftet worden war, erzählte dieser seine Version der Geschichte in einem später produzierten Video. „Let's go outside" spielt mit den Symbolen Uniform tragender Ordnungshüter und Uniform liebender Schwuler – und wurde ein Hit. Dank der verbreiteten Talkkultur der Mediengesellschaft, die kein Geheimnis für sich behalten kann, outet man sich und andere inzwischen auch in anderen

Das Rendezvous war gestern, heute ist das Date. Wer viele Verabredungen hat, ist durchgedatet.

ge oder beim ⬆CHATTEN im Netz auf ein interessiertes Gegenüber stößt, verabredet sich zum BLIND DATE. Bei einem vollen Terminkalender deutet ein durchgedateter Tag darauf hin, dass jemand viele Freunde hat, gerne ausgeht oder ungern allein ist. In diesem Fall ist es gar nicht so einfach, zueinander zu kommen: „Können wir uns morgen treffen, oder bist du komplett durchgedatet?"

Dick

[Synonym für: Penis] Der Ausdruck für das männliche Geschlechtsteil kommt aus dem Amerikanischen und wird vor allem in der Schwulenszene in den Mund genommen. Bei den deutschen Entsprechungen beziehen sich die Begriffe auf die Form des männlichen Zipfels, auf sein Standvermögen oder die Funktion. GURKE, HAMMER, LATTE, ROHR, TORPEDO, ZWILLE oder ZAPFHAHN sprechen für ein kraftvolles Organ; der KONDOMZWERG hinterlässt dagegen einen schlaffen Eindruck.

Bereichen; z. B. als den gesellschaftlich geächteten „Nassnieser" oder den oft belächelten „Zweimalspüler".

Date

[engl. für: Verabredung] Das Rendezvous war gestern, heute ist das Date. Wer ein Date hat, trifft sich mit dem Hintergedanken, dass es etwas länger dauern könnte und mehr daraus wird. Singles haben ihre eigenen Wege, zu einer Verabredung zu kommen. Wer über eine Kontaktanzei-

Dicke Hose

Wer auf dicke Hose macht, gibt an. Der Blender gibt vor, viel Geld zu haben, das in großen Bündeln die Taschen ausbeult, oder er will das Girl mit einer stattlichen ZWILLE beeindrucken.

Doggy-Style

[zu engl. d o g g y = Hündchen und engl.
s t y l e = Art] Die Lieblingsstellung von
Kommissar Rex, Lassie oder Boomer erfreut
sich auch bei der menschlichen Rasse
großer Beliebtheit. Bei der Hündchen-
stellung liegt die Frau auf dem Bauch oder
kniet vor dem Mann, der von hinten in sie
eindringt. Dass sich der Name des West-
coast-Rappers Snoop Doggy Dog auf die
Position bezog, wurde von ihm bestritten.

Eso

[Abkürzung von: Esoteriker] Was in den
Achtzigerjahren der „Öko" als Frontfigur
der Alternativbewegung war, ist zu Beginn
des neuen Jahrtausends der Eso, der Anhänger der Wellnessphilosophie und des
ganzheitlichen Denkens. Innenwelt statt
Außenwelt – der Eso-Typ will fühlen, erleben, sich öffnen und ausprobieren, was
von exotischen Kontinenten nach Europa
schwappt. Yoga, Thalasso, Qi Gong, Reiki
und Shiatsu sind das Vokabular, mit dem
er Eindruck macht. Beim Tee zitiert er die
neuesten Feng-Shui-Theorien und rückt
die Möbel. Und beim Sex stimuliert er mit
Massageöl und duftenden Aromen.

Fly-Girl

[zu engl. f l y = clever und engl. g i r l =
Mädchen] Das weibliche Pendant zum

Fly-Girls, Geek-Girls, Groupies, Chicks ...
wer die Frau fürs Leben sucht, hat Auswahl.

↑ B - B O Y ist ein Girl, das in der
↑ H I P - H O P -Szene aktiv ist oder Hip-
Hop konsumiert. Fly steht dabei für „cool"
oder „hip", was sich auf den Style und das
Aussehen der Braut bezieht. Ein Fly-Girl
ist in der Regel besonders hübsch und sexy;
ein Typ, auf den man fliegt. Der Ausdruck
kann aber auch negativ gemeint sein, wenn
die Frau in den Augen der Jungs leicht zu
haben ist oder wahllos von einem zum
anderen flattert. Ein Fly-Girl, das alle hat,
genießt keinen Respekt.

G a n g – B a n g

[zu engl. g a n g = Bande und t o b a n g = stoßen] Der kalkulierte Tabubruch ist im Fernsehen Standard und Garant für Zuschauer- und Quotenerfolg. Jede sexuelle Spielart wird vor laufender Kamera praktiziert, was die Experimentierfreude der Zuschauergemeinde steigert. Wurde Gruppensex in den Siebzigerjahren als Akt sexueller Befreiung und Aufstand gegen das Establishment gefeiert, verzichtet das fröhliche Mit- und Übereinander jetzt auf den ideologischen Überbau. Das coole Wort dafür: Gang-Bang.

G e e k – G i r l

[zu engl. g e e k = trottelig, langweilig und engl. g i r l = Mädchen; vgl. „Computerslang und Cyberspace"] Der verschrobene ↑ G E E K vor dem Computer hat ein weibliches Pendant, das Geek-Girl. Die Antithese zu den Erfolgsgeschöpfen amerikanischer Teenieserien hat nichts mit den Schönen und Schicken der Popkultur gemein. Wo die einen ihr Zahnpastalächeln und Cheerleadercharisma zur Schau tragen, hat das Geek-Girl Pickel, Komplexe und Neurosen. Mit der ins Kino einziehenden Echtheit, die Regisseure wie Quentin Tarantino praktizieren, haben Stil und Ästhetik des Außenseiters allerdings Aufmerksamkeit erhalten. Die unscheinbaren

Losergirls hatten schließlich genügend Zeit, sich beim Stubenhocken, Fernsehen, Lesen und Computersurfen eine interessante Macke zuzulegen. Prototyp des weiblichen Geeks ist die Schauspielerin Christina Ricci, die in Filmen wie „Buffalo 66" oder „Pecker" den gesellschaftlichen O U T C A S T verkörpert.

G r o u p i e

[engl. für: weiblicher Fan; vgl. „Musik und Popkultur"] Der Begriff aus dem Musikbereich lässt sich auf alle Girls anwenden, die sich an einen Typen hängen und – bis zur Herrentoilette – stramm mitmarschieren. Ein Groupie ist ein Fan, wobei der Angehimmelte gar kein Star, sondern nur schön, reich oder clever sein muss. Prominente Vorbilder der Groupies sind: Verona Feldbusch, die Dieter Bohlen nicht nur in den Ohren lag, Marianne Faithful, die Mick Jagger nicht nur an den Lippen hing, und Marilyn Monroe, die John F. Kennedy nicht nur ein Ständchen hauchte.

G r r r l

[zu engl. g i r l = Mädchen] Wer kein Mädchen sein will, ist ein Girlie. Und wem das Girlie zu brav ist, nennt sich Grrrl. Von einer Redewendung abgeleitet, die junge afroamerikanische Frauen verwendeten („You go, guuuurlll!"), zeichnet sich das

Grrrl durch katzenhaftes Knurren aus, da man sich der starken Tigerin näher fühlt als der schnurrenden Perserkatze. Grrrls sind ungezogen, selbstsicher, mutig und aufgeweckt; Frauen, die sich dem Kosmetik- und Schönheitsdiktat entziehen und „Schlampe" als Kompliment verstehen. Verwandt mit dem ↑ TANK - GIRL oder dem RIOT - GIRL, hat Grrrlishness vor allem in der Popkultur Entsprechungen gefunden, die durch Madonna, Courtney Love oder, im ↑ CYBERSPACE, durch ↑ LARA CROFT verkörpert werden.

Hete
[Abkürzung von: heterosexuelle Person] Um sich selbstbewusst von der hetero-sexuellen Mehrheit der Bevölkerung abzu-grenzen, spricht die Schwulen- und Lesbenszene von den Heten, die ihrerseits Homosexuelle als „Homos" bezeichnen. Das Klischee der typischen Hete entspricht dem Bild des Dauercampers, der im Vor-garten einen Yorkshireterrier und Gar-tenzwerge hält und vorzugsweise im Jog-ginganzug aus Ballonseide auftritt.

Hobbyangler
[Synonym für: Playboy] Wie angelt man sich eine Braut? Wer jede Nacht durch die ↑ CLUBS der Stadt zieht und auf der Suche nach einem ↑ ONE - NIGHT - STAND jedem Rock hinterherschaut, sichert seinen Ruf als Hobbyangler. Dabei

Die Nummer Sicher. Wer horny und scharf aufeinander ist, kommt schnell zur Sache. Im Sessel, auf dem Teppich oder im Bett.

kann es passieren, dass ihm mancher Fisch ins Netz geht – oder dass der Köder an der Angelrute keinen einzigen Fang macht.

Homie

[Abkürzung von engl. h o m e b o y; vgl. „Musik und Popkultur"] Im HIP-HOP taucht der Homie in zahlreichen LYRICS auf. Als Mitglied der POSSE ist der Homie ein enger, verlässlicher Freund, mit dem man gemeinsam rumhängen kann. In der Computerszene kann damit auch ein Stubenhocker gemeint sein, der den ganzen Tag vor dem Bildschirm hockt, sich ab und zu einen Joint reinzieht und sich, auf die eine oder andere Art, in fremde Welten BEAMT.

horny

[engl. für: geil] Reichte früher das Wort „geil", um ein menschliches Bedürfnis auszudrücken, hat sich der Begriff inzwischen als Adjektiv in die Umgangssprache verabschiedet, wo er die Bedeutung von „klasse" oder „gut" steigert. Wer wirklich geil ist, bedient sich jetzt im Tierreich und sagt „rattig", „riemig" oder „rollig". Wer horny ist, ist „geil", „spitz" oder „scharf" – vor allem auf einen Sexualpartner. Der Song „Horny" von Mousse T hielt sich 1998 monatelang in den CHARTS und wurde von den Teenies in ganz Deutschland mitgesungen. Mit Sicherheit ging an manchen Eltern vorbei, in welches Horn hier geblasen wurde.

Hunk

[engl. für: geiler Typ] „Voll der Hunk" ist eine wenig schmeichelhafte Einschätzung eines Typen. Der Hunk gilt als unsympathischer Idiot, der gerne Schwachsinn von sich gibt oder durch penetrantes Angeben glänzt.

Hupen

[Synonym für: Brüste] Als Objekte der männlichen Fantasie sind die weiblichen Brüste unschlagbar. Mit dem Beginn der Pubertät wird das Interesse am Dekolleté geweckt und dessen Inhalt mit den skur-

rilsten Bezeichnungen belegt. Busen sind Hupen, HÖCKER, SCHLÄUCHE oder OHREN, bei deren Anblick auch die Ohren der Jungs verdammt heiß werden. Da man sich im Zeitalter der chirurgischen Modellierkunst nicht immer der Echtheit des Busens sicher sein kann, werden einige Prachtexemplare auch als SILIKON–TÜTEN abgestempelt.

Hustler

[engl. für: Gauner; auch: Strichjunge] Das berühmte amerikanische Magazin des Herausgebers Larry Flynt hat den Namen populär gemacht. In der ↑HIP–HOP-Szene taucht der Hustler als zentrale Figur immer wieder in ↑RAP–↑LYRICS auf. Der clevere, eigensinnige Überlebenskünstler bedient sich nicht immer der legalsten Methoden, wenn es darum geht, sich im Großstadtdschungel über Wasser zu halten. Im Gegensatz zum „Gangsta" ist der Hustler ein Einzelgänger, also viel zu eigenwillig, um sich einer Gang anzuschließen.

Kernasi

[Synonym für: asozialer Mensch] Der Kern des Menschen gilt als sein wahrer Charakter, als sein unveränderbares Schicksal, als Folge seiner DNA-Struktur. Auch wer sich als Schale das Image eines wohlerzogenen Softies zugelegt hat, kann in seinem

Echte Hupen, künstliche Tüten? Bei den Reizwörtern für die weiblichen Brüste ist alles drin.

Kern ein ⬆ P R O L L, ein Kernasi, sein, der in Extremsituationen zum Vorschein kommt und die kultivierte Schale sprengt. Der Kernasi fällt nicht durch schichtspezifischen Background, sondern durch asiges Sozialverhalten auf, vor allem gegenüber Frauen, Senioren und Randgruppen. Der Kernasi nimmt einem Schulbus die Vorfahrt, rülpst nach dem Essen oder kratzt sich am Schritt.

Keule

[Synonym für: Kumpel oder Freundin] „Hey, Keule, wie geht's?" Die coole Anrede ist für den Freund, den Bruder oder den Kumpel gedacht. Die Keule kann aber auch weiblich sein. Dann ist die Freundin gemeint, mit der ein Kumpel unterwegs ist.

kinky

[engl. für: schrullig] Wenn eine Person komisch drauf ist, exzentrisch oder anders seltsam, kann eine große Faszination von ihr ausgehen. Man findet diese Person kinky, was auch sexuellen Bezug hat und die bizarre, ausgefallene oder unberechenbare Art einer Person beschreibt.

Loser

[engl. für: Verlierer; vgl. „Computerslang und Cyberspace"] Die Einschätzung Loser stempelt einen Typen als nicht überlebensfähig ab. Losen kann man im Job, in der Beziehung oder bei der Anmache. Eine Variation der Spezies ist der L O O N Y, abgeleitet von „lunatic", womit im Englischen ein Irrer oder Wahnsinniger bezeichnet wird. In Amerika ist daraus der „looner" entstanden, der Irrsinn mit „loneliness" (engl. für: Einsamkeit) paart. Der S L A C K E R dagegen ist der gesellschaftliche Verweigerer, der mit seinem deutschsprachigen Pendant, H Ä N G E R genannt, viele Gemeinsamkeiten teilt.

Love-Talk

[zu engl. l o v e = Liebe und engl. t o t a l k = sprechen; Synonym für: Telefonsex] Telefonsex muss nicht zwingend mit Liebe gekoppelt sein. Räumlich getrennte Partner nehmen allerdings gern den Hörer und andere Dinge in die Hand, um beim zärtlichen Liebesgeflüster auf Touren zu kommen. Wer keine Freundin zum Plaudern hat, ruft bei einer professionellen Telefonsexagentur an. Das mag Überwindung und Gebühren kosten, ist andererseits absolut „safe".

Messie

[zu engl. m e s s = Unordnung, Schmutz] Der erste Eindruck ist entscheidend. Auch der Eindruck, den die Wohnung macht, wenn man ein ⬆ D A T E mit nach Hause

Liebe, Sex und Partners

Immer im Abschleppdienst. Wer sich auf der Party auf einen One-Night-Stand
einlässt, landet weich. Auf der Liegewiese oder in der Beziehungskiste.

nimmt. Leere Pappschachteln vom Pizza-Bringdienst, nicht abgewaschene Teller und Gläser, zum Bierdeckel umfunktionierte CDs, getragene Socken im Waschbecken und ein Chaos aus Klamottenbergen lösen Alarm aus: Hier wohnt ein Messie; ein Typ mit chronischer Tendenz zum Chaos. Da heißt es: Abhauen oder aufräumen!

One-Night-Stand

[engl. für: sexuelles Abenteuer für eine Nacht] Eine der beliebtesten Freizeitbe-

schäftigungen der Neunziger war es, nachts durch die Gegend zu ⬆CRUISEN, in den Bars die Leute zu ⬆SPOTTEN und zu ⬆SCANNEN, was geht. Im besten Fall geht man mit einer Zufallsbekanntschaft und landet mit dieser im Bett. Beim One-Night-Stand steht das Verfallsdatum der Begegnung entweder vorher fest, oder es wird im Nachhinein bekannt gegeben. Üblicherweise liegt die Haltbarkeit bei einer Nacht inklusive Frühstück, eventuell dauert die vorübergehende Zweisamkeit nicht ganz so lange. Ist das Erlebnis eher enttäuschend, wird das Abenteuer auch gern als FUCK'N'RUN abgehakt. Da sich der One-Night-Stand oft im Drogen- oder Alkoholrausch anbahnt, ist am nächsten Tag mit Kopfschmerzen und der Frage „Wer ist denn das, und wie werde ich das wieder los?" zu rechnen.

Patient

Wer Patient genannt wird, muss nicht in ärztlicher Behandlung sein. Die Geringschätzung „Du Patient!" kommt immer dann zum Ausdruck, wenn ein Typ seltsam drauf ist, etwas abgedreht wirkt oder einfach eine kranke Meinung hat. Wem das nicht weit genug geht, der drängt den anderen in die Opferrolle. Hinter dem Idiom „Du OPFER!" steckt eine Beleidigung, denn Opfer sind Außenseiter oder Schwächere, die ihre Rolle manchmal durch eigenes Verhalten heraufbeschwören. Als Opfer werden auch soziale Randgruppen wie Alkoholiker oder Drogenabhängige bezeichnet.

Perlhuhn

Jungs mögen es, wenn Mädchen gut aussehen. Was sie weniger schätzen, ist, wenn Mädchen viel Zeit dafür verwenden, weil sie einkaufen müssen, weil sie im Kosmetikstudio verabredet sind oder weil sie ihre Karriere planen. Das Perlhuhn fällt durch einen gehobenen Kleidungsstil, eine brave Frisur und zur Spießigkeit neigende Ohrstecker auf. Neben gepflegten Fingernägeln verfügt es über einen gepflegten Lebenslauf, worauf die „Schickse", die zu auffälliger bis geschmackloser Mode neigt, weniger Wert legt.

poppen

[Synonym für: miteinander schlafen] „Das Runde muss ins Eckige, und nach dem Spiel ist vor dem Spiel." Die Synonyme, die man für den Beischlaf gefunden hat, sind vor allem eins: lautmalerisch und plastisch. „Bürsteln", „drücken", „durchziehen", „nageln", „pimpern", „pudern", „rutschen", „stempeln", „stöpseln" oder „einlochen" – die Ausdrücke, die man für die schönste Nebensache der Welt benutzt, lassen jeden Härtegrad zu. Auch die schlichte Variante „Sachen machen" taugt für ein sexuelles Angebot, bleibt aber für Interpretationen offen. Der Reiz liegt im Unbestimmten – und in der Frage, ob vielleicht doch nur harmloses Kaffeetrinken, gemeinsames Sporttreiben oder Tanzengehen gemeint war.

Poser

[engl. für: affektierter Typ] ↑ UNDERSTATEMENT ist angesagt, übertriebenes OVERACTING uncool. Wer sich zu sehr in Pose setzt und den Macher raushängen lässt, ist weit entfernt von wahrer Coolness. Der Poser mit der Lizenz zum Angeben kommt nicht gut an, weil die Szene es gar nicht schätzt, wenn jemand peinlich aus der Reihe tanzt, und auch die Girls nicht viel von Blendern halten.

Problemiker

Wer viele Probleme, aber keinen Spaß hat, gehört auf die Couch. Die sollte allerdings nur beim Therapeuten und nicht in der ↑ LOUNGE stehen. Problemiker haben entweder in sehr jungen Jahren einen Schaden oder erst mit 30, wenn sich die Midlife-Crisis viel früher als erwartet einstellt. Die Gründe für die schiere Verzweiflung können vielseitig sein. Sie reichen von der gescheiterten Liebe bis zum Split einer heiß geliebten ↑ BOYGROUP. Alles ein Problem!

Saft

[Synonym für: Sperma] Saft steht für Sperma und jede andere Körperflüssigkeit, wie das englische Wort „juice" auch Geschlechtssekrete meint. „Ich geb dir meinen Saft, gib du mir deinen", machte die ↑ HIP-HOP- ↑ COMBO Die Fantastischen Vier 1992 zum Thema eines ihrer ↑ RAP-Songs.

scannen

[zu engl. to scan = abtasten, absuchen; vgl. „Computerslang und Cyberspace"] Wer durch die Gegend ↑ CRUIST und von einer Bar in die nächste fällt, scannt das nächtliche Geschehen. Dabei hängt man lässig an der Bar und bewegt kaum mehr als das Glas zum Mund oder die Augen, die in die Runde forschen. Das distanziert wirkende Abtasten der Umgebung dient der Frage, ob man sich am richtigen Ort befindet – oder lieber die ↑ LOCATION wechseln sollte. Bei der Shoppingtour scannt man das Angebot verschiedener Geschäfte, um dann in einem Laden zuzuschlagen.

Schlampenschlepper

Das aufgemotzte Auto, tiefer gelegt, mit breiten Reifen und dicken Boxen, soll in einigen Szenen tatsächlich noch für Aufruhr und Anerkennung sorgen. Man unterscheidet in Frauen, die es sich gleich auf dem Rücksitz bequem machen, und solche, die die Kutsche lieber von hinten sehen.

Sissie

[zu engl. sissy = Weichling] Die Sissie hat nichts mit der österreichischen Kaiserin oder Romy Schneider zu tun – oder vielleicht mehr, als dieser lieb ist. Schon im frühen Hollywoodkino galt eine männliche Figur, die mit weibischer Haltung oder weiblicher Attitüde durch die Handlung hüpfte, als „Sissie-Boy". Im Amerikanischen ist der Begriff ein Schimpfwort für Homosexuelle, wobei die emanzipierte Schwulenbewegung das Wort selbst benutzt. Hier ist ein männlicher Softie oder ein weicher Typ gemeint, der vor der eiskalten Dusche zurückschreckt (vgl. auch ↑ W A R M D U S C H E R).

Sistah

[zu engl. s i s t e r = Schwester] Ursprünglich redeten sich farbige US-Amerikaner mit „brother" und „sister" an, um den Zusammenhalt der Schwarzen untereinander zu verdeutlichen und zu stärken. Die anerkennende Anrede für weibliche Rapper, Breakdancer oder Aerosol-Künstler wurde von der ↑ H I P – H O P -Bewegung übernommen und ist auch in der deutschen Hip-Hop-Gemeinde angesagt.

smart

[engl. für: clever, gewitzt] Ein smartes Image ist bei der ↑ G E N E R A T I O N F L E X angesagt. Wer anpassungsfähig, kreativ, flexibel, offen und schnell ist und dies mit Charme, Ironie und Witz kombiniert, ist für den Großstadtdschungel gut gerüstet. Wer smart ist, wird gefragt. Wer sich verweigert, eher übersehen. Im Produktbereich steht ↑ S M A R T M A T E R I A L für einen Stoff, der interaktiv auf die Umgebung reagiert oder intelligente Funktionen aufweist.

spotten

[zu engl. to s p o t = entdecken, ausmachen] Ähnlich wie ein Scheinwerferspot eine Person in einen Lichtkegel stellt und verfolgen kann, spottet man im ↑ C L U B eine Person, auf die man es abgesehen hat. Man beobachtet das Objekt der Begierde aus der Entfernung, in der Menschenmenge, auf der Tanzfläche, und hat das Ziel ständig im Visier: „Ich hab' da

Smart kommt weiter. Wer kreativ, flexibel, witzig, clever und offen ist, ist am Start.

einen süßen Typ gespottet." Andere spotten einen Trend, d. h., sie erkennen schon früh, welche Mode oder welcher Stil im Kommen ist.

Stecher

Der Stecher wird eindeutig von anderen Typen unterschieden, die im Leben einer Frau eine Rolle spielen. Die sehr plastische Bezeichnung reduziert ihn auf seine Funktion im Bett. Spricht ein Girl von ihrem Stecher, ist keine romantische Liebe oder längere Beziehung gemeint. Der Stecher ist ein typischer Aufreißer, den man mit weiblicher Intuition und emanzipiertem Egoismus zu nehmen weiß. Nicht unbedingt der Höhepunkt im Leben, aber immerhin einer davon.

Stino

[Abkürzung von: Stinknormalo] Diese Abkürzung bezeichnet einen Typ, der nicht auffällt und dem nichts einfällt, um ein Girl zu gewinnen. Keine coole Pose, kein starkes ↑ OUTFIT und vor allem kein Thema, das annähernd fesselnd wäre. Nicht gefragt ist auch der OLIBA, denn der Träger eines Oberlippenbarts ist entweder ein Fossil aus den Siebzigern – oder ein Polizist. Auch der VOKUHILA ist ein Typ von gestern. Sein Markenzeichen ist die Frisur, gerne auch Matte genannt, die

sich durch den Schnitt „vorne kurz und hinten lang" von selbst disqualifiziert.

straight

[engl. für: gerade, direkt] Wer schnell zur Sache kommt und eine Verabredung klar macht, hat eine straighte Art drauf. Straight meint aber auch heterosexuell, was wesentlich cooler und weniger spießig klingt. Das Gegenteil davon, die Liebe zum eigenen Geschlecht, ist GAY.

Sucker

[zu engl. to suck = saugen, lutschen] Sucker ist die zeitgemäße Beleidigung für jeden Mistkerl. Als Abkürzung für „Cocksucker" ist der Schwanzlutscher gemeint, was hier allerdings nicht mit vordergründig sexueller Bedeutung verwendet wird. Das Wort „suck" hat sich vor allem durch die populäre MTV-Zeichentrickserie „Beavis and Butthead" als Bezeichnung für alles Uncoole, Langweilige und Negative durchgesetzt. „School sucks!", sagt Butthead, so wie ein schlechter Film oder eine öde Party SAUGEN. Ein LUTSCHER ist eher ein „Langweiler", ein „Blindgänger" oder eine „Null".

switchen

[zu engl. to switch = umschalten; vgl. „Kicks und Funsports"] Der Fachbe-

Kleine Programmstörung. Öfter mal den Freund zu switchen bringt Abwechslung ins Liebesleben.

griff aus der Fernsehforschung meint das Umschalten mit der Fernbedienung, wenn der Werbeblock kommt oder das Programm wieder einmal langweilig wird. Wenn das Programm im Job oder im Bett nicht gefällt, wechselt man ähnlich. Die Ansage „Ich switch' meine Freundin!" verkündet den anstehenden Sendeschluss in einer Partnerschaft.

taff

[zu engl. t o u g h = knallhart] Taffe Leute sind z. B. faktenorientierte Businessmenschen oder leistungsorientierte Sportler. Taffe Leute lassen sich nichts erzählen – entweder, weil sie viel wissen, nicht alles glauben oder keine Zeit haben. Wer auf ein taffes Girl stößt, zieht schnell den Kürzeren. Ein taffer Boy dagegen kommt schnell zur Sache und handelt.

Tank – Girl

[zu engl. t a n k = Tank, Panzer und engl. g i r l = Mädchen] Die Comicfigur Tank-Girl erblickte 1988 das Licht der Welt. Die postmoderne Pippi Langstrumpf etablierte sich vor allem in der Szene von Comic-Insidern. Das Tank-Girl ist kahl rasiert, trägt ein BH-Oberteil, kurze Hosen, dicke Stiefel, einen Baseballschläger und kämpft in kaputten Endzeitszenarien ums Überleben. Ihre Auffassung von weiblicher Stärke lieferte das Vorbild für die Girliebewegung, wobei Tank-Girl erheblich unangepasster, frecher und unberechenbarer gegen herrschende Strukturen angeht. Als Ikone einer emanzipierten Frauenbewegung ist Tank-Girl ein GUERILLA – GIRL, das im Untergrund aktiv ist und das System aufmischt. Vor allem in der Punkbewegung räumten die RIOT – GIRLS mit den herrschenden Rollenklischees auf, die auch das Tank-Girl zu überwinden sucht. Sorgten grobes, militärisches Schuhwerk, zerrissene Kleider und tätowierter Schmuck in den Siebziger- und Achtzigerjahren noch für Aufsehen, ist der Stil in den Neunzigern einer von vielen, der sich dem Massengeschmack entgegensetzt und Identifikation schafft.

t o u c h y

[zu engl. t o   t o u c h = berühren] Ohne Berührungsängste wird, wenn man auf einem ⬆ E V E N T ein paar Freunde trifft, geschmust, geherzt, geknuddelt und umarmt. Besonders wer sich allein fühlt oder nicht gut drauf ist, ist touchy und holt sich die Streicheleinheiten bei der Family.

W a n n a b e

[engl. für: Möchtegern] Der Ausdruck für Wichtigtuer wird vor allem in der ⬆ H I P – H O P -Szene verwendet. Gemeint sind Möchtegern-Rapper, Möchtegern-Sprayer, Möchtegern- ⬆ D J s und alle anderen Leistungsträger des schönen Scheins. Ein Wannabe wäre gern wie seine Vorbilder, gibt viel Geld für die richtigen Klamotten aus, hört die korrekten Platten, aber irgendwie fehlt ihm der ⬆ S T Y L E. Eng verwandt mit dem Wannabe ist der F A K E – G U Y, der vorgibt, etwas zu beherrschen, von dem er eigentlich keine Ahnung hat: „Der Typ ist doch voll der Fake!"

W a r m d u s c h e r

Der Alltag hält genügend Herausforderungen und Extremsituationen bereit, die man packen muss. Das Leben ist hart, und nur wer hart drauf ist, überlebt. Coole Typen und echte Kerle duschen eiskalt, pinkeln im Stehen und parken in der prallen Sonne. Alle anderen sind Warmduscher und Abschiedswinker, Abstandhalter, Airbagfahrer, Alarmanlagenbesitzer, Aspirineinwerfer, Badekappenträger, Balkonsonnenbader, Beipackzettelleser, Bettsockenträger, Bildschirmreiniger, Biotonnenbesitzer, Blümchenpflücker, Briefmarkenbefeuchter, Brustschwimmer, Chiliverachter, Chlorbrillenbenutzer, Dackeltrainer, Datensicherer, Dosenerder, Eincremer, Einfahrtfreihalter, Ein-Meter-Brett-Springer, Ersatzweckerbenutzer, Familienzusammenhalteuchler, Fernbediener, Fertiggerichteverächter, Festnetztelefonierer, Flaschenöffnerbenutzer, Flusensiebreiniger, Foliengriller, Frauennamenannehmer, Frühbucher, Geländerklammerer, Glastrinker, Gurtanleger, Handbuchleser, Händchengeber, Handschuhschneeballer, Handtuchunterleger, Haustürabschließer, Hintensteller, Immer-ans-Telefon-Geher, Im-Wald-nicht-Raucher, In-Fahrtrichtung-

Fahrer, Jeinsager, Karussellfahrer, Kassenbonankucker, Klobrillenhochklapper, Kühlschrankabtauer, Laternenparker, Lichtanmacher, Lichtausschalter, Liftfahrer, Luftpumpenmitnehmer, Marmeladenbrötchenfrühstücker, Möhrenputzer, Mülltrenner, Nachgeber, Nachtstromer, Nasenhaarschneider, Nasse-Badehose-Wechsler, Netiquettenleser, Nicht-Rülpser, Olivenlutscher, Oma-über-die-Straße-Helfer, Passwortaufschreiber, Pizzarandliegenlasser, Radwegbenutzer, Regenschirmhalter, Reiseversicherungsabschließer, Rolltreppenfahrer, Rücksichtnehmer, Saunaunten-Sitzer, Schattenparker, Schönwetterfußballer, Schreibschutzbenutzer, Schweißabwischer, Seitenaufprallschützer, Servolenker, Sitzpinkler, Sonnenmilchbenutzer, Sparbuchbesitzer, Stilles-Wasser-Trinker, Streichelzoobesucher, Strohsternbastler, Tankanzeigenbeobachter, Tankuhrleser, Teepuster, Toastabkratzer, Topflappenbenutzer, Unkrautzupfer, Unordnungsentschuldiger, Verfallsdatumleser, Wäschevorwärmer, Warndreieckaufsteller, Wattebällchenwerfer, Zahnarztspritzenbettler, Zebrastreifenüberquerer, Zwei-Finger-Tipper oder Zweimalspüler.

BURNEN | BUZZWORD | CHILL-OUT | CR

Reisen zum Partyp
was abgeht. Jeden
Jeden Abend eine
Weekend ein galak

EN | PHAT | POSSE | SCHIZO | VIBES

neten. Checken,
ag ein Date.
aily. Und jedes
sches Event.

AB

[Abkürzung von: Anrufbeantworter] „Leider bin ich im Moment nicht zu Hause …!" Natürlich nicht, schließlich ist neues Jahrtausend, und wer ist da schon zu Hause? Sofern man nicht mit dem Handy erreichbar ist, bleibt der Anrufbeantworter, kurz AB oder B O X genannt, die Kontaktstelle zur Außenwelt. Die mobile Jugend quatscht sich aufs Band, wobei der Boom, Ansagen aus schrägen Jingles und lustigen Sprüchen zu basteln, von gestern ist.

abfassen

Geldnot und eine pralle Wunschliste bewirken, dass in der Konsumgesellschaft manche Skrupel über Bord gehen. Entweder wird im großen Stil abgefasst, was den Steuerbetrug oder Bankraub einschließt, oder die Gaunerei findet im kleinen Rahmen statt, und es wird bei einem guten ↑ D E A L abgerippt. Brutaler geht es beim R I P P E N zur Sache, was bedeutet, jemandem die Klamotten vom Leib oder andere Wertgegenstände wegzureißen. Abfassen oder A B R I P P E N kann sich aber auch auf den ↑ S A L E beziehen, bei dem man einen richtig guten Preis erwischt hat.

Abflug

Auch wenn die ↑ A F T E R H O U R den Ladenschluss von Partys in die frühen Morgenstunden verlegt hat, ist es irgendwann an der Zeit, einzupacken und den Weg nach Hause einzuschlagen. „Ich mach' den Abflug!" signalisiert der ↑ P O S S E, sofern noch aufnahmefähig, dass man vom Hof reitet, den Pfeil macht oder ins Horn stößt.

abturnen

[Synonym für: niedermachen, runterkommen] Als abturnend werden Erscheinungen oder Erlebnisse eingestuft, die den Abend verderben. Eine derartige Erscheinung kann die Ex-Freundin sein, die gerade den ↑ C L U B entert, oder – ein vergleichbares Erlebnis – wenn die neue Freundin mit dem besten Kumpel rummacht. Was abturnt, macht keinen Spaß, schockt nicht, nervt. Auch ein erfolgloses ↑ D A T E, ein schlechter ↑ S O U N D oder eine miese ↑ L O C A T I O N turnen ab.

Adbusting

[Zusammenziehung aus engl. a d v e r t i s - i n g = Werbung und engl. t o b u s t = kaputtmachen] Noch bevor man die erste Schulbank drückte, wurde man durch die harte Schule der Fernsehwerbung geschleust und hier auf das Leben vorbereitet. Die engsten Vertrauten der präpädagogischen Ausbildung: Klementine in der Waschküche, Frau Sommer im Supermarkt und Herr Kaiser auf der Straße. Die Lern-

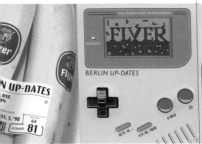

Kleines Wirtschaftswunder. Flyer – Up-Dates, das Programmheft für die Großstadt, adbustet auf der Titelseite.

Inhalte waren bunt wie Smarties, süß wie Nutella oder saftig wie Punica. Das Spiel mit den heiligen Symbolen der Markenindustrie räumt mit den gelernten Images auf. Heute werden Logos verfremdet, Namen veralbert und Botschaften verulkt. Auf T-Shirts wird aus Langnese „Leck mich", aus Dash „Hash" und der Jägermeister zum „Ravermeister". Auch das Fanzine „Flyer – Up-Dates" nimmt sich der Markenwelt an. Jede Titelseite adaptiert ironisch ein populäres Markenprodukt, indem der „Flyer"-Schriftzug einfach in das bekannte Markenzeichen eingebaut wird.

Afterhour

[zu engl. a f t e r = danach und engl. h o u r = Stunde] Alles hat ein Ende und das ist bei Partys nicht anders. Die ⬆T E C H N O-Kultur hat das Durchhaltevermögen allerdings geschult, sodass das Partyende für viele, die gerade richtig

abfeiern, viel zu früh kommt. Dann gilt es, die ⬆L O C A T I O N zu wechseln und woanders weiter zu H O T T E N. Viele ⬆C L U B S und professionelle Veranstalter wissen um diesen Bedarf und bieten, vor allem nach großen ⬆E V E N T S, Afterhours an. Eine regelmäßige Ausprägung der Afterhour ist der F R Ü H C L U B, eine Tanzparty, die erst am Morgen beginnt und Sammelbecken für alle ist, die nicht nach Hause wollen. Wenn nirgends mehr was geht, der Gedanke an die heimischen vier Wände aber Pickel macht, begibt sich die ⬆P O S S E zum gemeinsamen ⬆C H I L L - O U T hierher.

Ansagen

„What's up? Was geht? Was geht ab?" Zahlreiche Slangausdrücke aus der amerikanischen ⬆H I P - H O P-Kultur werden eingedeutscht und in die Umgangssprache aufgenommen. Der Singsang einiger Phrasen bietet sich als Textzeile im ↑RAP geradezu an, wobei das coole Versmaß und nicht der korrekte oder komplette Satzbau entscheidend ist. Der multikulturelle Mix der Szenen stellt die Sprache auf den Kopf. Substantive, Verben und Adjektive werden vermischt, gestrichen und angepasst, wie es am coolsten klingt. Wer „Auf jeden Fall" meint, sagt „Auf jeden". Wer „Was geht ab?" fragt, sagt „Was geht?", womit er die Pläne für den anstehenden Abend meint. „Da geht was" heißt, es ist einiges am ↑START. Auch wenn Sätze unvollständig oder für Interpretationen offen sind, spricht man eine gemeinsame Sprache. „Hau rein, Alter!" ist nicht die Aufforderung zur Prügelei, sondern eine Art

Abschiedsformel (wie „Mach's gut!") oder die Ansage anzupacken (wie „Los jetzt!"). Die Sprache kommt von der Straße und macht doppelte Verneinungen, Umbenennungen, Wortneuschöpfungen, das Anhängen von Konsonanten und alles, was vom amerikanischen Streetslang abzuleiten ist, zum Baustein eigener Sprachkultur. „Ey!" am Anfang oder „eih!" am Ende eines Satzes machen, gedehnt, betont oder verschluckt, den Fluss, der wie ein Rap-Reim rüberkommt.

assig

[Synonym für: asozial] Was nicht ↑P.C. ist, macht Spaß und damit auch das Rumprollen, Sich-gehen-Lassen, Assig-Sein.

Nichts wie weg und bloß nicht bleiben. Traveller und Backpacker suchen vor allem das Weite und beamen sich an die coolsten Orte des Planeten.

Das ist nicht als Solidarität mit den ↑PROLLS der Nation zu verstehen, sondern als Ventil, Dampf abzulassen oder Dinge zu tun, die als unkorrekt gelten. Wer auf die Sonnenbank geht, wertet die Aktion gleich selber ab und spricht vom ASSITOASTER. Und wer sich an der nächsten Imbissbude den Klassiker „Pommes mit Ketchup und Mayo" gönnt, bestellt die beliebte ASSISCHALE.

Backpacker

[engl. für: Rucksackreisender] Die coolen TRAVELLER sind das Gegenteil vom Klischee des Pauschaltouristen und damit für ein eigenes Klischee wie geschaffen. Rucksackreisende, die ein fremdes Land, andere Menschen und die exotische Kultur individuell, authentisch und möglichst billig erleben wollen, sind ohne feste Route in die entlegensten Ecken der Welt unterwegs. In Indien, Thailand und Kuba erholen sich Heerscharen von Backpackern vom Leistungsstress der Industriegesellschaft und teilen mit anderen Strand und Meinung. Ein bevorzugtes Gesprächsthema: die Auswirkungen des Massentourismus.

beamen

[zu engl. t o b e a m = strahlen, senden; vgl. „Computerslang und Cyberspace"] Zeit und Raum zu überwinden und in andere Welten einzutauchen steht nicht erst seit der Kultserie „Star Trek" auf dem Plan. Unter dem Einfluss von Drogen wird versucht, bestehende Grenzen aufzulösen oder die Wahrnehmung zu verändern. „Ich war total weggebeamt!" versucht, das Erlebte in Worte zu fassen, ist aber auch auf andere Erlebnisse anzuwenden. Guter Sex, ein geiler Film oder ein irrer ↑SOUND erleichtern das Wegbeamen aus dem Alltag.

Bhong

Die aus dem Orient stammende Wasserpfeife mit der weiten Inhalationsöffnung wird wegen des Geräusches beim Ziehen auch BLUBBER genannt. Bhongs werden selbst gebaut oder in so genannten HEADSHOPS für Kifferbedarf bezogen. Die unterschiedlichen Designs reichen von der Totenkopfpfeife bis zur abstrakten Glaskonstruktion. Die Pfeife besteht aus einem wassergefüllten Behälter mit Mundstück, einem Pfeifenkopf, in dem sich das ↑PIECE befindet, und einer Öffnung für die Luftzirkulation. Der durch das Wasser gekühlte Rauch sammelt sich im Bauch der Blubber und wird dann über das Mundstück angesogen.

briefen

[zu engl. t o b r i e f = instruieren, unterweisen] Der Begriff Briefing ist aus dem

Arbeitsalltag bekannt. Um ein Problem gut lösen oder eine Aufgabe bewältigen zu können, liefert das schriftliche oder mündliche Briefing das notwendige Vorwissen. Im Alltagsjargon wird briefen weniger förmlich eingesetzt. „Kannst du mich mal briefen?" heißt, dass einem eine wichtige Wer-mit-wem-Info entgangen ist oder man auf eine zu erwartende Überraschung vorbereitet sein möchte. Die Info sollte prägnant und knapp sein – „brief" heißt im Englischen schließlich „kurz".

Bumble-Bee

[engl. für: Hummel; Synonym für: Ecstasy] Bumble-Bee ist die codierte Bezeichnung für Ecstasy-Pillen, denn Bees reimt sich im Englischen auf „E's", was als Abkürzung für die Modedroge bekannt ist. Der Gruppe der Amphetamine zuzuordnen und als Appetithemmer bekannt, verbreitete sich Ecstasy mit dem Boom der ↑ RAVE- und ↑ TECHNO-Kultur schlagartig. Die euphorisierende Wirkung der Pillen erhielt in der Neuorientierung der Szenen eine wichtige Schlüsselfunktion, wobei die Rauschwirkung zwischen der von Halluzinogenen und Amphetaminen liegt. XTC wird inzwischen auf Schulhöfen, öffentlichen Plätzen und in ↑ CLUBS gedealt und ist auf dem besten Weg, in der Szene den Status von Cannabis oder Alkohol ein-

zunehmen. Das psychische Abhängigkeitspotenzial gilt als mittelgradig bis hoch; richtig gefährlich wird das weiße Tablettenpulver durch den angeregten Flüssigkeitsverlust oder Vergiftungserscheinungen in Kombination mit anderen Drogen.

burnen

[zu engl. to burn = brennen] Im ↑ HIP-HOP bedeutet burnen, die Konkurrenz im „B-Boying", Freestylen oder beim Writen zu übertreffen. „Eine Party burnen" heißt so viel wie abfeiern und Spaß haben und ist etwa mit „das Haus rocken" vergleichbar. Burnen kann sich auch auf die Begeisterung für Mädchen oder Musik beziehen. „Der ↑ TRACK burnt voll!" hat auch schon eine eingedeutschte Variante: „Das Teil brennt, Alter!"

Buzzword

[engl. für: Schlagwort] Mit Buzzword ist ein Modewort gemeint, das eine Zeit lang

Die Clubgarnitur für das erfolgreiche Partyevent: raven, chillen, loungen.

die Runde macht und als Phänomen in sämtlichen Gesprächen herumschwirrt. Oft sind Buzzwords die Wörter des Jahres: „Datenautobahn", „Elchtest" oder „Reformstau". In den Jugendszenen sind andere Buzzwords angesagt: „chillen", „loungen" oder P H A T.

c a n c e l n

[zu engl. t o c a n c e l = streichen, stornieren] An Flughäfen oder Bahnhöfen macht Canceln Chaos. Im Leben macht Canceln Spaß. Der neue Ex-Freund wird aus dem Nummernspeicher gecancelt. Die Klausur wird im Stundenplan gestrichen. Und die ↑ E - M A I L, die man eben noch als Liebeserklärung verschicken wollte, cancelt sich wie von selbst durch einen einfachen Tastendruck.

C h a i

Das asiatische Teegetränk auf Wasser-Milch-Basis erfreut sich in der ↑ G O A -

↑ T E C H N O-Gemeinde großer Beliebtheit. Das magenfreundliche, mit Kräutern angereicherte Getränk gilt bei den exzessiven Tanzveranstaltungen als Energiespritze. Chai-Shops sind als Imbiss der Techno-Jünger auf vielen ↑ R A V E S vertreten, wobei deren asiatische Kitschdekoration exotischen Touch verleiht. Wie weit Goa vom Geschehen entfernt ist, wird erst beim Blick auf den Tanzboden deutlich. Ein deutscher Acker oder der Betonboden einer Fabrikhalle stellen bei den heimischen Goa-Raves den Boden der Tatsachen.

C h i l l – o u t

[zu engl. t o c h i l l o u t = sich entspannen] Das coole Abhängen nach einem Tanzmarathon gehört zum Ausgehritual. „Everybody just chill!", heißt es in einem ↑ T R I P – H O P – ↑ T R A C K; jeder soll runterkommen, entspannen, abkühlen. Im Partykontext gibt Chillen den Rückzug an, von der Tanzfläche in die ↑ L O U N G E. Die separate Chill-out-Area, die fast zu jedem ↑ C L U B gehört, ermöglicht bei entspannten ↑ S O U N D S das Ausruhen oder eine nette Unterhaltung. Um den Erholungseffekt zu verstärken, sieht der coole Kurbetrieb für den aufgeheizten Raver auch das Reichen von Obst und vitaminreichen Getränken vor.

C – M o v i e

[Synonym für: Film der Kategorie C] Die wissenschaftliche Aufbereitung und Analyse der Filmgeschichte spricht von den so genannten B-Movies, nach einfachem Strickmuster gestalteten und produzierten Filmen, die hinter der Qualität der Kategorie A zurückbleiben. Die individuelle Filmkritik unter den Kinogängern spricht vom C-Movie und meint damit eine abfällig-amüsierte Einschätzung amerikanischen ↑ MAINSTREAMS. Ein C-Movie kann noch so teuer produziert sein und die besten Schauspieler vereinen – die Seichtheit der Handlung oder die Berechenbarkeit der Erzählweise geht bei den mediengeschulten Zuschauern ins Auge.

C o f f e e – S h o p

[engl. für: Kaffeeladen] Vorbei ist die Zeit, als hinter einem Coffee-Shop nur ein harmloses Café steckte. In speziellen Coffee-Shops, die der Szene bekannt sind, werden Haschisch und Marihuana verkauft. In Holland sind Coffee-Shops legal, hier wird zum Milchkaffee der Joint gleich mitserviert. Als Einkaufsparadies für den Cannabis-Freund bietet der HEADSHOP darüber hinaus alles, was für die Genusssucht wichtig ist – von der Wasserpfeife über die Räucherstäbchen bis zu den Samen für die Graszucht. Wer für sein Eigenheim das

stilechte Ambiente einer Drogenhöhle plant, geht mit einer Statue oder bunten Tüchern nach Haus.

C o n n e c t i o n

[engl. für: Verbindung, Beziehung] „Gute Connections haben", was nach Camorra oder Russen-Mafia klingt, ist meistens harmlos. Connections braucht man, um an Karten für ein schon ausverkauftes Konzert zu kommen, um die Software eines Programms abzufassen oder das ↑ BOOTLEG eines seltenen Live-Mitschnitts. Was früher als geheimnisumwittertes „Vitamin B" Verschwörungen erahnen ließ, ist im Zeitalter des allgemeinen NETWORKINGS an der Tagesordnung. Wer ohne Job, ohne Party oder ohne Umzugswagen dasteht, ruft jemanden an, der jemanden kennt, der ihm sagt, wen er anrufen kann.

C r a c k

Die Mischung aus Kokain und Sodium-Bicarbonat, Grundstoff des Backpulvers und in den USA ein überall erhältliches Allzweckmittel, bildet Crack. Die kristallartige Droge wird auf Alufolie erhitzt und eingeatmet oder in speziellen Pfeifen geraucht. Crack ist seit vielen Jahren in den USA verbreitet und gilt wegen seiner psychisch und physisch schädigenden Wirkung als extrem gefährlich. Bereits nach einmaligem Konsum kann es zu körperlicher Abhängigkeit kommen. Als Ghettodroge hat sich Crack vor allem in amerikanischen Trabantenstädten durchgesetzt. Mittlerweile hat die Crackwelle auch die deutsche Drogenszene erreicht.

Crash−Kid

[zu engl. c r a s h = Zusammenstoß und engl. k i d = Kind] Das Hobby der Crash-Kids ist genauso illegal wie gefährlich, ihr sozialer Hintergrund oft angespannt. Mit gestohlenen Fahrzeugen unternehmen die minderjährigen Autoknacker nächtliche Spritztouren auf der Suche nach dem ultimativen Kick. Der Nervenkitzel endet vor dem nächsten Baum oder einer Mauer, auf die der Fahrer mit Vollgas losbrettert und dem eingebauten Airbag vertraut. Die Mutprobe der A I R B A G G E R ist immer ein spektakuläres Medienthema, mit dem sich soziale Randlagen der Republik thematisieren lassen. Der Schaden liegt beim Autobesitzer – und bei den Crash-Kids.

Credibility

[engl. für: Glaubwürdigkeit] Credibility geht über alles, wenn man nicht in den Verdacht des „Posings" geraten will. Wer hundertprozentig zu seinem ↑ S T Y L E steht, ein positives Image genießt und sich keinen Ausrutscher erlaubt, kann sich in der Szene der Credibility sicher sein. Vor allem die Frontfiguren der Partykultur müssen wissen, was Sache ist. Ein ↑ V J, der bei der Anmoderation eines Musikclips den Style verwechselt, hat keine Credibility. Ebenso wenig die ↑ H I P − H O P - Band, die behauptet, aus einem grauen Vorstadtghetto zu stammen, das sich schließlich als Ansammlung gepflegter Reihenhäuser entpuppt.

cruisen

[zu engl. t o c r u i s e = herumfahren; vgl. „Kicks und Funsports"] Führerscheinneulinge lieben es; Leute mit Liebeskummer brauchen es; einsame Typen pflegen es. Cruisen heißt: ziellos mit dem Auto unterwegs sein, sich rumtreiben, umherfahren. Cruisen kann man aber auch zu Fuß, durch Bars und ↑ C L U B S, den Cruising-Areas der Nacht, oder an anderen Orten, die viel versprechende Aussichten bieten. In der Schwulenszene findet das Cruisen in öffentlichen Parks statt, in denen man umherstreift, um einen Partner für die Nacht aufzugabeln.

CSD

[Abkürzung von engl. C h r i s t o p h e r S t r e e t D a y] Der CSD ist der Feiertag der Homosexuellen, der in jedem Jahr und auf der ganzen Welt in den großen Metropolen gefeiert wird. Traditionsgemäß zieht eine große Parade um die Häuser, bei der sich auf bunt geschmückten Wagen schwul-lesbische Verbände, Vereine und ⬆CLUBS darstellen. Die schrillen ⬆DRAG-QUEENS der Stadt treten in den fantasievollsten Kostümen auf, häufig auch als Ordens- oder Krankenschwester. Der CSD hat seinen Ursprung in Greenwich Village, New York, wo es am 27. Juni 1969 zu einer gewalttätigen Auseinandersetzung zwischen den Besuchern einer Schwulenbar und Einsatzkräften der Polizei kam. Die Krawalle, die zwei Tage dauerten und bei denen sich die diskriminierten Schwulen zum ersten Mal zur Wehr setzten, gelten als Initialzündung für die Emanzipationsbewegung der Homosexuellen und haben bis heute Symbolcharakter, woran mit jedem CSD erinnert wird.

Daily

[zu engl. d a i l y = täglich] Es ist jeden Tag dasselbe und doch irgendwie anders. Mit der Erfindung des Privatfernsehens ging die Erfindung von Programminhalten in die Massenproduktion, um an fünf Tagen in der Woche Programm zu machen. Von erfolgreichen US-Vorbildern abgeguckt, wurden die Dailys für den TV-JUNKIE tägliches Ritual. In den DAILY TALKS am Nachmittag wird über die wesentlichen

und unwesentlichen Dinge des Lebens gesprochen, gestritten oder aneinander vorbeigeredet. Die Moderatoren Arabella Kiesbauer, Bärbel Schäfer und Andreas Türck machen als prominente Plaudertaschen des deutschen Fernsehens von sich reden. Fortgesetzt wird die tägliche Dosis dann in den Abendstunden, wo DAILY SOAPS für Herzschmerz und Ablenkung sorgen. In den Geschichten aus der Nachbarschaft, die auf die jungen Zuschauer mit fast magnetischer Wirkung ausstrahlen, präsentieren sich meist unbekannte Darsteller in künstlicher Studiokulisse. Eine der erfolgreichsten Dailys ging 1992 mit „Gute Zeiten, schlechte Zeiten", unter Fans kurz: „GZSZ", auf Sendung. Adaptierten die ersten Drehbücher noch das Vorbild einer australischen Daily Soap, wurden die Inhalte schließlich „typisch deutsch". Mit „Unter uns", „Marienhof" und „Verbotene Liebe" bauten auch andere Sender im Vorabendprogramm ihre eigene kleine Welt auf, aus der sich die neuen Posterhelden

Tägliche Dosis für Couchpotatoes, Sprungbrett für Talente: jedem TV-Junkie seine Daily Soap.

für karge Teenagerwände gewinnen ließen. Aus der Sicht der Programmverantwortlichen sind Daily Talks und Daily Soaps wahre Goldgruben. Bei geringen Produktionskosten und den attraktiven Zielgruppen der Formate lassen sich die Spotzeiten der Werbeblöcke teuer verkaufen.

Deal

[engl. für: Geschäft] Der Begriff aus dem Dealer- und Drogenmilieu hat sich emanzipiert. Ein Deal kann der Tausch oder Verkauf von fetten Scheiben, von Computerspielen oder Klamotten sein. VERTICKEN, hauptsächlich in der Drogenszene benutzt, oder VERCHECKEN bedeutet, einem anderen Typen etwas zu verkaufen.

Dope

[engl. für: Rauschgift; Synonym für: Cannabis] Rauchprodukte, die aus der Hanf- oder Cannabispflanze gewonnen werden, sind in der Partykultur Standard und, neben den Drogen Nikotin und Alkohol, am weitesten verbreitet. Mittlerweile wird Cannabis auch bei schweren Erkrankungen wie Krebs oder Aids als Schmerz- oder Schlafmittel eingesetzt. Der Wirkstoff der Hanfpflanze ist Tetrahydrocannabinol, kurz THC, seine Wirkungsweise stimmungsaufhellend und entspannend. Sich „einen Joint zu bauen", „eine Docke zu ziehen", „eine Tüte zu basteln", „eine Mische zu machen" oder „einen zu verhaften" ist selbst auf stocksteifen Festen Ritual. Haschisch oder Marihuana werden entweder mit Tabak vermischt, in Nahrungsmitteln wie Tee oder Plätzchen verarbeitet oder pur geraucht. „Ganjah", „Shit", „Pot" oder „Stoff"; unter welchem Namen die so genannten weichen Drogen auch die Runde machen – man weiß, wovon die Rede ist, und teilt sich den gemeinsamen DOWNER.

Drag-Queen

[zu engl. to drag = schleppen und engl. queen = Königin; Synonym für: Mann in Frauenkleidern] Schon in den

Zwanzigerjahren waren sie in den Schwulenbars Berlins zu Hause, und in den glamourösen Siebzigern feierten sie in den berühmtesten Danceclubs New Yorks – Männer in Frauenkleidern verwandeln jede Party in ein mondänes Fest. Mit der Vermischung heterosexueller und homosexueller Ausgehkultur finden sich Drag-Queens heute überall ein, wo es etwas zu feiern gibt. Drag-Queens mimen die Stars der Nacht. In aufwendigen ↑ OUTFITS, mit meterhohen Perücken, halsbrecherischen HIGH HEELS und falschen Wimpern verwandeln sich die Herren Damen in schillernde Diven, die auch so behandelt werden möchten. Drag-Queens sind für jeden ↑ CLUB ein Aushängeschild, wobei sie entweder zu den Stammgästen zählen oder als Travestiestars eine eigene Show präsentieren.

Keine Party ohne Drag-Queen, keine Drag-Queen ohne falsche Wimpern.

Droog

Unter Skinheads ist der Droog so etwas wie der ↑ HOMIE in der ↑ HIP-HOP-Szene: der gute Freund, der beste Kumpel, ein Mitglied der Gang. Der Ausdruck findet in Stanley Kubricks Werk „Clockwork Orange", das nicht nur bei Skinheads Kultstatus hat, Verwendung. Die Hauptfigur Alex und seine Gang nennen sich in ihrer Kunstsprache Droogs und terrorisieren mit äußerster Brutalität die Umgebung.

edgy

[zu engl. e d g e = Rand] Ungewöhnliche, abgefahrene Menschen, die sich nicht in den ↑ MAINSTREAM einordnen lassen, sind edgy. Eine Situation kann edgy sein, wenn sie nicht dem gewohnten Ablauf entspricht. Ein Synonym für die prägende Avantgarde ist ↑ CUTTING-EDGE.

Energydrink

[zu engl. e n e r g y = Energie und engl. d r i n k = Getränk] In Österreich fing alles an. Dort verlieh der Energydrink Red Bull der Subkultur Flügel, als es in Deutschland noch gar keine Lizenz dafür gab. Das Getränk löschte den Brand körperlich geforderter ⬆ T E C H N O -Jünger und trat schließlich auch in Deutschland den Siegeszug an. Als Marktnische von der Softdrinkindustrie erkannt, war die Idee eines Energie liefernden Drinks für die gesamte Leistungsgesellschaft interessant – und für die Hersteller der zahlreichen Variationen, die auch dem Umsatz Energieschub bringen sollten. Mit dem Appeal einer synthetischen, aber legalen Minidroge wurden die Energydrinks beliebtes Partygetränk. Der Name, das Design, die Werbung oder der süße Geschmack nach ausgelutschten Gummibärchen schafften Kultcharakter. Die Wirkstoffe der Drinks, Koffein, Guarana oder das Bullenhormon Taurin, sorgten mit dem ersten ⬆ H Y P E für ein belebendes „Hallo-wach!"-Gefühl.

Event

[engl. für: Ereignis] Kein Mensch gibt sich heute mehr mit einer Veranstaltung zufrieden. In der Erlebnisgesellschaft muss jede Betriebsfeier, jede Verkaufsmesse und jede Massenparty ein Event sein, Gottesdienste vielleicht ausgenommen. Vor allem die professionellen Veranstalter benutzten den Begriff inflationär, was fast schon eine Eventmüdigkeit nach sich zog und den Rückzug zum überschaubaren kleinen Fest einleitete. Das H A P P E N I N G bezeichnet eher eine künstlerische ⬆ P E R - F O R M A N C E, die zu einem Event stilisiert werden kann.

Feature

[engl. für: Merkmal, Besonderheit; auch: Reportage] Das Feature beschränkt sich nicht mehr nur auf die Darstellungsform eines Sendebeitrags im Radio oder im Fernsehen. Alle möglichen Besonderheiten, meist technischer Art, werden heute als Features aufgelistet. Die Features einer tollen ⬆ L O C A T I O N können die Lage, die Leute, der ⬆ S O U N D oder das Ambiente sein.

flashen

[zu engl. to f l a s h = aufblitzen, aufleuchten] „Der ⬆ S O U N D hat voll geflasht!" ist eine Topbewertung der Musikverantwortlichen; „Dein ⬆ S T Y L E flasht total!" ein Kompliment für das attraktive Gegenüber. Flashen kennzeichnet Begeisterung auf ganzer Linie, genauso wie R U L E N oder R O L L E N ein herausragendes Erlebnis beschreiben. R O C K E N, wie in dem Satz „Das Haus rockt total!", beschreibt eine Stimmung auf dem Höhepunkt.

Fünf geben

[zu engl. h i g h f i v e] Bei der amerikanischen High-five-Begrüßung schlagen zwei Partner wie im Sport nach einer gelungenen Aktion ihre Handflächen über Kopfhöhe zusammen, was auch „abklatschen" oder „einen C H U C K geben" genannt wird. „Ich muss mal eben 'ne Runde drehen und meine Freunde abklatschen" heißt dann so viel wie „Ich muss meine Freunde begrüßen".

gaga

[engl. für: übergeschnappt, meschugge] Albernheiten und Lachanfälle treten vor allem im Rudel auf. Wer als Außenstehender nicht zu dem Kreis der Leute gehört, die hier den Spaß haben, hat meistens weniger zu lachen und bezeichnet die alberne Gruppe als gaga. Gaga können allerdings auch Lehrer, Politiker oder Eltern sein, die man schlicht und ergreifend für durchgedreht hält.

galaktisch

Die unendlichen Weiten entfernter Galaxien sind gerade gut genug, um unendlichen Enthusiasmus auszudrücken. Eine Band, die galaktisch spielt, ist einzigartig im Universum – andererseits aber auch steigerungsfähig und dann mit dem Attribut „pangalaktisch" zu versehen.

Generation flex

Der US-Autor Douglas Coupland prägte 1991 den Begriff der Generation X, der Generation, die zwischen 1960 und 1970 geboren wurde und „keinen Namen haben will". In dem Bewusstsein aufgewachsen, dass die Ressourcen zu Ende gehen und die Welt in Problemen versinkt, war deren Selbstverständnis von einer desillusionierten, passiven bis nihilistischen Haltung geprägt. Kein anderer Jahrgang war so viel Wandel und Widersprüchen unterworfen. Die nachfolgende Generation nennt sich selbst Generation flex. Eine Generation, die spaß- und erlebnisorientiert handelt und pragmatisch vorgeht, wenn es um die Selbstverwirklichung geht. Das wachsende Medienangebot und das Nebeneinander der unterschiedlichsten Stilwelten haben innerhalb der Jugendszenen eine Vielzahl parallel existierender Lebensentwürfe geschaffen. Sport, Musik, Mode und die neuen Medien fordern ein neues Maß an Flexibilität und Wachheit, die die Generation flex trainiert, um das Chaos zu ordnen.

Gosh!

[engl. Ausruf für: Gott!] „Jesus, Maria und Josef" ist ein Stoßgebet, das Tradition und Bibeltreue, aber wenig Coolness ausstrahlt. Daher ist es in der Szene nicht zu gebrauchen. Wer Verwunderung oder Erstaunen ausrufen möchte, bedient sich lieber bei der amerikanisierten Fassung „Gosh!" oder „My Gosh!".

Grufti

[zu dt. Gruft] Die flapsige Bezeichnung für Senioren, die zwar ihre eigenen ↑LO-CATIONS haben, aber doch ab und zu den Weg der Szene kreuzen, stammt ursprünglich aus der Jugendkultur, die Anfang der Achtzigerjahre in Großbritannien entstand. Die Gruftis hören ↑GOTHIC und setzen sich intensiv mit den Themen Tod und Todessehnsucht auseinander. Ihre Symbole sind Kreuze, Pentagramme, Fledermäuse und Totenköpfe; ihr Lieblingsort der nächtliche Friedhof. Mit leichenblassen Gesichtern und schwarzer Kleidung setzten Gruftis in der Hochphase des sonnenstudiogebräunten Teints ein Signal der Nichtanpassung. Tatsächlich wären Gemeinsamkeiten mit lebenden Rentnern rein zufällig.

Hang−out

[zu engl. to hang out = sich herumtreiben, rumhängen] Die besten Treffpunkte der Stadt können Parks, Fußgängerzonen, Parkplätze, aber auch andere ↑LOCATIONS sein, an denen was geht. Wie der Name sagt, stehen hier nicht sportliche Aktivitäten an, sondern Leute, die abhängen wollen.

hardcore

[zu engl. hard = hart und engl. core = Kern; vgl. „Musik und Popkultur"] Ursprünglich als Kennzeichnung für Pornofilme benutzt, in denen es besonders hart zur Sache ging, ist hardcore in der Szene Ausdruck für alles, was anstrengend, unentspannt oder stressig rüberkommt. Ein Tag mit vielen Prüfungen kann hardcore sein. Eine voll gestopfte U-Bahn ist meistens hardcore. Auch eine Beziehung, die richtig fertig macht, hat die Bezeichnung hardcore mehr als verdient.

Inspiration anstatt Resignation. Die Generation flex lebt im kreativen Dschungel.

hitchen

[zu engl. t o h i t c h - h i k e = per An-
halter fahren] Das Hitchen hat das Trampen
abgelöst, obwohl beide Ausdrücke dieselbe
Art des billigen Davonkommens meinen.
Wer kein eigenes Auto oder kein Geld für
ein Bahnticket hat, steht am Straßenrand
und hebt den Daumen. Die nächste Mit-
fahrgelegenheit, der L I F T zum Zielort,
kommt bestimmt, wobei sich die Warte-
zeit nach der Attraktivität des Reisenden
richtet. Im Gegensatz zu hitchen oder
„hitchhiken" meint H I K E N zu Fuß unterwegs sein, also wandern.

Hood

[Abkürzung von engl. n e i g h b o u r -
h o o d = Nachbarschaft; vgl. „Musik und
Popkultur"] Hood ist eine Mischung aus
Gang-Territorium und Kiez. In der amerikanischen ⬆ G A N G S T A – R A P -Szene
versteht man darunter auch das Ghetto,
in dem man aufgewachsen und zu Hause
ist. Ein verwandter Begriff ist die H O M E –
B A S E, die meist auch bevorzugte Aus-
gehgegend.

Hype

[engl. für: Reklamerummel] In der Mediengesellschaft ist alles eine Nachricht wert.
24 Stunden Fernsehen und Radio wollen
auf sämtlichen Kanälen gefüllt sein. Die
wachsende Zahl an Zeitungen und Zeitschriften braucht eine wachsende Menge
an Information. Beim klassischen Medien-
hype wird eine Nachricht innerhalb eines
Mediums produziert, von anderen Medien
übernommen und weiterverbreitet. Medien
können Menschen, Moden und Produkte
hypen. Von Verona Feldbusch über Feng
Shui bis zum Millennium zählt nur die
mediale Präsenz. Ein Hype kann allerdings
auch innerhalb der Szene entstehen und
sich über andere Kanäle verbreiten. Wer
einen Hype erkennt, misstraut der Sub-
stanz oder Bedeutung der Botschaft.

irie

„Do you feel irie?" Der Ausdruck der jamaikanischen Ragga-Szene steht für fröhlich,
gut gelaunt und glücklich. Die Phrase wird
beim ⬆ T O A S T I N G der ⬆ D J s benutzt.

Junkfood

[zu engl. j u n k = Abfall, Ramsch und
engl. f o o d = Essen] Der kleine Hunger
zwischendurch kommt beim ⬆ P A R T Y –
H O P P I N G zwischen zwei ⬆ C L U B S.
Da die Infrastruktur der beliebten Fast-
food- oder Drive-in-Restaurants in Städten fast flächendeckend ist, landet man
in der Nacht fast automatisch hier. Dem
Erfolg des schnellen Essens konnte auch die

Junkfood vom Feinsten. Die neue deutsche Küche findet im Drive-in oder zu Hause statt.

Wellnesswelle nichts anhaben. Seitdem spricht man nur öfter, ganz gesundheitsbewusst, vom Junkfood.

kicken

[zu engl. to kick = stoßen, treten] Das besondere Erlebnis kickt oder „knallt voll rein". Auf jeden Fall ist es alles andere als alltäglich. Ein Konzert kann kicken, ein interessantes Girl oder eine Droge. Ein müder Kick dagegen bringt höchstens zum Gähnen.

killer

[zu engl. k i l l e r = Mörder; vgl. „Musik und Popkultur"] Auch wenn das Wort eine positive Konnotation fast ausschließt – was killer ist, ist mördergut. Die Begeisterungsrufe „Das ist killer!", „Das ist ↑ D O P E!", „Das ist de Luxe!" oder „Das ist Welt!" sind kaum steigerungsfähig. Freunde der englischen Sprache ersetzen „bombig!" durch „It's the bomb!".

kreisen

Je nach Kondition und Erfahrungen des ↑ U S E R S bleibt die Reaktion auf eine Droge unberechenbar. Kreisen oder „auskreisen" bezeichnet die Tatsache, dass man die Umlaufbahn verlassen hat und um sich oder um andere kreist, ohne zu seiner Mitte zurückzufinden. Wer die Beherrschung verliert und außer Kontrolle gerät, ↑ T I L T aus. Vorbild ist die Ansage „Tilt" beim Flippern, die signalisiert, dass nichts mehr geht. Der Apparat schaltet ab, die Kugel geht ins Aus. Auch K L I N K E N oder „ausklinken" bezeichnen den Verlust der Fassung. Beim Drogenkonsum meint klinken auch das Einwerfen oder D R O P P E N von Pillen oder anderen Konsistenzen.

lau

Was für lau ist, ist umsonst, und umsonst ist immer gut. Geschenke, Gutscheine, Einladungen, Fundsachen ... Für lau ist jedes Teil korrekt. Auf der Suche nach dem kostenlosen Mitnahmeartikel wird allerdings auch mal der Grenzbereich des Illegalen betreten. Beim E I N K L A U F E N lässt man die Kasse links liegen, und auch beim E I N T Ü T E N oder S H O P L I F T E N denkt man nicht ans Zahlen.

Line
[engl. für: Linie; Synonym für: Kokain oder Speed] Wer auf der Party „eine Line zieht", „sich die Nase pudert" oder „eine Bahn nimmt", konsumiert Kokain oder S P E E D. Das Pulver wird dazu in einzelne Bahnen gelegt und durch ein zusammengerolltes Papier, Linie für Linie, in die Nase gezogen. Die Wirkung von „Coca" oder P U D E R ist zunächst antriebssteigernd und stimmungsaufhellend, kann aber auch in das Gegenteil einer tiefen Depression umschlagen. Die Gefahr der Abhängigkeit wird als sehr hoch eingeschätzt.

Mag
[Abkürzung von engl. m a g a z i n e = Zeitschrift] Zahlreiche Zeitschriften versuchen, die jugendlichen Leser in der Nische zu erreichen, in die sie sich zurückgezogen haben. Selbst „Bravo", einst das Zentralorgan der deutschen Jugend, hat erkannt, dass Doktor Sommer dem Computer- ↑ N E R D keine Hilfe und für den Snowboarder kein Gesprächspartner ist. „Bravo Sport" und „Bravo Screenfun" bemühen sich um die „Special Interests" der Kids. Zahlreiche andere Mags bedienen inzwischen ↑ F A S H I O N - V I C T I M S, Computerfreaks, Funsportler und Hip-Hopper.

Mallies
[zu engl. m a l l = Einkaufszentrum] Da ↑ H A N G - O U T S für die Szene bei Stadtplanern selten oberste Priorität haben, treibt man sich gern vor Einkaufszentren oder in Fußgängerzonen herum. Wer an diesen Orten seine Freizeit verbringt, gehört zu den Mallies.

Manga
[jap. für: Comic-Bilder] Unter Grafikern, Kreativen und Insidern sind die japanischen Zeichentricks schwer angesagt. Das in Schriftzeichen verfasste Wort übersetzt „man" mit „komisch" oder „witzig" und „ga" mit einem gedruckten oder gemalten Bild. Die Comic-Kultur besitzt in der japanischen Gesellschaft einen hohen Stellenwert. In kaum einem anderen Land werden vergleichbar viele Zeichentrickfilme produziert. In Verbindung mit Musik repräsentieren Mangas einen wichtigen Teil japanischer Popkultur.

m e l l o w

[engl. für: weich, sanft; auch: angeheitert, abgeklärt] Die Leichtigkeit des Seins. Was ↑AMBIENT in der Musik vorgibt, wird auf Partys gelebt: Alles fließt. Alles easy. Alles stressfrei. Abende, die „geschmeidig" sind, haben die guten ↑VIBES. Man ist mellow, SMOOTH (engl. für: mild, glatt) und vor allem PEACIG (engl. für: friedlich) drauf. Die einzige Pose, die zählt, heißt Lässigkeit. Passend zu den bequemen ↑LOUNGES, die mit Sofaecken, Kissen und Rotlicht besänftigen und dabei entspannten ↑TRANCE oder ↑EASY LISTENING servieren, spiegelt Sprache die Kultur des Lockerbleibens. Wer in dieser Atmosphäre Hektik verbreitet, sollte lieber rechts ranfahren und den Ball flach halten. Nichts kommt am Ende uncooler als der Stresser, der mit Handy und Terminen jongliert und sich dem ↑FLOW nicht hingibt. Entsprechend „chillig" und „relaxt" heißt die einzige akzeptable Pose ↑UNDERSTATEMENT.

M e s s a g e

[engl. für: Nachricht] Wer weiß, was am Abend geht, hinterlässt eine Message auf den ↑ABs der ↑POSSE. Eine Message kann sich aber auch auf den gesamten ↑STYLE einer Person beziehen, die damit eine Botschaft rüberbringen möchte. Auch das ↑OUTFIT und der ↑LOOK können eine Message haben.

M i n i p l e x

[zu engl. m i n i = klein und engl. c o m p l e x = Komplex] Die Gegenströmung zum Multiplex-Kino kommt aus London. Der anonymen Massenabfertigung in sterilem Ambiente setzte eine Truppe von East-End-Kreativen den privaten Filmclub entgegen: Kinosäle im Wohnzimmerformat, 16-mm-Projektionen und die passende ↑DEKO, in der kultige und kommerzielle Streifen gezeigt werden. Jeder Zuschauer zählt – und darf sich sogar etwas wünschen. Trotz ideologischer Nähe zum alternativen Jugendtreff bleibt man gerne unter sich: „Members only!"

M ü t z e n

[Synonym für: Polizisten] Die nächtliche Begegnung mit den Ordnungshütern der Republik kann harmlos sein oder Folgen haben. Vom Strafzettel bis zum Alkoholtest ist nach der Party alles drin. Der Hinweis „Vorsicht, Mützen!" kann für einige Verkehrsteilnehmer zu spät kommen. Eine andere Variante heißt: „Achtung, Schergen!"

N . G . P .

[Abkürzung von engl. n e w g e r m a n p i d g i n] Pidgin ist die soziolinguistische

Bezeichnung für das ↑ CROSSOVER zweier Sprachen, in diesem Fall die Kopplung deutscher Wörter mit türkischer Grammatik. Der Slang der ↑ HIP-HOP-beeinflussten Deutschtürken zeichnet sich durch eine extreme Form der Vereinfachung aus; ihre Sätze klingen wie eine ↑ FREESTYLE-Form des ↑ RAP.

Wo geht was ab? Die Partyhopper sind immer auf dem Sprung.

Artikel werden weggelassen, viele Sätze nur aus Subjekt und Prädikat gebildet oder verschiedene Verben durch „machen" ersetzt. „Burger King machen" heißt „essen gehen", „Kickbox machen" bedeutet „jemanden schlagen". Der unkomplizierte Umgang mit Sprachkultur hebt die Trennung zwischen elaborierter Sprache und restringiertem Sprachcode auf. An Schulen mit hohem Ausländeranteil wird N.G.P. als cooler Sprachcode sogar kultiviert. „Isch schwör!", „Die Schaise!", „Gipsuhär!" oder „Kuxu nur!" gehören zum allgemein verstandenen Wortschatz, den deutsche Kids und multikulturelle Hip-Hop-Bands adaptieren. Die so genannte KANAK-SPRAK räumt mit dem Begriff „Kanake" auf, der von ausländischen Jugendlichen inzwischen als Selbstbezeichnung verwendet wird.

Optik schieben

Drogen verändern die Wahrnehmung, verwandeln Formen und Farben, führen zu Sinnestäuschungen. Die Grenzen zwischen der eigenen Person und der Umgebung lösen sich auf. „Optik schieben" heißt, unter Drogeneinfluss drauf zu sein. Hat der ↑ USER sogar HALLUS, also Halluzinationen, wird der Trip zum Horrortrip.

Paper

[engl. für: Papier; Synonym für: LSD]

PAPPE oder Paper bezeichnet die Droge LSD, die zum Verkauf auf Löschpapier geträufelt wird. In der Partyszene sind die Blätter oft mit Fantasiemotiven, Illustrationen oder Symbolen verziert. Schon die kleinste Dosis des Halluzinogens reicht aus, die menschliche Wahrnehmung extrem zu verändern, was sich bis zur Halluzination steigern kann. Vor allem die psychedelisch orientierte ↑ TECHNO-Szene verschaffte der Partydroge der Sechzigerjahre ein spektakuläres Comeback.

Partyhopping

[zu engl. p a r t y = Feier und engl. t o h o p = hüpfen] Die Partykultur der Neunziger hinterlässt ihre Spuren. Es gibt immer mehr ⬆EVENTS auf privatem oder öffentlichem Sektor und immer weniger Zeit, überall zu sein. Partyhopping meint, alle Optionen zu nutzen und an einem Abend von einer Party zur nächsten zu springen. Was dem Jetset die Route Monaco-Marbella-Miami, sind den Großstadtkids die ⬆CLUBS, Bars und ⬆LOUNGES der Stadt. Neben dem Spaß an der Sache zählt das Gefühl, nichts zu verpassen und viele Feste auf der Liste zu haben, die den guten Ruf als Szenegänger sichert.

Partypooper

[engl. für: Partymuffel] Wer auf einer Party schlechte Stimmung macht und jedes gute Gespräch in Grund und Boden stampft, gilt als Spielverderber und Partykiller. Partypooper tanzen nicht, trinken bis zur Besinnungslosigkeit, suchen Streit – und bleiben meistens bis zum Schluss.

p . c .

[Abkürzung von engl. p o l i t i c a l l y c o r r e c t = politisch korrekt] Als Bewegung in den USA hat Political Correctness das Verhalten gegenüber sozialen oder ethnischen Minderheiten sensibilisiert und verändert. Vor allem in der Sprache werden Formulierungen auf Political Correctness überprüft, um diskriminierende Botschaften über Randgruppen auszuschließen. Bemerkungen mit rassistischem Touch oder Machosprüche sind alles andere als p.c. und in der Szene nicht gefragt. Obwohl das Sozialbewusstsein stark ausgeprägt ist, kann p.c. aber auch ganz schön lang-

weilig sein. Schließlich hat jede Rand-
gruppe ihr Recht auf einen eigenen guten
Gag, der sich über sie lustig macht.

Peitsche

Die Peitsche knallt rein und kennzeichnet
etwas Besonderes, Bizarres, Ungewöhn-
liches. Die „Tofupeitsche" ist z. B. eine
Tofuwurst, bei der sich das gesunde Wort
mit dem ungesunden beißt. Eine „Tanz-
peitsche" ist der Dancefloor-Knaller, bei
dem es keinen auf dem Hocker hält.

Pep

[Synonym für: Amphetamine] Das auch
PEPPERS oder SPEED genannte Am-
phetamin wird wie Kokain „gesnieft", also
über die Nasenschleimhäute aufgenommen. Die chemisch erzeugte, stark verbreitete Droge wirkt hochgradig aufput-
schend und als so genannter UPPER
auftretender Müdigkeit entgegen. Als
populärer Treibstoff der ⬆TECHNO-
Gemeinde sollte Pep tagelangen Schlafent-
zug und die Überlastung des Körpers auf-
fangen.

Performance

[engl. für: (schauspielerische) Leistung]
Wer eine gute Show abliefert, bleibt im
Rennen. Nach den ersten oscarreifen Per-
formances in der Grundschule, als Zahn-

schmerzen gespielt werden mussten, um
dem Sportunterricht zu entgehen, schult
das Leben in weiteren Rollen. „Gute Per-
formance!" ist die Anerkennung, wenn man
einen Wutausbruch, einen Verzweiflungs-
schrei oder einen Flirt überzeugend über
die Bühne brachte. Geile Performances liefern aber auch ⬆DJs, Freestyler oder
Musiker.

Phase

„Was ist Phase?" heißt so viel wie „Was ist
los?" oder „Was geht?". Ein Spruch, der vor
allem im Osten der Republik zum Einsatz
kommt. Wer zeigt, was Phase ist, sagt, wo
es langgeht.

phat

[auch engl. fat = fett] Der Tausendsassa
unter den frohlockenden Adjektiven hat,
ähnlich wie „geil", immer positive Konnotation. Aus dem ⬆HIP-HOP-Slang ent-
nommen, wird so ein phatter ⬆SOUND,
ein phatter Joint oder die phatte Party bejubelt. Demnach muss ein phattes Girl nicht
unbedingt Gewichtsprobleme haben. Die
höchsten der Gefühle werden mit den Vor-
silben „mega-", „giga-", „ultra-", „voll-"
oder „extrem-" superlativ ergänzt. Das Präfix „end-" bringt etwas „endgeil" auf den
Punkt, womit die Wortschöpfung „ober-
affengeil" wohl endgültig ausgedient hat.

In ostdeutschen Jugendslangs ist die Vorsilbe „urst-" üblich und „urstschau" mit dem westlich geprägten „megageil" vergleichbar. „Korrekt!" und „Optimal!" sind andere Bezeichnungen der Zustimmung oder Anerkennung. Wenn etwas allerdings nur „semi-" oder „suboptimal" ist, wurde das höchste Level der Euphorie nicht erreicht.

Piece

[engl. für: Stück; vgl. „Mode, Models, Fashionzones"] Haschisch wird aus dem gesiebten Harz der Cannabisblüte gewonnen und zum Transport und Verkauf in Platten gepresst. Ein Piece ist in der Regel die Bezeichnung für mitgeführten oder deponierten Vorrat und kann, vom halben Gramm bis zur dicken Platte, jede Menge meinen: „Ich habe noch ein kleines Piece dabei!" Piece wird aber auch ein gesprühtes Graffiti genannt, das ein komplettes Wandbild oder einen plakativen Schriftzug zeigt.

Platte

Die Maschen des sozialen Netzes sind durchlässig; Obdachlosigkeit ist ein massives Problem der Wohlstandsgesellschaft. Wer Platte macht, ist ohne festen Wohnsitz unterwegs. Jugendliche, die von zu Hause abgehauen sind und vorübergehend auf der Straße leben, sind auf TREBE.

Poetry-Slam

[zu engl. p o e t r y = Dichtung und engl. t o   s l a m = jemanden herunterputzen] Poetry-Slams haben mit literarischen Lesungen kaum was zu tun. In der amerikanischen Underground-Szene entstanden, kamen sie nach Großbritannien und Deutschland, wo sie als regelmäßige Clubveranstaltung hauptsächlich Szenegänger erreichen. Wie bei einer Dichterlesung werden Texte, Gedichte und Manuskripte präsentiert, die das Auditorium in Bierlaune mit respektlosen Rufen oder Szenenapplaus kommentiert. Am Ende steht das Votum einer Publikumsjury.

Posse

[engl. für: Haufen] Aus der Tradition der Sub- und Gangkultur hat sich der Ausdruck Posse entwickelt und im ↑ H I P – H O P die „Clique" abgelöst. Ursprünglich fand die Posse im Westerngenre Verwendung, wird im Englischen aber auch für das Aufgebot eines Polizeieinsatzes benutzt. Mit dem Zusammenhalt und der Unterstützung der Posse ist immer zu rechnen. Sie ist die neue Family, mit der man Musik macht oder durch die Gegend ↑ S P O T T E T.

Proll

[Abkürzung von: Prolet] Wer so bezeichnet wird, muss kein stolzer Vertreter des

Proletariats sein. Als Schimpfwort benutzt, markiert die Bezeichnung primitive oder asoziale Umgangsformen und Klischees der Unterschicht, ähnlich dem amerikanischen Begriff „White Trash". Der Prototyp des Prolls, und angesichts seiner politisch völlig unkorrekten Haltung sehr beliebt, ist Al Bundy, Protagonist der erfolgreichen US-Serie „Love and Marriage". Wer so rumprollt, benimmt sich, bewusst oder unbewusst, komplett daneben.

Psylos

[Abkürzung von: Psylocybin] Wer nach dem Genuss von Champignons oder Pfifferlingen auf einen Drogentrip wartet, wird enttäuscht sein. Es sei denn, er verfügt über eine ausgeprägte Gabe zur Autosuggestion. Dennoch existieren in der Natur Pilze, die halluzinogene Wirkstoffe wie Psylocybin enthalten. Am bekanntesten unter den, auch „Zauberpilze" oder MAGIC MUSHROOMS genannten, natürlichen Drogen dürfte „Peyote" sein, das bereits seit Jahrhunderten bei religiösen Zeremonien der Indianer verwendet wird. Getrocknet eingenommen, entfalten Psylos eine ähnliche Wirkung wie LSD.

pumpen

[Synonym für: trinken: vgl. „Kicks und Funsports"] Einfach loszienen, die ⬆HANG-

Harmlos oder Zauberpilz? In der Partyszene wird mit Drogen experimentiert.

OUTS abklappern und pumpen, was geht. An manchen Tagen geht es nur darum, sich sinnlos abzufüllen und so schnell wie möglich in einen Rausch zu versetzen, der Alltag und Ärger vergessen lässt. Im Sportbereich steht pumpen für das ehrgeizige Trainieren der Bizeps.

quarzen

Cannabis-Raucher quarzen, „buffen", „knülzen", „harzen" oder „kiffen". Marihuana wird entweder als Joint mit Tabak vermischt oder pur in Pfeife, Chillum oder BLUBBER geraucht. Das im Cannabis enthaltene Tetrahydrocannabinol erzeugt einen Rauschzustand, wobei körperliche Schäden oder Abhängigkeitserscheinungen nicht bekannt sind. Ob es zu einer psychischen Abhängigkeit kommen kann, ist umstritten.

Rave

[engl. für: Fete] Das große Feiern findet statt. Heerscharen entzückter Raver sammeln sich und folgen dem Lockruf der ↑ DJs. Aus einer agilen, wilden Partyszene in London entstanden, haben Raves als ↑ MAINSTREAM die Masse erreicht. Fast jede größere ↑ TECHNO-Veranstaltung, outdoor in Mutter Natur, indoor in riesigen Lagerhallen, wird heute als Rave deklariert. Auch die Industrie mischt mit und liefert vom peroxidierten Scheitel bis zur Air-gefederten Sohle die Insignien zum ↑ SOUND. Die zwingende Verbindung von Rave, Techno und Kommerz ist allerdings nur in Deutschland gegeben. In England sind Raves große Partys, die als OPEN-AIR-↑ EVENT oder Festival auch andere Musikstile zulassen.

Sale

[engl. für: Schlussverkauf] Wenn die Preise in den Keller gehen, gilt es als uncool, sich mit den Horden von Schnäppchenjägern noch vor Geschäftsbeginn in der Fußgängerzone zusammenzurotten. Stattdessen hat man seine Lieblingsläden auf der Liste und checkt, ob sich das Zuschlagen lohnt. Sale ist nicht nur für ↑ FASHION-VICTIMS eine glückliche Zeit; und die beste, mit Freunden auf Shoppingtour zu gehen.

schizo

[Abkürzung von: schizophren] Zum Rendezvous den Schampus bei Aldi und das Geschenk beim Juwelier zu kaufen ist in der Zeit der gelebten Widersprüche kein Thema. Wenn die Frau dem Typen allerdings gesteckt hat, dass es aus ist, und er ihren ↑ AB trotzdem dauerblockiert, ist dieser Sachverhalt erklärungsbedürftig. Völlig schizo heißt dann „krank", „fragwürdig" oder „seltsam".

schlauchen

„Haste mal 'ne Mark?" Der Klassiker der Passantenbefragung kommt in Fußgängerzonen, vor Einkaufszentren und Supermärkten zum Einsatz. Trotz Inflationsrate hält sich der Preis stabil. Schlauchen und „schnorren" gelten vor allem bei den ↑ ASSEL-Punks als Berufstätigkeit. Schnorren lassen sich allerdings auch Zigaretten und Alkohol.

Schore

[Synonym für: Heroin] Als „Partydroge" hatte Heroin, im Szeneslang Schore, an Bedeutung verloren. Es wurde von Amphetaminen, Kokain oder Ecstasy verdrängt. Mit der Popularität des Heroin-Schicks und Junkie-LOOKS, den die Supermodels der Neunziger in Modemagazinen präsentierten, hat „H" allerdings ein Comeback erlebt. Die Droge mit dem enorm hohen Suchtpotenzial findet nicht mehr nur auf Bahnhofstoiletten, sondern auch auf Festen statt. Häufigste Anwendungsweise in der Szene ist das BLOWEN, wobei man Heroin auf einer Alufolie erhitzt und die Dämpfe inhaliert.

Shelly's Bar

[Synonym für: Tankstelle] Der Tag hat 24 Stunden, die Ladenöffnungszeiten kennen nur zehn. Kein Wunder, dass sich Tankstellen zur beliebten Einkaufsmöglichkeit gemausert haben, die von der Szene gern genutzt wird. Neben Treibstoff werden Chips, Eis, Bier und Tiefkühlpizza für den Videoabend gezapft. Brötchen, Katzenfutter oder Schwangerschaftstests ergänzen das Programm. Wer also abends vor seinem leeren Kühlschrank steht oder unangemeldeten Besuch zu füttern hat, kann jetzt auch nachts um elf zum Shoppen um die Ecke gehen: „Gehn wir doch zu Shelly's Bar!"

Sixpack

[engl. für: Sechserpack] Der Sixpack gehört zur gern gesehenen Grundversorgung, wenn er sich auf die „Herrenhandtasche", mit der sich Bier so praktisch einkaufen lässt, bezieht. Weniger gern gesehen ist der Sixpack mit den uniformen MÜTZEN. Dann bezieht sich der Ausdruck auf die grün-weiße „Bullenwanne" mit Blaulicht, in der die Ordnungshüter wieder einmal unterwegs sind, um gefährliche Ganoven zu jagen.

Treibstoff für die Posse, auftanken nach Ladenschluss. Shelly's Bar hat durchgehend geöffnet.

s n a k e n

[zu engl. t o s n a k e = sich schlängeln]
Das Vordrängeln in einer langen Schlange
vor der Kinokasse klingt uncool – weshalb
man sich nach vorne snaked. Der Ausdruck
wird auch als Synonym für das geschickte
Schummeln bei Klausuren benutzt: „Habe
mich korrekt durch die letzte Klausur ge-
snaked!"

s n a s h e n

Ein klangvolles und cooleres Wort für die
Lieblingsbeschäftigung der Nachtschwär-
mer. Tanzen wird gern als snashen, aber
auch H O T T E N, „abhotten" oder „zappeln" bezeichnet.

S p l a t t e r

[zu engl. t o s p l a t t e r = spritzen
(von Blut); Synonym für: Horrorfilm]
Manche Nächte sind zum Gruseln. Wenn der
Sensenmann kommt und die ⬆ P O S S E
mit der Axt zu Gehacktem stückelt, stehen
auch den Hartgesottenen die Haare zu Ber-
ge. Splatter oder S L A S H E R genannte
Horrorfilme zieht man sich am besten mit
Ekel erprobten Freunden rein. Hier ist
schließlich nicht die Handlung oder deren
Logik entscheidend, sondern das Gemet-
zel aus Schwerthieben, Kunstblut und
Gliedmaßen. Das übliche Erzählschema:
jugendlicher Held gegen geisteskranken
Killer, schrittweises Abschlachten der
Freunde und Familie, Showdown mit Open
End; eine Fortsetzung folgt garantiert.
Angesichts der übertrieben eingesetzten
Requisiten stellt sich zeitweise eine
bizarre, surreale Komik ein. Die Wirkung
rollender Köpfe, fliegender Arme und spru-
delnder Blutfontänen zeugt vom makabren
Witz der Produzenten. Schon in den spä-
ten Siebziger- und frühen Achtzigerjahren
wurden junge Menschen in Filmen wie
„Halloween" oder „Nightmare on Elm-
street" über die Leinwand gejagt und mit
mancher Axt bedroht. Das erfolgreiche
Comeback des Genres kam in den Neunzigern mit „The Faculty", „Scream" oder
„Urban Legends". Dabei kehrte die neue
Slasher-Generation Motive der Klassiker,
die von den Insidern erkannt und dankbar
bejubelt wurden, zusammen und nahm die
eigene zynische, abgeklärte und schaden-
frohe Zielgruppe – im wahrsten Sinn des
Wortes – auseinander.

spreatten

[zu engl. to spread = ausbreiten, streuen] Wer etwas zu sagen hat, sei es als Rapper oder Writer, will sein Zeug unter die Leute bringen. Wer eine ↑ MESSAGE verbreiten will, muss seine Infos in der ↑ POSSE spreatten.

Squat

[engl. für: Ansiedlung ohne Rechtsgrundlage] Unterschiedlich motiviert, wurden in den Siebzigern, Achtzigern und, in Ostberlin, auch Anfang der Neunzigerjahre eine Vielzahl von leer stehenden Häusern besetzt. Gegen die Pläne von Immobilienhaien, gegen die Geschäfte von Spekulanten oder für den Traum einer autonomen Lebensweise. Mittlerweile sind die meisten Squats geräumt, saniert oder an die Besetzer vermietet oder verkauft. Als HOMEBASE haben Squats allerdings nach wie vor Symbol- und Bezugsfunktion.

Start

Diese Phrase hat für Personen und Situationen Gültigkeit. Am Start sein heißt „da sein, bereit sein, mitmachen". „Haste 'ne Zigarette am Start?", „Da soll 'ne Party am Start sein" oder „Die Gang war auch am Start". Ähnliche Bedeutung hat die Wendung „im Haus". „Wer ist im Haus?" heißt so viel wie „Wer ist heute da?".

Sticky

[Synonym für: Joint] Der kleine Joint für zwischendurch wird, wie die normale Zigarette, nur aus einem Blättchen gedreht. Den Unterschied zu einer gewöhnlichen Selbstgedrehten macht der etwas andere Geruch und der THC-Anteil im Tabak aus. Eine andere Bezeichnung für den Joint ist SPORTZIGARETTE.

stoked

[zu engl. to stoke = (an)heizen; vgl. „Kicks und Funsports"] Die Bezeichnung für abgefahrene, atemberaubende Vorkommnisse kommt immer dann zum Einsatz, wenn eigentlich die Worte fehlen. In der Funsportszene werden so geniale Tricks oder Sprünge beschrieben.

stoned

[engl. für: bekifft, betrunken] Wer sich dem Marihuanarausch hingibt, ist „be-

Was ist am Start? Wer ist im Haus? Was geht? Alles eine Frage der Lässigkeit.

kifft", „platt" oder stoned. Je nach Veranlagung und Menge ruft das im Marihuana enthaltene THC unterschiedliche Reaktionen hervor. Am häufigsten sind extreme Albernheit, kaum zu bändigende Kicheranfälle und F R E S S F L A S H S genannte Hungerattacken, die zu überfallartigen Kühlschrankplünderungen führen. Eher selten treten Paranoiagefühle auf. Bei Dauerkiffern stellt sich allerdings oft eine gewisse Apathie und geistige Langsamkeit ein, die sie mit roten Augen stundenlang vor den langweiligsten Fernsehsendungen „rumdrögen" lassen.

Trekkie

[Synonym für: Star-Trek-Fan] Der überdimensionale Fan der Kultserie „Star Trek" trifft sich, oft als Vulkanier oder Ferengi verkleidet, mit anderen Trekkies aus der ganzen Welt auf so genannten ↑ C O N -
V E N T I O N S. Hier werden mit großer

Ernsthaftigkeit die ethischen Grundsätze der Sternenflotte erörtert oder Zeit, Raum und Warp-Geschwindigkeit diskutiert. Schon die Serie „Raumschiff Enterprise" mit dem faszinierenden Mr. Spock sozialisierte eine ganze Generation von T V - J U N K I E S und beamte die Fans in unendliche Weiten. „Star Trek – The Next Generation" stellt die erfolgreiche N E W - S C H O O L-Mannschaft. Die angesagte Sprache der Trekkies, Klingonisch, wird sogar als Sprachkurs angeboten.

Tripschicken

[zu engl. t r i p = Reise] Trip ist ein Synonym für Droge, aber auch Ausdruck für die Erlebnisse unter Drogeneinfluss. Die Reise in das eigene Bewusstsein, die harmonische Verbundenheit mit der Natur oder das Erlangen neuer Wahrnehmungsebenen sind die Versprechen, die halluzinogene Drogen machen. Jemanden auf den Trip schicken kann auch bedeuten, ihn – auch ohne Droge – so zu beeinflussen, dass er völlig verwirrt, unsicher oder labil reagiert. Auf einem Trip sein spricht auch für die intensive Beschäftigung mit einer Sache, einer Philosophie, einer Musik oder einer Mode: „Ich bin zurzeit voll auf dem ↑ R E T R O-Trip!" Wer von einem Trip nicht mehr runterkommt, verliert die Bodenhaftung.

Understatement

[engl. für: Untertreibung] „Auf Understatement machen" gilt als die glaubwürdigere und echtere Pose als die des Blendens und Angebens. Wer Understatement besitzt, kommt authentisch rüber und kriegt ⬆CREDIBILITY.

User

[engl. für: Benutzer; vgl. „Computerslang und Cyberspace"] Der User kann Nutzer von Computern oder Computerspielen sein, aber auch Drogenkonsument. Im Gegensatz zum ADDICT oder zum Junkie betrachtet sich der User als Gelegenheitsverbraucher, der nur zum Spaß zur Droge greift und alles unter Kontrolle hat. Dabei ist er auf dem Trip, auf keinen Fall abhängig zu sein.

U-Turn

[engl. für: Wende (um 180 Grad)] Inspiriert durch die wilden Verfolgungsjagden in amerikanischen Gangsterfilmen, ist der U-Turn oder CHICAGO-DRIVE ein Wendemanöver, das auf deutschen Straßen wesentlich harmloser praktiziert wird. Das plötzliche Abbremsen des Wagens und das abrupte Wenden um 180 Grad mag auf der Leinwand und auf Highways qualmen; auf Bundesstraßen wird dezent gedreht – und auf Autobahnen gar nicht.

verstrahlt

Wer unter dem Einfluss chemischer Drogen steht, nimmt seine Umwelt nicht mehr realitätsgetreu wahr. Der ⬆USER ist verstrahlt, „verpeilt", „total daneben". Jemand, der durch Drogenkonsum bleibende Langzeitschäden erlitten hat, gilt als dauerverstrahlt; ein hängen gebliebener STROMHIPPIE, dem leider nicht mehr zu helfen ist.

Vibes

[Abkürzung von engl. vibrations = Schwingungen; vgl. „Musik und Popkultur"] Die gute Atmosphäre in einem ⬆CLUB; der coole ⬆DJ an den ⬆TURNTABLES oder das Girl, das genial rüberkommt: Die guten Vibes sind spürbar und hängen als Schwingungen in der Luft. Wer dagegen einen miesen Tag hat und schlecht drauf ist, sollte bei den „bad vibes", die er ausstrahlt, lieber die HOMEBASE hüten und auf bessere Zeiten warten.

Wooky!

Als Ausdruck spontaner Freude oder Überraschung kommt „Wooky!" anders als das typische Adjektiv der ⬆OLD SCHOOL: „Klasse!" Ähnlich wie der amerikanische Ausruf „Yeah!" ist das Wort ein Füller für den richtigen Moment.

z u f ö h n e n

Egal, ob es ein Gesprächsthema gibt oder nur zwei Ohren, die man stundenlang zuföhnen kann, bei dieser Partybeschäftigung bleibt einer auf der Strecke. Die Spielregel: Jemand redet den anderen in Grund und Boden, bis dieser das Weite sucht. Die Logorrhöe, also partybedingter Rededurchfall, tritt oft nach Einnahme illegaler aufputschender Substanzen auf. Kommt es als Nebenwirkung zu einer Antwort des zugeföhnten Gegenübers, womit man wirklich nicht gerechnet hat, ist diese konsequent zu ignorieren.

Register

Die folgenden fast 1.000 Wörter finden Sie in diesem Buch in sechs Kapiteln. ↑WÖRTER mit einer eigenen Definition sind mit einem Pfeil versehen. Im Register verweisen die roten Seitenzahlen darauf. BEGRIFFE, die in anderen Definitionen verarbeitet oder erklärt sind, haben lediglich schwarze Seitenzahlen.

TREND
BÜRO

Das Ende eines Buches ist nicht das Ende von Sprache. Deshalb möchten wir dieses Buch im Internet – unter www.szenesprachen.de – weiterentwickeln und fortschreiben. Mit Wörtern, die Sie hier vielleicht vermisst haben, Begriffen, bei denen Sie eine andere Definition kennen, oder Ausdrücken, die Sie kennen gelernt haben.

Unter www.szenesprachen.de gibt es Raum für Resonanz, Kritik und Anregungen. Oder Sie schreiben an Trendbüro, Stichwort "Szenesprachen", Hohe Brücke 1, 20459 Hamburg, info@trendbuero.de

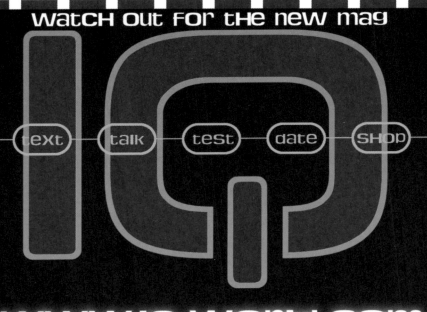

Herzlichen Dank für das uns freundlicherweise zur Verfügung gestellte Bildmaterial.
S. 10/11 © Matthew Antrobus/Tony Stone; S. 12/13 ©Klaus Mähring/IQ; S. 15 ©Christoph Leib/one shot; S. 16 ©Jonn Rübcke/one shot; S. 18 ©Jonn Rübcke/one shot; S. 19 ©Christoph Leib/one shot; S. 22 ©Christoph Leib/one shot; S. 25 ©Jonn Rübcke/one shot, ©K2® Marketing Europe GmbH; S. 26 ©Eastpak®; S. 28/29 ©Jonn Rübcke/one shot; S. 31 ©Jonn Rübcke/one shot; S. 33 ©Jonn Rübcke/one shot; S. 34 ©Andreas Münchbach/FAQ GbR; S. 37 ©Jonn Rübcke/one shot; S. 38/39 ©Michi Dürr/IQ; S. 40 ©Christoph Leib/one shot; S. 44 ©Christoph Leib/one shot; S. 48/49 ©Udo Titz/IQ; S. 50/51 ©Public Address Presseagentur; S. 52 ©Klaus Mähring/IQ; S. 54 ©Lisa Holzer, Patrick Schaller/IQ; S. 57 ©Public Address Presseagentur; S. 60 ©Serge Hoeltschi/Universal Music; S. 63 ©Sven Hagolani/IQ; S. 68 ©Johannes Wyneken/STERN; ©Sabine Martens/STERN; S. 69 ©Johannes Wyneken/STERN; S. 71 ©Alex Majewski/IQ; S. 72 ©Pilgrim Management E.Fialik/Foto: Gottfried Helnwein; S. 77 ©Christoph Leib/one shot; S. 79 ©Olaf Heine, zur Verfügung gestellt von Sony Music Entertainment GmbH; S. 82 ©Christopher Müller; S. 84 ©Alex Frank; S. 86/87 © Udo Titz/IQ; S. 88 ©Sport-Scheck GmbH; S. 90 ©Air/Philip Schaub, Derek Stierli, Zürich; S. 93 ©Nina Hesse/Levi's® Germany; S. 97 ©Udo Titz/IQ; S. 99 ©Stefan Badegruber/IQ; S. 101 ©Slava Fillipov/IQ; S. 103 ©Slava Fillipov/IQ, ©Slava Fillipov/IQ, ©Jork Weismann/IQ; S. 104 ©Slava Fillipov/ IQ; S. 105 Sven Hagolani/IQ; S. 106 ©Sven Hagolani/IQ; S. 108/109 ©Udo Titz/IQ; S. 110 ©G+J Fotoservice/Wartenberg; S. 112/113 ©Mike Mackeprang, Freie Manufaktur, Hamburg; S. 114 ©Quiksilver Deutschland Kauai Textilvertriebs GmbH; S. 120 ©Cyberlife Technology Ltd.; S. 127 Game Boy™Color, ©Nintendo® of Europe GmbH; S. 132 ©I-D Media GmbH; S. 134 ©2000 Tiger Electronics, Ltd., mit freundlicher Genehmigung von 3D Licensing Deutschland; S. 136 Nintendo®64 Controller™, ©Nintendo® of Europe GmbH; S. 143 Tomb Raider and Lara Croft© and ™Core Design Ltd. 1999 ©published by Eidos Interactive 1999; S. 144 ©Apple Computer; S. 146/147 ©Sven Hagolani/IQ; S. 150/151 ©Slava Fillipov/IQ; S. 153 Nintendo®64 Rumble Pak™, ©Nintendo® of Europe GmbH; S. 157 ©Michi Dürr/IQ; S. 160 ©Deutsche Telekom; S. 162/163 ©Jork Weismann/IQ; S. 164/165 ©Udo Titz/IQ; S. 167 ©Mich Dürr/IQ; S. 168 ©Stefan Badegruber/IQ; S. 170/171 ©Slava Fillipov/IQ; S. 172 ©Udo Titz/IQ; S. 174 ©Bettina Kommenda/IQ; S. 177 ©Stefan Badegruber/IQ; S. 179 ©Udo Titz/IQ; S. 182/183 ©Van Cohen/Bavaria; S. 185 ©Ahmed Kusserow, Berlin 1999; S. 186 ©Stefan Ruiz/Overland Deutschland GmbH, Agent of Caterpillar®; S. 188/189 ©Slava Fillipov/IQ; S. 192/193 „Verbotene Liebe" ©ARD/Anja Glitsch; S. 194 ©Johannes Wyneken/STERN; S. 197 ©Sissi Farassat/IQ; S. 199 ©G+J Fotoservice/Wartenberg; S. 202/203 ©Udo Titz/IQ; S. 206 ©Slava Fillipov/IQ; S. 208/209 ©Michi Dürr/IQ; S. 210/211 ©Slava Fillipov/IQ